JN147310

聖路易通信《セントルイス》

St. Louis Correspondence

1904年セントルイス万国博覧会
「アイヌ村」からの便り

The Ainu Experience at the 1904 St. Louis World's Fair

稲垣陽一郎［著］
Yoichiro Inagaki

田辺陽子［編］
Yoko Tanabe (ed.)

かまくら春秋社

写真で見るセントルイス万国博覧会の記憶

―辺泥五郎氏の写真アルバムより―

ここでは、辺泥五郎氏の孫にあたる近森聖美氏が所蔵するアルバムに残されている当時の写真を紹介する（一部敬称省略）

写真１　博覧会で撮影されたグループ写真。後列左から、平村クトロゲ・シュトラテク夫妻、大沢弥蔵・シラケ夫妻、平村サントゥクノ・サンゲア夫妻。前列左から、サンゲア夫妻の娘・平村きん、辺泥五郎、クトロゲ夫妻の娘・平村キク

基督教週報

写真２　『基督教週報』に掲載された「聖路易通信」。第一信は「米国通信」というタイトルで1904年6月10日に発行された（編者撮影）

写真３　チセを訪問する博覧会来場者。中央に幼女・キクが写っている

写真４　博覧会来場者と記念撮影を行う辺泥五郎氏

写真５　セントルイスで現地の人々と交流する五郎、弥蔵、シラケ。最前列中央に座っている男性が「聖路易通信」著者の稲垣陽一郎であると考えられる

写真６　1904年11月3日の天長節に博覧会内の日本庭園で撮影された写真。中央左寄りの池辺に座るシラケと弥蔵、その近くに五郎の姿が見える。後方にあるのは金閣寺を模した「金閣堂」

写真７　天長節の午前中に行われた拝賀式の写真。写真左端にシラケ、弥蔵、五郎が写っている

写真８　チセの前に立つ辺泥五郎氏

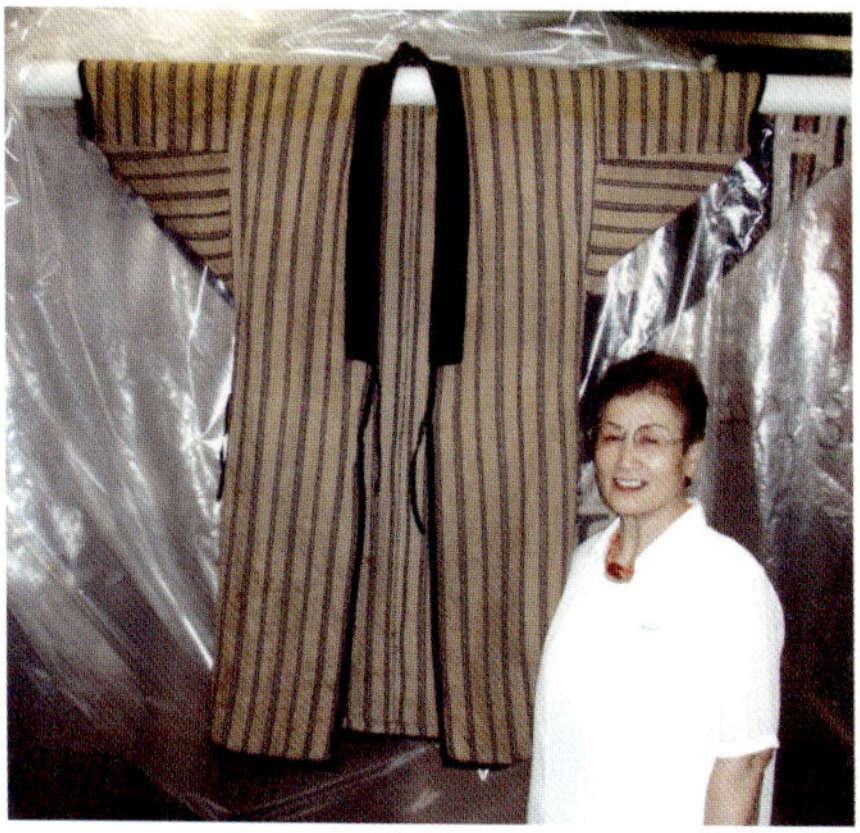

写真９　辺泥五郎氏が着ていたアットゥシの着物の前で。写真の女性は孫の近森聖美氏（近森氏撮影）

写真10　辺泥五郎氏が米国から持ち帰った色彩豊かなビーズ工芸品（編者撮影）

写真11（上）
「在米中乃友人 セントルイス　ミズーリ」とタイトルがついたページ。セントルイス在住の「プロッツ（Proetz）」家の個人写真と名前が記されている。右上から時計回りにビクター・ヒューゴ（弟）、プロッツ婦人、W.M.プロッツ氏、アーサー・プロッツ（兄）。五郎氏とシラケ、キクの三人が一家を訪問した逸話が、アーサーの自伝（1963）にアイヌ・グループの写真とともに語られている

写真12（下）
在米中の写真と、博覧会後に送られてきた手紙と写真。中央上にある写真は博覧会場内で撮影されたと見られ、五郎氏（右）は、弥蔵、アジア人男性、シラケと一緒に噴水の前でくつろいでいる。右上の手紙は、セントルイス市内に暮らしていたリチャード夫妻とその家族から1905年9月23日に送られたもの

写真13　1904（明治37）年12月に撮影された写真。万博閉会後にセントルイスで撮った記念写真か。右側の男性が辺泥五郎氏

写真14　1898年12月撮影に撮影された函館・谷地頭アイヌ学校の集合写真。右端に離れて立っている外国人男性は英国聖公会宣教協会（CMS）所属の宣教師ウォルター・アンデレス、三列目右から7人目のマフラーをした男性が辺泥五郎氏。渡米6年前の写真である。資料提供：バーミンガム大学図書館。CMS/ACC21 Z2. Church Missionary Society Archive, Cadbury Research Library: Special Collections, University of Birmingham.

セントルイス万国博覧会・会場地図

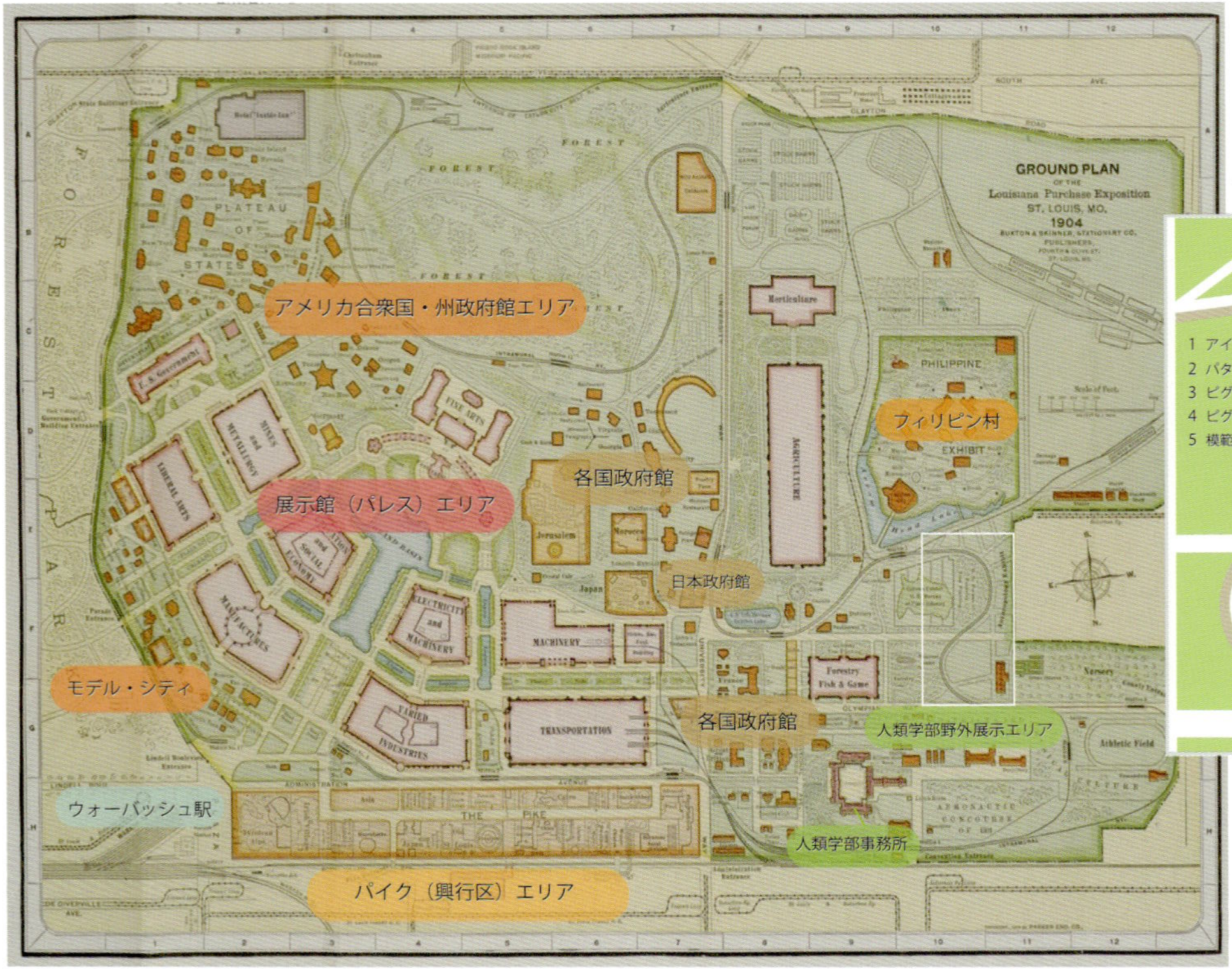

人類学部野外展示エリア略図

※「聖路易通信」本文に倣い、各先住民族参加者の展示・居住空間を「村」と表示した。オレンジの印は北米先住民諸部族の展示・居住空間を指す。

『Offical Catalogue of Exhibitors, Department of N Anthropology』(1904), p. 10 を基に編者作成

資料提供：ミズーリ歴史博物館 Missouri History Museum, St. Louis. St. Louis World's Fair Albums

聖路易通信　目次

装丁／中村　聡

凡例

一、本書は、『基督教週報』（第九巻―第十一巻）に掲載された「聖路易通信」（著者・稲垣陽一郎）を底本として、一冊にまとめて編集した。底本では、「米国通信」や「聖路易だより」など通信名に数回変更が見られるが、ここでは「聖路易通信」に統一した。

一、底本では、各通信に一から二十一まで通し番号がつけられている。しかし、実際には通信二が欠号し通信延着の為に掲載順が異なるものもある。したがって、本書では通信の執筆順に整理し直し番号を改めた。その上で、執筆された日付をもとに通信を「春、夏、秋、冬」の季節に分類して掲載した。また、二週以上続けて連載されている通信を統合し、一通信とした。

一、底本では、通信六以降に小見出しが度々登場する。原則として、記載された小見出しをそのまま載せたが、小見出しがない通信については、読者の内容理解をはかるため、編者が独自に付け加えた。

一、原文を尊重する見地に立ち、底本にできるだけ忠実にしたがった。そのため、アイヌ語の表記についても原文のままとした。しかしながら、読解の便をはかって次の処置をとった。

1. 旧字体で書かれている漢字は、原則として新字体に改めた（一部例外を除く）。
2. 漢字表記に関しては、外国名などを含め、読みにくいと判断した初出語に片仮名でルビを付した。著者により原文に付されていた幾つかの片仮名のルビには＊をつけ、これを峻別した。また、平仮名の固有名詞に読みやすいように適宜、漢字のルビを付した。
3. 漢字表記されている以下の代名詞、副詞、接続詞等を、原則として平仮名に改めた（一部例外を除く）。
其→その　此→この　或→ある　唯→ただ　又→また　於ける・於る→おける
4. 仮名遣いは基本的に歴史的仮名遣いのままとしたが、以下の語については現代仮名づかいに改めた。
子→ネ、ヰ→イ
5. 片仮名の固有名詞や人名を区切るために付されている点（「、」）を、中点（「・」）に置き換えた。また、引用等で閉じ括弧が抜けている場合、一文が長い場合など文脈に応じて句読点の校正を行い、引用等を示す二重鉤括弧を鉤括弧に置き換えた。

6. 明らかな誤字・脱字には「ママ」と右側にルビを振り、必要と判断した場合には括弧〔 〕内に訂正・註釈を加えた（一部例外を除く）。著者による注釈は、原文のまま（ ）で記した。

7. 片仮名で表された国名、人名、固有名詞などは原文に従ったが、表記が現在使用されているものと大きく異なっている語については、一部例外を除き、初出語に片仮名のルビを振った（例：フヒリツピン《フィリピン》）。

8. 原本で表記が統一されていない片仮名の固有名詞に関しては、読者に混乱を与えないようルビを付した。また、一部の固有名詞においては、中点を付け加えたり、英語表記を〔 〕内に補足で付け加えた。

9. 同一人物を指しながら表記が不揃いの場合には、原則として記載の順番に関わらず、表記回数が多いほうに統一した（例：マッギー博士・マーギー博士→マッギー博士）。例外については各註釈を参照のこと。

10. 段落分けがなされていない通信記事に関しては、本書の編集にあたり新たに段落分けを行った。

聖路易通信《セントルイス》

―1904年セントルイス万国博覧会「アイヌ村」からの便り―

St. Louis Correspondence

-The Ainu Experience at the 1904 St. Louis World's Fair -

稲垣陽一郎　［著］　Yoichiro Inagaki
田辺陽子　［編］　Yoko Tanabe

一行の旅程図

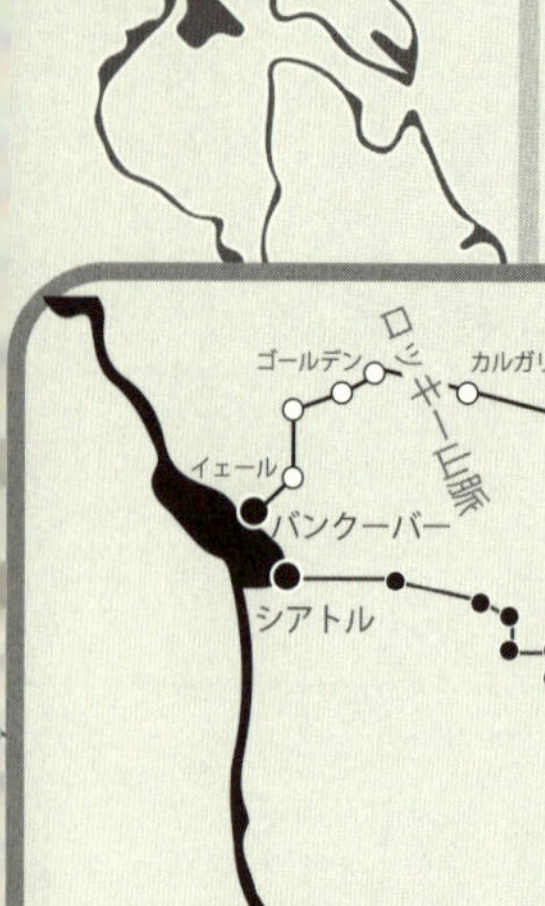

<北米大陸における旅程・概略図>

※「聖路易通信」の記述を参考に編者作成。ここでの「アイヌ・グループ」一行には稲垣陽一郎、及びフレデリック・スターと助手ゴンサレス（往路のみ）も含まれる。

「アイヌ・グループ」

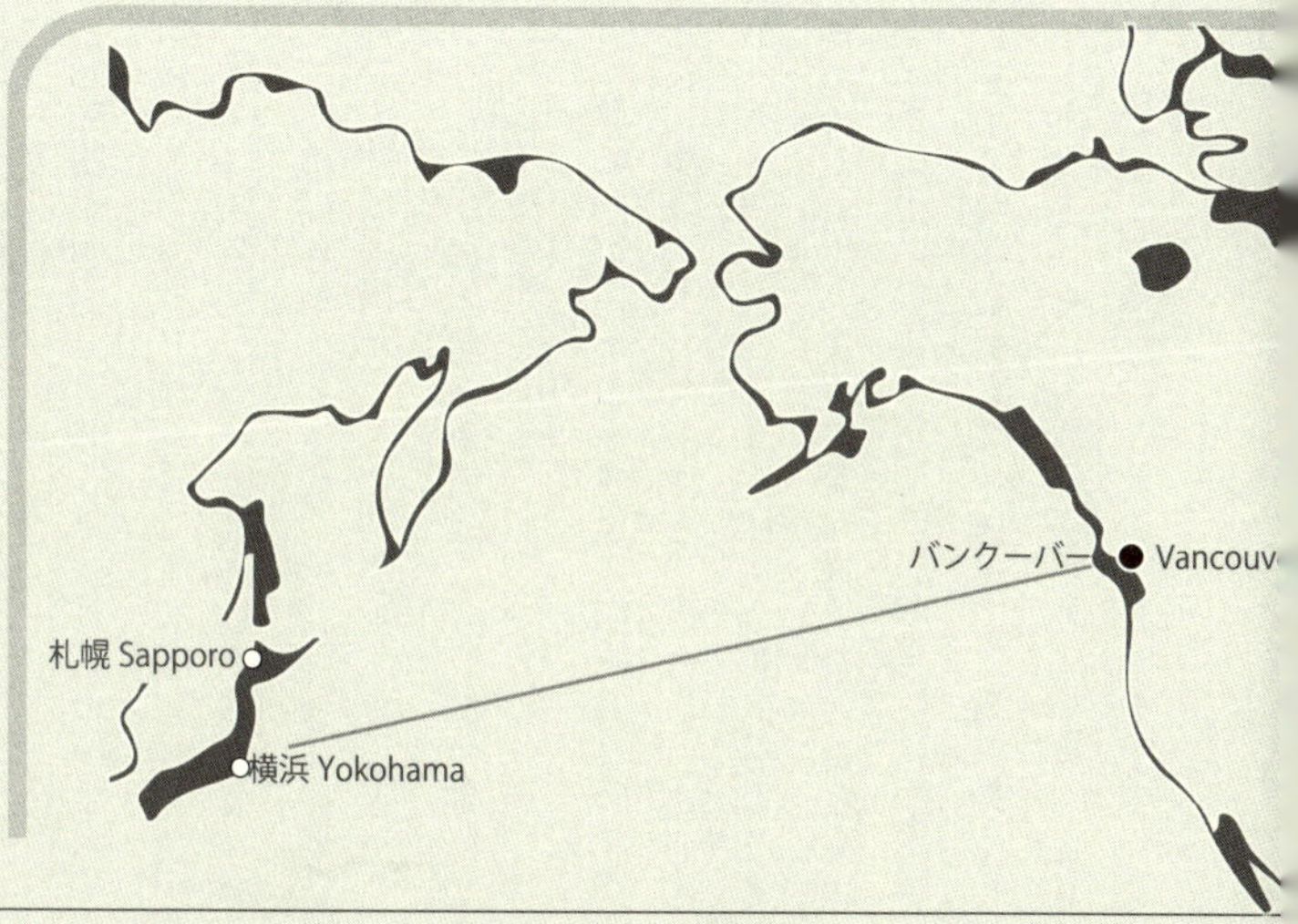

「アイヌ・グループ」一行の主な旅程

月	日	出来事	滞在（通過）場所	移動手段
3	7	札幌 Sapporo →室蘭 Muroran →函館へ	船内	鉄道＆汽船（田子浦丸）
3	8	函館　Hakodate →青森 Aomori	青森	汽船（田子浦丸）
3	10	青森 Aomori →仙台 Sendai	仙台	鉄道
3	11	仙台 Sendai →東京へ	車中	
3	12	東京到着 Tokyo	東京	
3	18	横浜から出港　Yokohama	船内	定期客船（エンプレス・オブ・ジャパン号）
3	30	バンクーバー到着　Vancouver	バンクーバー	汽車
4	1	シアトル到着 Seattle	シアトル	
4	2	シアトル Seattle	ワシントン州/WA	ノーザン・パシフィック鉄道
4	4	ビリングス Billings	ワイオミング州/WY	バーリントン線
4	5	アライアンス Alliance	ネブラスカ州/NE	
4	6	セントルイス到着 St. Louis	ミズーリ州/MO	
		<1904年セントルイス万国博覧会>		
12	6	セントルイス出発 St. Louis	ミズーリ州/MO	汽車
12	7	セント・ポール St. Paul	ミネソタ州/MN	馬車
		ミネアポリス Minneapolis	ミネソタ州/MN	スー・パシフィック・ライン
12	8	ポータル Portal	ネブラスカ州/ND	
		ムース・ジョー Moose Jaw	サスカチュワン州/ SK	カナダ太平洋鉄道
		カルガリー Calgary	アルバータ州/AB	
12	9	レイク・ルイーズ Lake Louise	アルバータ州/AB	
		フィールド Field	ブリティッシュ・コロンビア州/BC	
		ゴールデン Golden	ブリティッシュ・コロンビア州/BC	
12	10	バンクーバー到着 Vancouver	バンクーバー	
12	13	バンクーバー出発 Vancouver	船内	定期客船（ターター号）
1905				
1	1	横浜到着 Yokohama		
1	7	札幌到着 Sapporo		

はじめに

本書は、一九〇四（明治三十七）年六月から翌年六月まで『基督教週報』に掲載された稲垣陽一郎による「聖路易《セントルイス》通信」を、一冊の本としてまとめたものである。著者の稲垣陽一郎（一八七八―一九四九）は、一般的に知名度が高いとは決して言えないが、ニューヨークのゼネラル神学校に明治・大正時代を通して二度留学し、日本聖公会神学院の第四代校長となった「神学博士」である。彼は一九〇四年に開催されたセントルイス万国博覧会に、日本から参加した先住民族アイヌの代表九名（以下、「アイヌ・グループ」）の監督兼通訳として、同年春に初めて渡米した。この博覧会では、壮麗な数々の展示館《パレス》、四十一の米国州政府館、日本を含めた二十一か国の政府館、「興行区《パイク》」でのアトラクション等のほか、世界各地から招いた先住民に伝統的な居住空間を再現させ、彼らの日常を入場者に見せるという先住民の「展示」が企画された。そして「アイヌ・グループ」と稲垣は、博覧会人類学部門による野外展示企画に沿って、約八ヶ月間の滞在期間の多くを会場内に作った「アイヌ村」[1]で過ごしたのである。病気のため思うように筆が進まないこともあったようだが、稲垣は当地で見聞きした様々な出来事をつぶさに拾い集め、定期的に東京に電信を送り続けた。その内容は、「アイヌ村」での出来事や博覧会の重要な催事以外に、米国における宗教や神学に関する報告、米国人の日露戦争や日本の博覧会出品物に対する評価、稲垣が愛好する音楽の話題、世界各地から集められた先住民に対する見物人の態度についてなど多岐にわたる。したがって「聖路易通信」は、二十七歳の稲垣が初めて米国に渡り、博覧会内外で体験した出来事などを綴った貴重な記録であるといえる。

とはいえ、稲垣の自叙伝『稲垣陽一郎博士　自敍傳、説教』（松平ほか　一九五五）によると、「アイヌ・グループ」の同伴者として渡米することになったのは全く偶然の出来事であったようだ。当時の稲垣は、その数年前から神経性の病を患い、東京三一神学校を休学中の身の上であった。一九〇三年春からは、札幌農学校付属の模範果樹園で農作業に従事し始め、北国の美しい大自然に触れて健康を徐々に回復させていた。そんな折、稲垣はある米国人と札幌で邂逅する。彼の名は、シカゴ大学准教授で人類学者のフレデリック・スター（一八五八―一九三三）。スターは、博覧会人類学部の総責任者の依頼で、博覧会に参加可能なアイヌの人々を探すために、一九〇四年二月中旬から北海道を訪問していた。折しもそれは、日露戦争が勃発した直後のことであった。

スターは、園田北海道庁長官や「アイヌの父」と呼ばれた英国聖公会宣教協会（The Church Missionary Society。以下「CMS」と略記）所属の宣教師ジョン・バチェラーの協力を首尾よく取り付けると、二月二十二日にバチェラーとともに沙流川流域のアイヌ集落〔コタン〕を巡る数日間の旅に出た。その子細については、スターが博覧会期間中に出版した『セントルイス万国博覧会におけるアイヌ・グループ（The Ainu Group at the Saint Louis Exposition）』（1904a）などに詳しい（これについては「聖路易通信」第十三信参照）。そして、このコタン巡りの結果、スターとバチェラーは幼女二名を含む九名の参加者を探し出す。スターが残したフィールド・ノート(2)によると、彼が稲垣と初めて会したのは、この旅の出発前日、二月二十一日のことである（小谷　一九九三：四〇）。渡米までの

経緯に関して、稲垣の自叙伝には以下のように記されている。(3)

「来春雪解けを待ちて又出園せんものと待機中、或主日例の如く、札幌聖公会の礼拝に列せしに（当時管理長老は『アイヌの使徒』として名高きバチェラー師。伝道師は木村定三氏）見慣れぬ一外国人の前方のベンチに在るを見たり。礼拝終るやバチェラー師はベストリーの戸を半開きて予を招き、かの外国人に紹介して、『此方はシカゴ大学の人類学部の教頭なるが、今回セントルイ《ママ》市に開設せらる、世界大博覧会のマッキー博士を主任とする人類部の人種学敷地に、現今世界諸方面に散在し残存する原始人種を招致して、各其郷土に於ける住宅、衣服、食事、生業等の日常生活を実現せしめんとす。アイヌ族も日本に住む原始人種なれば先ず典型的の老、中、若の三夫婦を連れ行かんと外務省に交渉、道廳を経て予に然るべく斡旋方を依嘱したり。既に其人選も終り契約も成立したるが、監督並に通訳の為の同行者を物色中なり。貴下は目下保養中の事故、又特に難きことにも非ず。且つ太洋の航海は病気にも効果多き事故、同行せられては如何』との慫慂ありき。予は『アイヌ語を解しません』と答へしに師は『同行のアイヌは日本語をよくすれば何ら差支なし』と答え『至急校長に電報にて打合せよ。予よりも依頼せん』とあり。マキム監督の返電は『快諾』とあり。事一決バチエラー氏を通じて道廳にて海外渡航の手続を完了し、一行七人博覧会に携行すべき一切の材料を準備し、横浜を指して札幌を出立したり」

（松平ほか　一九五五：二十一―二十二）

最終的に渡米が決まったメンバーは、大沢弥蔵とその妻シラケ、平村クトロゲとその妻シュトラテク、娘キク、平村サンゲアとその妻サントゥクノ、娘きん、そして辺泥五郎であった。稲垣が「一行七人」と記したのは、恐らく幼女二名を算入しない大人の人数を指しているのであろう。スターの自著(1904a)によれば、九名すべての人選や契約が成立するのは沙流川流域を旅した後なのだが、稲垣に同行の打診をしたのは旅の前日だったということが分かる。アイヌ民族を取り巻く環境は、一八八六年の北海道庁設立から二十世紀初頭に至るまでの短期間に苛烈さを増していた。北海道への移住民の急増に伴う土地の奪取や、和人が持ち込んだ病気など様々な理由で、全道人口に対するアイヌの人口比率は低下し続けた。例えば、一八七三(明治六)年時点でアイヌは全道人口の約十五パーセントを占めていたが、一九〇三(明治三十六)年には約二パーセントまで減少している(榎森 二〇〇八:四三〇)。学校教育に目を向ければ、一九〇一(明治三十四)年に制定された「旧土人児童教育規定」を契機に、アイヌ児童を対象とした「旧土人学校」の設置が進められた。

前列左から、平村クトロゲ・シュトラテク夫妻、大沢弥蔵・シラケ夫妻、平村サントゥクノ・サンゲア夫妻、後列にサンゲア夫妻の娘・きん、辺泥五郎、クトロゲ夫妻の娘・キク(ミズーリ歴史博物館所蔵 Missouri History Museum, St. Louis. St. Louis World's Fair Albums)

一九〇二（明治三十五）年の「北海道庁統計書」によると、アイヌ児童の就学率は五割を超えている（小川　一九九七）。

渡米メンバーの多くは恩あるバチェラーに依頼され、異国での長期滞在を伴う任を断りきれずに受け入れたようである。バチェラーはCMS宣教師として一八七七年に来日して以来、伝道活動のほかにアイヌ民族の言語、宗教、生活文化等に心を寄せ、また、年々厳しくなる彼らの窮状を改善するべく北海道各地で教育・救済活動を続けていた。一九四〇年に日本を去るまでアイヌ民族とキリスト教伝道のために人生を捧げたバチェラーは、アイヌに関連する著書を多数出版するなど研究の面でも大きな功績を残している。先に引用した稲垣の自叙伝で興味深いのは、アイヌ語が分からないという言う稲垣に対し、アイヌの参加者の日本語能力は高いとバチェラーが回答している点である。サンゲアやクトロゲの一家は沙流川流域のアイヌ・コタンで暮らしていたが、日本語でのコミュニケーションに支障がなかったことを示唆している（後述参照）。弥蔵夫妻や辺泥五郎は札幌のバチェラー邸で長く働いていたので、日本語とアイヌ語のバイリンガルに近かったと言えるのではないだろうか。

「アイヌ・グループ」の通訳として稲垣に白羽の矢が立ったのは、札幌に滞在中のスターと教会で居合わせたという偶然も作用しているが、十分な英語力があり且つすぐに渡米できる「休学中の神学生」という立場であったことが大きな要因であっただろう。札幌時代の稲垣は聖公会の日曜礼拝に度々出席しており、バチェラーとは顔見知りの間柄である。渡米予定の「アイヌ・グループ」は、ほぼ全員が聖公会の信者であったため、「信仰」を通して彼らと繋がることができる稲垣はグループの「監督役」としても適任であるとバチェラーは考えたのではないだろうか。稲垣自身もアイヌの人々について、少なからず関心があったようである。例えば、本書収録の「聖路易通信」第十七信にあるように、渡米前の一九〇三年秋にはバチェラーに伴われて平取のアイヌ・コタンを訪れている。

いずれにせよ、稲垣陽一郎は全く予期せぬ形で一行に加わることとなり、一九〇四年三月七日に札幌を出立した。そして、約十日後の三月十八日に、九名の「アイヌ・グループ」、フレデリック・スター、同行の写真家マヌエル・ゴンサレスと共に横浜から客船エンプレス・オブ・ジャパン号に乗船し、一路セントルイスを目指す長い旅に出た。(4) この「アイヌ・グループ」は、太平洋を渡った初めてのアイヌ民族として後世に名を残すことになる。

稲垣陽一郎と「聖路易通信」

ここで、渡米前までの稲垣の半生について短く紹介したい。稲垣陽一郎は、一八七六(明治九)年十二月二十二日に和歌山市塩木町に生まれた。没後に編纂された自叙伝(松平ほか 一九五五)によると、稲垣家は士族の家柄で、祖父・小宇は廃藩置県まで紀州熊野の代官をしていた。「陽一郎」という名は、南画に長じていた風流な祖父がつけたものだという。地方官吏をつとめていた父・章と温厚な母・梅代とは早くに離別したようで、稲垣は士族出身の祖母により訓育を受けた。成績は非常に優秀で、高等小学校を通常より一年早く卒業し中学校に入学している。しかし、この頃には祖父が既に他界しており、海軍兵学校を志すようになっていった。

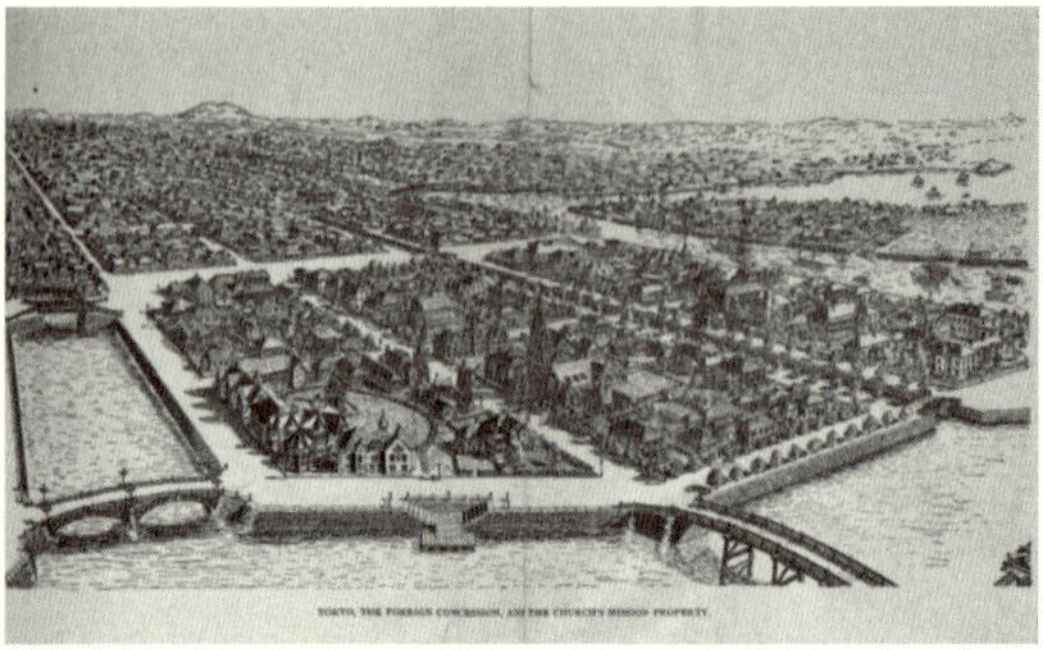
米国聖公会宣教師ガーディナーによって描かれた1894（明治27）年頃の築地居留地（立教学院史資料センター所蔵）

その後、海軍兵学校の入学試験準備のため、日本基督教会の米国人宣教師が開いていた夜間学校で英語を学び始める。米国人宣教師に誘われて教会にも通うようになり、キリスト教への理解も深めていったようだ。しかし、広島で行われた海軍兵学校の入学試験は、近視であったため不合格となってしまう。失意のうち和歌山に戻った稲垣は、教会の青年会の一員となり、聖公会の人々と親しくなる。そして、一八九四（明治二十七）年四月に和歌山聖救主教会でアイザック・ドーマン師から洗礼を受け、クリスチャンとなった。同年七月には、日本聖公会北東京地方部監督（現「主教」）ジョン・マキム師から信徒按手を受けている。稲垣はキリスト教の伝道を新たな立志の方針と定め、同年九月に東京・築地の立教学校に入学（第二学年に編入）することになった。

立教学校は、米国聖公会の宣教師チャニング・ムーア・ウィリアムズ監督によって一八七四年に築地に設立された私立学校である。当時の築地は外国人居留地の一つで、一八六九年一月一日（明治元年十一月十九日）に、国内に数か所あった居留地の中で最後に開設された。居留地制度は（条約改正に伴い）一八九九（明治三十二）年七月十七日に廃止されるが、稲垣が立教学校に入学した頃は、まさに日本の中の「異国」であった。当時の様子を思い返して、稲垣はこう記している。

「築地川に渡せる橋を越えて、足一歩此に踏み入るれば、景観全く外国の観があった。立ち並ぶ家屋は皆赤煉瓦の建物、街の中央に聖三一大聖堂は厳然として聳えてゐた。高い赤煉瓦の外壁に、緑濃き蔦の生いからめるなども他に見ざる所、街路をゆくもの、路上に遊ぶ子供らもアメリカ人にて、服装、言語も皆『異国振』であった」

（松平ほか　一九五五：九）

しかし、大志を抱いて上京したものの、居留地三十七番にあった立教学校の校舎は一八九四（明治二十七）年六月に東京を襲った地震によって崩壊しており、稲垣は学校の向かいにあった三一会館を仮校舎として勉学に励んだ。住まいは小田原町新栄橋（現・中央区築地六丁目付近）にあった学校の寮で、民主主義の精神に則り、寮長は選挙で選ばれていたという。地震で崩壊した校舎再建は同年十一月から開始され、「六角塔」定礎式の際には設計者ガーデナーの手により学校の沿革、教師や学生の論文、詩歌、当日発行された新聞と通貨等を収めた「タイムカプセル」が塔の礎石部分に収められ、セメントで固められた。築地居留地のシンボルとなる「六角塔」、五階建ての新校舎など全てが落成したのは明治三十二年七月のことだった（立教学院百年史編纂委員会　一九七四）。それから一〇五年の歳月を経た一九九九年夏—。驚くべきことに、この「タイムカプセル」が立教大学十二号館の解体作業中に発見された。関東大震災で築地の校舎は焼失してしまったが、「六角塔」の礎石と内部の「タ

1899（明治32）年に完成した立教学校の新校舎と六角塔（立教学院史資料センター所蔵）。

イムカプセル」は難を逃れたのだった。この「タイムカプセル」に入っていた生徒の文集は、『納函紀念録』（二〇〇一）として発行されており、入学したばかりの稲垣陽一郎も一篇を寄せている[5]。

稲垣が入学して一年半後の一八九六年に、立教学校は「高等学校令」に準じて改組され、五年制の「立教尋常中学校」と「立教専修学校」が新たに設けられた（立教学院百年史編纂委員会一九七四）。稲垣は一八九七（明治三十）年春に立教中学校を卒業すると専修科に進み、一九〇〇（明治三十三）年に東京三一神学校に入学した。二十二歳の時のことである。『立教学院百年史』（一九七四）によると、当時のキリスト教学校は一八九九年八月に公布された「私立学校令」と「文部省訓令第十二号」により大きな岐路に立たされていた。特に「文部省訓令第十二号」は官立・公立学校及び私立学校における宗教教育を（課外活動も含めて）一切禁止することを定めており、学校令による認可を受けていたキリスト教諸学校はその対策に大いに苦慮することとなった。同じミッション・スクールである明治学院や青山学院は認可を返上して宗教教育を続ける方針をとったが、立教中学校は認可を維持しながらもキリスト教主義を貫く独自の道を探った。それが「立教学院寄宿舎」を基盤とする宗教教育である。立教中学校は礼拝や祈祷会、聖書講義などを中心とした宗教教育を寄宿舎で行うことで、変動期を乗り切ったのである。

一方、この頃の稲垣は上級生として学内外で宗教活動に積極的に取り組んでいた。特に一八九六年に元田作之進（一八六二―一九二八）が米国留学から戻り、立教学院チャプレンとなってからは、学生の中でも指導的立場を担うようになっていく。例えば、元田発案の「立教学院ミッション（学内でキリスト教伝道に従事する団体）」が一八九七年に創設されるや、稲垣は初代メンバーの四人に選ばれている。また、同じく元田のアイデアで一八九八年に創設された機関誌『築地の園』[6]の編集主任も務めている。更に、一九〇〇（明治三十三）年に創刊された『基督教週報』の創刊計画にも初期から関わり、その第一号から記事を連載したと自伝には記されている。稲垣がセントルイスから送った通信記事が『基督教週報』に掲載されたのも、彼が編集者として機関誌の出版に携わっていたことが大きいだろう。

このように、上京後の稲垣はキリスト教の伝道という志と理想に燃え、充実した学生生活を送っていたかのように見える。しかし、東京聖三一学校の卒業を目前に神経性の病を患い、一九〇二（明治三十五）年から暫く休学を余儀なくされてしまう。稲垣は和歌山に帰省し、自然豊かな地で養生に努めた。その後、健康回復の為にと、札幌農学校付属模範果樹園での仕事を引き受けることを決意し、一九〇三年春に仙台基督教会(聖公会)の落合吉之介長老方に一時期滞在した後、まだ底冷えのする札幌へと向かったのであった。その翌年の早春、稲垣は博覧会のために渡米することになるが、その経緯については冒頭で述べた通りである。

本書の構成

本書は主に、㈠稲垣陽一郎による「聖路易通信」全二十一信、㈡編者による解説、㈢近森聖美氏による特別寄稿で構成されている。中でも本書の根幹となるのは、一九〇四年三月に稲垣が横浜を出航してから一九〇五年元日に日本に帰朝後、札幌のバチェラーにアイヌ代表を送り届けるまでを記した「聖路易通信」である。現在に至るまで、セントルイス万国博覧会に参加した「アイヌ・グループ」の記録や、米国の人類学者フレデリック・スターによって当時収集された在米アイヌ民族資料については、宮武（二〇〇六、二〇〇八a、二〇〇八b、二〇一〇b）や小谷（一九九三、一九九四、一九九七）などにより詳細な研究が行われている。しかしながら、監督兼通訳であった稲垣の存在や日本国内に残っている彼の資料については、今までほとんど注目されてこなかった。管見する限り、「聖路易通信」について取り上げた研究論文や書籍は見当たらない。したがって、今回初めて出版される稲垣の通信記事は、二〇世紀前半の米国の様子やセントルイス万国博覧会に参加した「アイヌ・グループ」の米国生活を当事者により近い立場から知る貴重な手がかりとなるだろう。

本文の後に付け加えられた解説は、文語体で書かれた本文に対する読者の内容理解を深めることを目的に執筆された。よって、「アイヌ・グループ」一行の旅、及びセントルイス万国博覧会で彼らが体験した出来事に焦点を当て、当時の文献資料等をもとに時系列順に沿って解説が加えられている。そして解説に引き続き、近森聖美氏には「祖父の思い出：辺泥五郎とセントルイス万国博覧会」として、セントルイス万国博覧会に参加した辺泥五郎氏の半生について貴重な写真アルバムと個人的な思い出をもとに特別寄稿を執筆して頂いた。孫の近森氏が紡ぐ言葉には家族だからこそ生まれる温かさが感じられ、五郎氏の素顔や人間性を垣間見ることができる。本書に近森氏の特別寄稿や五郎氏のアルバムが加わったことは、「アイヌ・グループ」一行の在米体験をより深く理解するための一助となるだろう。本書に対する近森氏の貢献は非常に大きく、感謝してもし尽くすことはできない。

最後に補足となるが、「聖路易通信」は百年以上前に発表されており、書簡形式をとっている。所謂「候文」と呼ばれる文語体で書かれているので、現代の一般的な読者にとっては決して読みやすい文体ではないかもしれない。しかし、底本を尊重する立場により、原則として表記に大きな修正は加えないこととした（詳細は「凡例」を参照のこと）。また、本文においては今日では不適とされる差別的な表現が用いられている箇所がある。この点については、底本の尊重と明治後期という時代背景を鑑み、ご理解をいただきたい。

【註釈】

（1）稲垣は北海道のアイヌ・コタンを「旧アイヌ村」、米国のものを「新アイヌ村」と記しているが、編者がつけた本書タイトル、及び解説内においては意味の混乱を避けるため「アイヌ村」とした。ただし、目次と本文、本文註釈においては、稲垣が記した通り「新アイヌ村」という表記を用いている。

（2）シカゴ大学図書館所蔵のフレデリック・スターのフィールド・ノート（Notebook 1-3 Japan-Korea, 1904）。

（3）ルビは編者による。十二行目の「～同行せられては如何」の閉じ鍵括弧が原本では抜けているため、編者が付け加えた。

（4）スターの一九〇四年の訪日と在米アイヌ民族資料については、小谷による研究報告書『在米アイヌ関係資料の民族学的研究』（一九九三）、『フレデリック・スターのアイヌ研究資料の民族学的研究』（一九九四）、『欧米アイヌ・コレクションの比較研究』（一九九七）等も参照のこと。

（5）題は「高橋伝五郎君を追悼す」。高橋伝五郎は一八七一（明治四）年生まれの青森出身士族。仙台・東北学院の神学生であった。一八九三年に千島拓殖に赴く郡司成忠と報效義会員一行に加わり、千島に向かうも、越冬可能と見て残留したシャスコタン（捨子古丹）島で亡くなった（巖本 一八九五）。島に残った報效義会員九名全員が死亡または行方不明となった。稲垣は士族出身だが、高橋と同様に身体的理由で陸軍士官学校に入学できず神学生となったので、自分と重ねあわせていたのかもしれない。

（6）元田の発案による月刊の機関誌で、一八九八年三月創刊。主に扱うテーマは、立教学院系列の諸学校と東京三一神学校における報告、宗教団体や文学会の報告記事であった。稲垣陽一郎は第一号から第四一号と、第二七五号（一九二二年）から第三〇〇記念号（一九三一年五月）の編集を担当した（立教学院百年史編纂委員会　一九七四）。

春（一九〇四年四月〜六月）

国際定期客船エンプレス・オブ・ジャパン（City of Vancouver Archives, AM54-S4-: SGN 917, Major J.S. Matthews）

第一信

●横濱出港

三月七日札幌を去りて東京に来り、十八日われらの一行（アイヌ男女九人）、スター教授(1)と随行者ゴンサリス氏、(2)及余はエンプレス・オブ・ジャパン号にて横濱を出帆してよりすぐ「あらし」に逢ひ、一週日ほど海は穏ならず、随分船病《ふなやまい》の為に苦み候《そうろう》。十日目より天候漸《ようや》く定まり波もおさまりて、皆甲板に出《い》で初め候。アイヌ等は船員船客等に珍重せられ、種々のもらひもの《貰い物》致し候。殊におきん、おきくと云ふ二人の幼き子供は、船客の寵児にて有之候《これありそうろう》。この船に此度《こたび》ほど日本人の多く乗りしこと無之《これなく》、乗客の三分の二を占め候内には、セントルイスの博覧会へ行く官吏商人なども有之候。航海中に無聊《ぶりょう》を慰むる為とて、一夜これらの人々二等の食堂に集りて親睦会をひらき、われらの一群も招かれ候。されど皆船病によわりて出で得しものは、サンゲア老人とクトロゲの二人にて、余興とてアイヌ踊を寄附し喝采を得しとの事に候。

二十八日には一等食堂に上等客は、日本海軍恤兵部(3)へ寄附する為にとて、慈善夜会をひらき、百余の英米印度《いんど》等の紳士貴女相会《そうかい》し、音楽文学上の諸種の演芸有之候。その中にて最も人の注意を惹きしは、われらの一群の招待せられ、正装して出でしことに候。スター教授は席上アイヌに関する一場の演説をなし、風俗習慣を説明して後、人類学者としての見地より、彼らの白人種なることを証論し、われらの兄弟の為《た》めに万丈《ばんじょう》の気焔《きえん》を吐かれ候。その如何《いか》に熱心なりしかは、驚くべき雄弁にて知られ候《ママ》。（熱心は時々雄弁を生み候）。会衆は（余もその一人）非常につよき印感を与へられ候。終にス教授はアイヌの軍歌（土語《どご》にて「ユカラ」(4)と云ふ）のことを語り、サンゲアとクトロゲはその一部を唱《うた》ひ候。会後ス氏の演説を説き聞かせしに、彼らは非常によろこび候。日本にていやしめられつゝある、少なくともその傾ある此等《これら》の兄弟が、異郷の人類学者に、その同情ふかき一友を得たるを感謝いたし候。集りし二百余円の金子《きんす》は、席上にありし日本乗客の一人なる、鏑木海軍大佐(5)の手に、司会たりし船長より渡され候。

船は一日平均三百四十哩(6)余を走りて、十三日目の夕月、太平洋の波間より昇れる頃、初めてバ《マ》ンク《マ》バー島を左方に眺め、夜半ビクトリア港に碇泊。翌朝出航、左右に檜松《ひのきまつ》繁りて岩苔むせる群島の間を、全速力にて快走し、午後《ママ》　時バンクーバーに着いたし候。この夕、日本領事森川氏(7)夫妻書記《しょき》生《せい》吉江氏らの、懇切なる訪問をうけ、まん《ママ》〔きん〕、きく等は贈物をうけ候。翌三十一日、一官吏の好意によりて、一同は当時開会中の犬の展覧会に案内せられて後、ス教授らと共に市端の公園に遊び候。この夕、日本メソジスト教会より招待をうけ、三百人余の同胞の集りし席上にて、（加奈太《カナダ》人も十数人ありき）大澤弥蔵、平村クトロゲ、辺泥五郎の三人は日本語にてアイヌの農業、牧畜、獣猟《じゅうりょう》、習慣、風俗等につき語り候。臨席せられしス教授も、一場の演説せられ会衆に浅からぬ印感を与へ候。われらの一群が土語もて讃美歌をうたひし時は、殊に然《しか》りき、かくて当所に主の栄をあらはすは喜ぶべきことに候。

●バンクーバーとシヤトル

四月一日朝九時五分、着後知りし内外人に見送られて、一行はバンクーバーを発し候。太平洋岸の処女林と、開墾初期の状態と、エゾ松トヾ松の繁れる、わか草萌ゆる牧場、林檎、芋畑、北海道の光景に類似せるもの多く、なつかしき札幌を想起いたし候。ただ、この辺は尚われらの愛する楡樹《ゆじゅ》をみざるのみ。汽車停車場に来る毎に、われらの一群をみんとて来るもの多く、同乗車中には説明を求むるものあり候。この間にも、快心の一事《いちじ》日露戦争に関し、わが国にあつき同情を表することにて、わが海軍の好果をよろこびくれ候。ある停車場にて、プラツトフオーム《プラットフォーム》を散歩し居りしに、一英人来りてわがてをとり、「君は日本人、われは英人、貴国の勝利をよろこぶ、米人もわれに劣らず貴国に同情を表す」と申候《もうし》。その人の労働者なりしは、更に注意すべきことに候。

午後五時半シヤトル《シアトル》着、われらは(ス氏を除き)此《ここ》日本人旅館に来り候。明日午後当地発、水曜日(七日)セントルイ《ママ》に着する筈。ス教授はわれらを博覧会人類部長マツギー氏(8)に引渡して後、その夜シカゴ大学に帰られ、待ちに待ちつゝある、その受持のクラスに、木曜日出でらる、との事に候。

以上、千九百四年四月一日夜九時、シヤトル市グレート・ノーザン・ホテルにて

●四泊五日の汽車旅

四月二日午後四時二十分、シヤトル停車場を発して、三日の復活日《イースター》は北太平《ノーザン・パシフィック》鉄道(9)の汽車中にて迎へ候。カスケ《カスケード》連山の絶景は、夜中なりし故、見る能《あた》はず。ワシントン州よりアイダホー州に入りて、

バンダレーン湖畔の勝景を車中に賞し、モンタナ州に入りてのちは、ロッキー連山にか丶りて土地高く、白雪尚《なお》青松の間に残れるを見候。沿道アメリカインデアン部落多く、その広大なる牧場に春の若草青き、牛馬豚羊の放牧せるを見る。この夜半ロッキー山を越ゆ、又昼間ならずして、この高山の景を楽む能《あた》はざるは遺憾《いかん》にて有之候。

四月四日、ビリングスよりバーリントン鉄道(10)に換線《かんせん》して後は、沿道広漠《こうばく》の平地、地味砿硼《こうほう》にして何等農業を見ず、ただ牛馬の放牧せるあるのみ。風強き為にインデアンの家は多く穴屋なり、その軒に獣角を飾れり。以前はこの辺、水牛無数の群をなして遊びしも、白人来りて銃殺して後は、今はその一を見る能はずといふ。二人のインデアンある停車場より、われらの群の乗れる列車に入り来りて、すぐクトロゲ等に握手するを見き。言語通ぜざるも、その現今の両種族の状態の極めて類似せるは、無言の間に同情の通ずるならんと察せられ候。殊にこの停車場に至りて。《ママ》一インデアン婦人来り、われ等の婦人と会話を試みんとして、諸手《もろて》真似をなせし時は、多くの同乗の人々の注意をひき候。両者共に衰滅《すいめつ》の遺民《いみん》、前者の米国における、後者の日本における、等しきを思ひ極めて憐れに感ぜられ候。これ実に世界における、最も憐れなる光景の一にあらざる乎。余はこの車中の哀景《あいけい》を忘る丶能はず候。

午後ワイオミング州に入り候。夕、南デゴタ《ダコタ》州を過ぐ、明くれば四月五日、われらはネブラスカ州を走りつ丶ありき。機関車日本労働者（この辺の鉄道線路工夫は多くは日本人なり）のトロツク《トロッコ》と衝突して損所《そんしょ》を生じ、代車せり。労働者には幸《さいわい》に負傷者なかりし。この州に入りて大農園を見る、数里(11)の間眼界の及ぶ限り、皆コーン畑なり、稀に小麦の青く萌え出でたると、林檎畑を見る。カンサス《カンザス》州と共に、この州は合衆国の大農州なり。附近一山一丘を見ず、汽車の快走する一分一哩の速力なり。夜半セントジョー《セント・ジョセフ》にて換車、ミソリー《ミズリー》州に入てミソリー河を横《よこぎ》り、更にミスシッピー《ミシシッピー》大河に沿て南走、午後二時、セントルイスのユニオン停車場（世界の大停車場の一《ひとつ》と云はるゝ）に無事着し候。

四夜三日の汽車旅行の後に、一行は茲《ここ》にて世界博覧会人類部の秘書たるハーバート氏に迎へられ、直《なお》く馬車にて市の西端なる博覧会構内を過り、暫時《ざんじ》の滞在所として定められたる（アイヌ家屋の出来する迄）、公立アメリカインデアン模範学校(12)内に入り候。スター教授は、われら一行を人類部長たるマツギー博士へ引渡して後、その責任を果してその夜すぐ、その従者と共にシカゴ大学に帰られ候。すぐ翌日大学の教場に出でらるゝ由に候。別かるゝに臨み、一同はかくまでも親切に、愛心深くわれらをすべての点に於て世話せられたる、アイヌ民族の大なる「友」を深く惜み候。着後一行は無事なり御安心被下度候《くだされたくそうろう》。

●セントルイス到着

着の翌日、余はわれらの属する部長たる、マツギー博士をその人類部の事務所に訪ね候。而《しか》して、此《こ》の名高き科学者の極めて温和にして親切に、注意の周到にして、やさしき人なるを見てよろこび候。余はバチラー長老(13)の所望を告げ、殊にわれらとアイヌに日曜日礼拝の為、外出するの自由を求めしに、よろこび承諾しく《ママ》れ、余のマキム監督(14)より当地のタットラー監督(15)への紹介状あるを見て、すぐ博士自らの紹介状をも与へくれ候。スター教授のあまりに不当に、小生《しょうせい》をよく博士に推薦せられしことは博士の監督への紹介にて知り、極めて愧《はずか》しく思ひ候。されど、此《これ》らの信任は初旅の青年をして心強く感ぜしめ候。

而して、更にこの上に尚一層然《しか》らしめしは、昨日午後マキム監督とマッギー博士の紹介状を携へて、市内ヴァンダベンタープレース(16)の監督邸に、タットラー監督を訪ねし時に候。親切と真情、その多年主の為につくされし老顔にあらはれし白髪の老人、その学室にわが手をとりて迎へ入れ、遠来の訪問を極めてよろこばれ候。わがもたらしゝ通信の書面を見て後、監督は大会堂に行くを欲するか、はた博覧会に最も近き会堂かと問はれし故、後者と答へしに、されば昇天《しょうてん》教会はよからん、いざ之《これ》より同行その牧師と面談、席の用意を頼まんとて、すぐ余を導きて牧師館に到りしに、不幸にして牧師ウインチエスター博士(17)もその夫人もをらず、可愛の一少女ありて、われらを迎へくれぬ。

監督此《ここ》にノートをわが為にのこして後、また共に出で行き、昇天教会の所在地と、その往来の途を示され、また何時にても時あらば来訪せよとて分かれ候。今は博覧会は諸建築物準備中にて、出入極めて厳重なれど、余は部長より通券を得たれば、明日アイヌの兄弟を携へて教会に出づるつもりに候。博覧会に関しては余は今はたゞ、その規模の広大にして、諸建築の壮麗驚くの外なしといひ得るのみに候。

以上、四月九日

セントルイス博覧会内。アメリカインデアン学校にて

【註釈】

（1）フレデリック・スター（Frederick Starr 一八五八—一九三三）。米国の人類学者。ニューヨーク州オーバーン生まれ。一八八五年にラファイエット・カレッジで地質学の博士号取得後、コー・カレッジで生物学教授となり、一八八八年からはシャトーカ大学で地理学を教えた。その後、アメリカ自然史博物館勤務を経て、カリフォルニア州のポモナ・カレッジで地質学及び人類学を担当。一八九二年にシカゴ大学へ移り、人類学講座を設置した。一八九五年に准教授となり、一九二三年の退職まで教鞭を執った。一九〇四年の初来日後に約十五回も日本を訪れ、日本に関する本も多数出版。これらの功績から一九二一年に勲三等瑞宝章を贈られた。日本文化に造詣が深く、特に神社札研究に関しては「お札博士」として当時知られていた。訪日中の一九三三年に肺炎にかかり、東京の聖路加病院で死去。享年七十五歳。

（2）マヌエル・ゴンサレス（Manuel Gonzales 一八八三—一九一二）。フレデリック・スターの助手で撮影担当。メキシコ出身。

（3）物品または金銭を寄贈して戦地の兵士を慰めること。旧陸海各軍には、こうした慰問品や献金の管理を行う「恤兵部」が存在した。例えば、一九〇四年二月二十九日発行の『官報』には、同日に陸軍恤兵部が設置される旨が告知されている。

（4）「ユカラ（yukar）」はアイヌ語で「英雄叙事詩」を意味する。稲垣はアイヌ語を「土語」と表記している。

（5）大日本帝国海軍の軍人・鏑木誠（かぶらぎ まこと 一八五七—一九一九）。日露戦争時、在英国公使館付武官として外交面で活躍し、戦後に海軍少将となった。

（6）一哩（マイル）＝一・六〇九三キロメートル。

（7）森川季四朗（もりかわ きしろう）。当時のバンクーバー（晩香坡）日本領事。

（8）ウィリアム・ジョン・マギー（William John McGee 一八五三―一九一二）。米国の地質学者、人類学者。セントルイス万国博覧会において人類学部門の総責任者を務めた。
（9）英語名Northern Pacific Railway。
（10）シカゴ・バーリントン・アンド・クインシー鉄道（Chicago, Burlington and Quincy Railroad）。一八四九年から一九七〇年まで運行していた米国の一級鉄道。一行は、モンタナ州ビリングスからネブラスカ州リンカーンを経由して、セントルイスへ向かった。
（11）一里（リ）＝三・九二七三キロメートル。
（12）英語名は「Model Indian School」。第五信も参照のこと。
（13）ジョン・バチェラー（John Batchelor 一八五四―一九四四）。英国聖公会宣教協会（CMS）所属の宣教師。英国サセックス州アクフィールド生まれ。香港のセントポール・カレッジで神学と中国語を学んでいたが、病気療養のため一八七七年に来日し、函館に赴任。CMS宣教師として、アイヌへの伝道活動に従事した。平取コタンの酋長・ペンリウクの家でアイヌ語や精神文化を学び、アイヌ語の研究やアイヌ子弟教育施設、アイヌのための医療施設を設立するなど、生涯をかけて幾多の功績を残し、「アイヌの父」と呼ばれた。第二次世界大戦勃発後に離日を余儀なくされ、郷里で没した。北海道内には、バチェラーやCMS宣教師の功績を伝える建築物や史跡が今も残されている。
（14）ジョン・マキム（John McKim 一八五二―一九三六）。アメリカ聖公会派遣の宣教師。明治十三（一八八〇）年に来日。築地の聖パウロ学校（立教大学の前身）で教鞭をとり、大阪の照暗女学校（現「平安女学院」）のチャプレンとなる。明治二十六（一八九三）年に米国聖公会日本伝道区監督、明治二十九（一八九六）年に、日本聖公会の初代北東京地方部監督《Bishop》（現「主教」）に按手され、昭和十（一九三五）年まで在任。立教学院理事長として学院の発展に尽くした功労者。

(15) ダニエル・シルベスター・タットル（Daniel Sylvester Tuttle 一八三七—一九二三）。ミズーリ州の米聖公会主教で、一九〇三年から米聖公会の第十三代総裁主教を務めた。

(16) ヴァンダヴェンター・プレイス（Vandeventer Place）は、一八七〇年にジュリアス・ピッツマンによって立案されたセントルイス市内の高級住宅地。幾つかの鉄門で守られたプライベート・コミュニティで、セントルイス万国博覧会総裁・フランシスの住居もあった（WAYMAN 1978）。

(17) 当時の昇天教会の牧師はジェームス・リド・ウィンチェスター（James Ridout Winchester 一八五二—一九四一）。一九一一年からアーカンサス州の米国聖公会主教となる。タットルと稲垣を戸口で対応をしたのは、恐らく六女のフローレンスである（HOTCHKISS 1912）。

第二信

●昇天教会

先日タットル監督より、昇天教会に紹介せられて後、四月十日初めてわれらは北米の教会に出席いたし候。「レクトアー《レクタ》」(1)たるウインチエスター博士は、われらを歓迎せられて、兼て定め置かれたる、席を与へられ候。アイヌらがこの教会行の一事は、人々の案外なりしだけ、余程《よほど》人の注意を惹き、当市の新聞は、翌日の紙上に、すぐこの事をのせ候。その後、引続き日曜毎に出席いたし居候。

●アイヌに関する地元新聞記事

七日、当市ユニオン停車場に着せしとき、すぐ『セントルイス・グローブ・デモグラット』(2)の新聞社員に会せしを初めとし、『セントルイス・クロニクル・レパブリク』(3)『ホーストデスパッチ』(4)『スター』(5)等の各新聞社の男女の記者は、殆んど日毎に来訪、その紙上にアイヌの写真と、その記事を掲げ候。小生の喜び居る一事は、長く待ち設けられたるアイヌの一群が、着後、人類学部長たるマッギー博士を初めとし、その他の事務官、上記の新聞記者、及び日毎に来訪する（博覧会は未だ開会せざるも）多くの紳士、淑女に、極めてよき感想を与へつゝある事に候。そは彼等は米人が予想せし如く野蛮ならず、粗暴ならず、不潔ならず、笑ひもすれば（アイヌは笑はぬと信ぜられてありし）絶対的に教育すべからざる民にもあらずして、却《かえ》りてその挙作(6)の温柔《おんじゅう》にして謹直《きんちょく》に、手芸に富み、ある者はよく文字を解し、（英字すら）かつ比較的に清潔なるを発見せし故に候。而して彼らは多くの米人と共に、基督教信者たる故に候。この事は先週南米の南端より、世界の*巨人種《ジャイアント》と称へられたる、パタゴニアンが同じく人類学部へ来着せしが、そのものと比較せられて更に著しく相成候《あいなりそうろう》。博覧会一部の人々の中に、「パタゴニアン」の如しとの一語は、不潔と粗野、意地悪しきの代語となり居り候。これ全くスター教授がバチラー長老を通して、よき標本的人物を得られたるに因り候。

今日刊行の『セントルイス・リパブリック』は、クトロゲ夫妻とその幼女の、一頁《ページ》大の彩色画を掲げ、これが説明をなしてのち最後に左の如く申候。

「此等のアイヌの特徴は、その挙作の鄭重《ていちょう》なるにあり。初めこの初代人種の着せし時は、人々多少失望したりき、彼等は多毛人種なるは真なり、されど彼らは人を食ひ、犬を食ふ、（通信者曰《い》ふ人類部に来着せしフヒリツピン《フィリピン》人は犬を常食とす）人種にあらず、また蛮族にもあらざるなり。その容貌の柔和なる、その挙動の温雅《おんが》にして礼譲《れいじょう》ある、必ずこの大博覧会に好評を博するなるべし。また他の失望はその清潔の点にあり。（中略）パタゴニヤ巨人は初代の人種にして、地球上の最も不潔なるものなり。同じくアメリカインデアン館に暫時滞留せる間、パタゴニヤ巨人は清潔の点に於て、全くこの多毛人種に後れをとりたり。」

●二人の幼女・キンとキク

この一行の中に「キン」（五歳）「キク」（二歳）なる一幼女を加へたるは、人選者の大なる成功と在《あり》候《そうろう》。そは二女とも人馴れしやすく、且《かつ》愛嬌あり、当《まさ》に札幌よりセントルイスに来るまで、船中車中にて乗客の愛物《あいぶつ》たりしのみならず、着後も第一に来訪者の注目するは、この二女に候。今は握手することも覚え、来訪の婦人が出す手をとりて握る様相成候《あいなりそうろう》。過日も一婦人新聞記者来りて、自ら「キク」を抱き、催眠歌をうたひしが、その調子の心地よかりしにや、幼女は遂に記者の膝に眠り終りし事も有之候。かれらは我一群のチヤームに候。博覧会開会後は尚更に候、若《も》し幸にわれらのアイヌが此に首尾よく、その使命を全ふするを得るとせば、その成功の一部はこの二幼女に帰せざるべからず候。

人形、玩具、果実、小銭等は多くの貴女によりて彼らに与へられ候。その小さき紅葉の如き両手にて、アイヌ風の感謝をあらはすさま、殊に愛嬌あり候。『レパブリック』は前記の記事の前にこの事を記し、「若しキクにしてこの国に止まるならば、慧かによきアメリカ婦人となるべし」とまで申候。尚、われらの一群中にある、昨年結婚せし若夫婦も新聞紙上の談柄《だんぺい》となり、殊に新婦の美貌は（唇辺のいれずみは欠点なりと申せど）市の評判也と、一婦人記者小生に語り候。一昨日の『ポストデスパッチ』は彼女のアイヌ風の正装せし半身像を掲げ、「博覧会地における最美のアイヌ婦人と《ママ》」題し多少小説的の筆法を用ひ、「之はアイヌ民族中近代の所謂《いわゆる》新婚旅行を、海外になせし第一のものなり」と戯れ候。

アイヌ細工も好評あり。彫刻木器は多くの花客《かかく》を得候。斯《かく》の如《ごと》く多くの点に於て、我らの一群は成功しつゝあり。バチラー長老が過去三十年来、この遺民のために尽瘁《じんすい》せられし効果の遠く海外に輝きて、彼らは此に主の栄をあらはしあるは、啻《ただ》にバチラー氏の喜びたるのみならず、わが聖公会のよろこびなるべく候。アイヌの家屋は一便遅れし為め尚着せず、今尚アメリカインデアン館に滞留いたし候。

博覧会に関しては、尚通信する程の知識を得ず。ただ、此一事小生の注目せしものは、丘上に位置を占めたる日本園に隣りて、エルサレム全市に模せる者あることに候。わが研究の好資料とよろこび居候。されど我病尚よからず、少しも頭を労し得ず候、気分もあまりよからず、これ一は四月は当地の最悪の気候なりとの事にて、極めて不順、二十日には降雪あり、博覧会地一面に白くなりしが、けふは初夏の如くあつく、また雷雨あり候。追々は地に慣るゝこと、存居候《ぞんじおりそうろう》。

（四月二十四日夕）

【註釈】

（1）教区牧師。
（2）『セントルイス・グローブ・デモグラット（St. Louis Globe-Democrat）』。
（3）セントルイス公共図書館によると、『セントルイス・クロニクル・リパブリック』という新聞名で当時出版されたものはないので、恐らく『セントルイス・クロニクル（St. Louis Chronicle）』と『セントルイス・リパブリック（The St. Louis Republic）』を指していると考えられる。
（4）『セントルイス・ポスト・デスパッチ（St. Louis Post-Dispatch）』。
（5）『セントルイス・スター（The St. Louis Star）』。
（6）挙措（立ち居ふる舞い）のこと。

第三信

●聖路易《セントルイス》万国博覧会開会式

その後、幾度も通信の筆をとらんと試みしも、すぐわが病にさわりて果さず、遂に今日に至り候。初めてわれらが当地に来りし時は、市内郊外の樹々に一ひらの葉すら見ざりしに、今は林檎や桃梅の花もちり終りて柏、枯桃に青葉茂り、嘗て北海道にて知りしアカシヤの花盛りに候。見渡す限り郊外満眼の新緑、殊に聚雨《しゅうう》一過の後は、病身にも心地よく感ぜられ候。御承知の如くこの世界未曾有《みぞう》の大博覧会も、いよ〳〵四月三十一日、ルイシア《ママ》ナ地方を仏国より購入して米領となせし、一百年を記念する為に全場内中央の広地に設けられたる、「ルイジアナ購入記念碑」の下に開場式を挙げ候。当日は十八万七千九百余人入場せしとの事にて、生〔小生の略〕は初めてかかる荘厳盛大の式に列《つらな》り候。会長フランシス氏[1]の演説は頗《すこぶ》る興奮的のものにて、その雄弁は多くの喝采の中に終り候。

スーザ、インネス、ウエル等の有名なる楽隊[2]は、各《おのおの》その熟練せる楽士によりて、場内の各所に設けたる音楽堂にて演奏いたし候。五百人の男女より成れる唱歌隊の『ヒム・オブ・ゼ・ウエスト[3]』なる博覧会記念唱歌を、スーザの楽隊に合せて四部合唱せしは、頗る印心的のものに有之候。

列国の出品の尚、皆整頓《せいとん》せざるに、ただ日本のみ独り各館の出品、はやく整ひし故を以て頗る好評に候。啻に整品に於て列国に先《さきだ》ちしとの故のみならす《ママ》、その製作品の美と巧《たくみ》も、人々の賞賛をもたらす所以に候。尚、一事の博覧会における日本を好評ならしむるものは、日露戦争における連勝の報に候。生が会する米人は、以上の賞賛と戦争に対する同情を示さゞるはなく候。「若し日本が要するならば、幾万の米国男子明日を待たずして起つべし」との、同情の語をきくは屢《しばしば》に候。而して之は単に一片の世辞にあらずして、真情と熱心は常に此等の数語に伴ひ居候。殊に生の心を深く動かせし一事は、当博覧会の人類学部長にして、わがアイヌの群の直接に関係あるマッギー博士の夫人(4)（医学博士マッギー女史）は、米国特志の看護婦を率ひて今や日露の戦地にありとの事に候。この婦人は西米戦争のときにも、特志看護婦を率ひて戦地に赴きしことあり、米国にて陸軍省に関係を有せし、唯一の婦人なりとの事に候。

生の尚札幌に在りし日、米国有志婦人日本戦地に来らんとするのワシントン通信を見しが、その婦人がわが部長の夫人なりとは知らざりし、マッギー博士の有名なる地理学者なる如く、夫人の父は有名なる天文学者たりしとの事に候。

●「新アイヌ村」とチセ落成式

待ちに待ちしアイヌの家屋の材料、五月十三日夕、遂に人類学部内人種学部に着、喜び勇みしアイヌ等は常ならば二週間を要すると云ふに、僅かに三日間に家を建て終り候。屋根を葺くに古き葦と新しきものを交へたれば、遠方より見る時は中々詩的に候。殊に、その家の周囲に小さき畑をつくり、彼等がその故郷よりもたらしたる粟、稗、玉蜀(5)、豆等を蒔きたれば、博覧会見物の群集の去りて、新月静かに桃の若芽をもれてこの新成小屋を照す時、セントルイスにおける「新アイヌ村」はえならぬ景色を呈し候。昼間、無数の人々に応接して心身共につかれし夕まぐれ、各館のイルミネーション尚起らず、暮靄南方フヒリツピン村の丘上にたなびける時、ひとりこの新アイヌ村の畑中に立ちて、去秋初めて北海道にアイヌ村落を訪ねし時と、殆んど同一の感想を起し候。セントルイスにおける「新アイヌ村」は、よく故国のアイヌ村を代表せりと云ひ得べく候。而して人種部に属する初代の各種族の多く、テントまたは小屋の中にありてアイヌ小屋は殆んど家に近く、屋内生活の状態は最も進歩（此らの各種族の中にて）を示し候。殊にその礼儀あると、比較的に清潔なると、また温順なる点に於て最も多くの人の愛好をうけ候。新聞紙も多く此等の事を記し候。

アイヌの風習によれば、窓より屋内をのぞくは極めて不礼《ぶれい》なるに、ある日、余が事務所にゆきて不在の時、東方と南方にある二個の窓より、各七、八の好奇の頭のぞき込みつゝあるのみならず、一言の挨拶も無くて靴のまま彼等が眠る時の坐上《ざじょう》に、十四、五人入り込みしかば、アリソン氏（人種部の護衛人）余に代りて、この行儀知らずの看客《かんかく》に退場を求めしに皆従ひしが、ただ一人の米婦人憤然《ふんぜん》として「この家は何の為に設けられあるか」と語るに。《ママ》護衛人は「多分亜米利加《アメリカ》人に礼儀を教ゆる為ならん」と答へぬ。婦人は返語なくして去りぬ、この事評判となりて一新聞にも出でぬ。(8)アイヌの好評は、一は米人の同情のあつく我戦争にあり、またその賞賛の日本品あれば、日本より来れるアイヌに対しては、先入的に同情あるによるやも知らざれども、彼等が注意せる行動挙作は、この好評をもたらせたるなり。然り彼等はこの点に於ても、主の栄をあらはしつゝあり候。

（五月二十四日夕）

五月二十一日午後二時より「新アイヌ村」はその古風習に従ひ落成式を挙げ候。来賓は人類学部長マッギー博士、模範的アメリカンインデアン学校長マッカワン博士、及びその夫人、その他人類学部に関係する男女、及び新聞記者等合せて十五、六人、皆その珍らしき風習に多くの興味を感じ、各キビ餅の饗応を受けて後四時半散じ候。

翌二十二日、聖霊降臨主日《せいれいこうりんしゅじつ》(9)午後四時より、キリスト教的にアイヌ家屋落成の感謝会を開き候。アイヌ語、日本語を相交《あいまじ》へたるものにて、臨席せるセントルイス青年会に関係せる一役員は、ふかく感激せられし様子に見受け候。かくて「新アイヌ村」の兄姉は、新古両様の新築落成祭を営み候、これ興味あるのみならず、またよき事ならずやと人類学部長は生に語られ候。

●パタゴニヤ人との交流

新築落成の夕、隣村パタゴニヤ巨人の酋長の妻、肉の一片を我アイヌの老婦人にもたらしぬ。素より言語不通なれどその挙動によりて、彼女は落成祝賀を意味せるなるを示しぬ。かくて二十一日落成祭のとき、わが老婦人は返礼にキビ餅をもちゆきしに、南米の巨婦人は殊のほかの喜を、その恐ろしげなる顔にあらはせし微笑と、とりし握手によりて示しぬ。世界両半面の北端と南端との両珍種族、セントルイスの一夕、肉と餅によりて交友を結びしは奇ならずや、然りこれ実に此度の世界博覧会に初めて、特に人類学部を独立せしめし目的の、成途の一端を示せる者に候。

地球の各方面に散在して、平生《へいぜい》交通の便を有せざる各蛮族が、一処《ひとところ》に会して相見相知し、風習言語の相違を忘れて、遂に共に、天父の下に人類のブラザーフッド《友愛》を実現するに至らんとするは、当部長の所望に候。而して過日の夜もアメリカインデアンの多くの種族中、昔より久しく敵視せる両種族の酋長の、互に「和睦《わぼく》の煙管《きせる》」を受与し共にインデアン学校の校堂にて、その夜舞踏せる如き、またその目的の一成功を示せるものに候。その他、フイリッピン島の一蛮族なるモーロー〔Moro〕の二人が、アイヌと握手せるあり、アメリカインデアンの一酋長がアイヌ村外にて、パタゴニヤ人と握手せる如き、皆興味ある光景に候。

●松平男爵の訪問

二十三日、生はセントルイス博覧会日本事務局より、副総裁松平男爵[10]面語《めんご》を求むれば、正午来局ありたしとの使を得てすぐ到りしに、副総裁はアイヌの安否を訪《と》ひ、一度「新アイヌ村」にゆきたしとの事なりし。生はその日午後三時、副総裁と、その随行者なる太田事務局長、及び二人の事務官を案内して新アイヌ村に導きぬ。一行はアイヌ家屋の内外を見て後、暫し会話を試みて後、北海道ならざるセントルイスに思がけ無くも、初めてアイヌに会するを喜びて去りぬ。帰途セーロン《セイロン》茶店に小憩して、カナダ政府館に事務官を訪問するに生も同行しぬ。

●アメリカインデアン学校での饗宴《きょうえん》

五月二十五日アイヌ一同は、アメリカインデアン学校長より午餐の饗をうけぬ。男女の教師職員の食堂にて、校長及びその夫人卓を共にせられき、これ実に破格の事にして多くの人々を驚かしぬ。食後、わが群中の年長者サンゲア老人起ちて感謝の意を表せしに、校長は「余は卿等を好み愛す、卿等の行動極めて温厚なればなり、余は今日の食事を楽みぬ、また他日之を楽まん」と。さなきだに校長の厚意をよろこび謝しつゝ、ありしアイヌは、この生来初めてのアメリカンテーブルの饗応をうけて、その喜び無上なりき。而して、よろこびは啻に彼ら自らのみならず、校長のアイヌ殊遇《しゅぐう》は、また生の面目に候。

この校長は人類学部中唯一の合衆国政府の高等官にして、殊に内務卿より博覧会アメリカインデアン学校長に任ぜられし人にして、もとはシラッコ・アメリカインデアン農学校長にてありし人に候。日本好きの一人にて、来夏日本へ渡来せんと申居られ候。

アイヌ饗餐の事、松平日本事務局副総裁に聞ゆるや、氏は非常に喜ばれ特にマツカワン博士(11)とその夫人に、日本事務局の徽章《きしょう》たる菊花章を贈られ候。

＊　＊　＊

日はセントルイス郊外林中に暮れて、月明らかにフイリツピン村下の矢尖湖(12)（アロー ヘッド・レイク《アローヘッドレーキ》）を照し、涼風蛙声《あせい》を送りて蛍火《ほたるび》三々五々、新アイヌ村の軒辺に飛ぶ、五月二十五日の夕、ここに筆とどめ候。

【註釈】

（1）デイヴィッド・ローランド・フランシス(David Rowland Francis 一八五〇―一九二七)。セントルイス万国博覧会総裁。総裁就任以前には、第二十六代セントルイス市長、第二十七代ミズーリ州知事、第二十代合衆国内務長官を務めた。

（2）スーザ（Sousa）は、米国人指揮者・作曲家のジョン・フィリップ・スーザによる吹奏楽団。四月三十日の開会式から六月四日まで演奏を行った。インネス（Innes）は、米国人作曲家フレデリック・インネスによる吹奏楽団。四月三十日から五月二十八日まで演奏を行った。ウエル《ワイル》〔Weil〕は、ウィリアム・ワイルによる吹奏楽団。四月三十日から十二月一日まで演奏を行った。ワイル吹奏楽団は、セントルイス出身であることから博覧会の公式吹奏楽団となり、少なくとも一日二回の演奏を行ったことが記録に残っている（SCHWARTS 2008）。

（3）セントルイス万国博覧会の公式讃歌で、英語名は『Hymn of the West』。作曲はジョン・K・ペイン（John Knowles Paine）、作詞はエドモンド・C・ステッドマン（Edmund Clarence Stedman）。

（4）アニータ・N・マギー（Anita Newcomb McGee 一八六四―一九四〇）。米国の看護婦・婦人科医師。米国の数学・天文学者サイモン・ニューカムの娘。一八八八年にジョン・マギーと結婚。米西戦争にあたり、戦病兵のために看護婦の募集に乗り出し、一九〇一年には女性看護婦部隊の創設を実現させる。日露戦争時には、米国人看護婦九人を率いて来日し、日本赤十字社の看護婦と共に広島予備病院で戦時救護に従事した（吉川 二〇一三）。こうした献身に対して、日本政府はマギー婦人一行に叙勲を授与している（国立公文書館「米国婦人アニタ、ニューコム、マギー以下十名叙勲ノ件」参照）。

（5）ここでは、「玉蜀黍（トウモロコシ）」を指すと考えられる。

（6）本書の第十七信参照。

（7）アイヌの伝統的家屋（チセ）の入口正面には、「神々が出入りする」とされる神聖な窓（ロルンプヤㇻ）が設けられ、（チセの外から）この窓を通して家の中をのぞくことは決して許されなかった。その方位は地域によって異なるが、アイヌ・グループのチセは白老にあったものを解体してセントルイスまで材料を運んだので、神窓は東の方角に設けられたと考えられる。

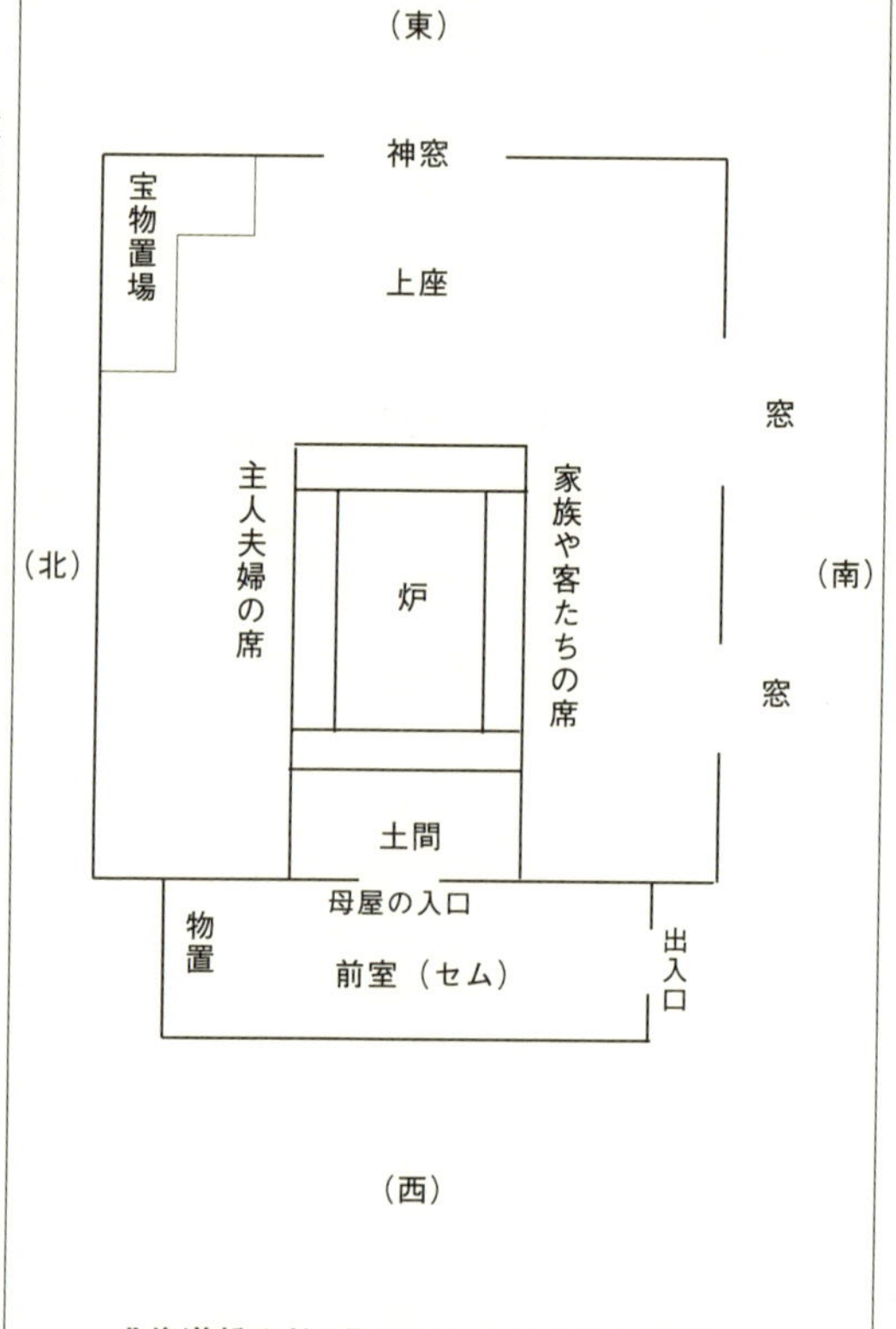

北海道新ひだか町でのチセの方位と間取り

（公益財団法人アイヌ文化振興・研究機構『アイヌ民族：歴史と現在』二〇一四 十三頁 参照）

(8) チセ内を窓から覗き見るという博覧会来場者の行為に対しては、アイヌ・グループ側から厳重な抗議が行われた。シカゴ大学図書館所蔵のフレデリック・スターの個人コレクションには、この出来事について記された新聞の切り抜きが残されている（財部 二〇〇一）。

(9) 聖霊降臨日とは、キリストの復活から五十日目、昇天日の十日後の日曜日。聖霊が使徒たちの上に降臨した日を指す（新約聖書『使徒言行録』二章一節―四二節）。

(10) 松平正直（まつだいら まさなお 一八四四―一九一五）。明治・大正期の官僚、政治家。福井藩士の次男として出生し、後に家督を相続。戊辰戦争時には会津征討越後口軍監として出兵し、明治新政府下では官僚として内務卿・大久保利通の信頼を得た。宮城県権令、同県令、同県知事を経て、熊本県知事となる。明治三十一（一八九八）年に貴族院議員に勅選され、明治三十三（一九〇〇）年に男爵位を授かった。官僚界、政界だけでなく、実業界にも功績を残した。

(11) サミュエル・M・マッコーワン（Samuel M. McCowan 一八六三―没年不明）。イリノイ州生まれ。米国先住民の教育に携わり、シロッコ・インディアン農業学校（Chilocco Indian Agricultural School）の校長を、一九〇二年から一九〇八年まで務めた。それ以前には、一八八九年からサウス・ダコタ州のローズバッド居留地の学校、一八九〇年からアリゾナ州のフォートモハーヴェ・インディアン工業学校、一八九六年からニューメキシコ州のアルブケルケ・インディアン学校、一八九七年からフェニックス・インディアン学校の校長を歴任した（MOSES 1999, PAREZO & FOWLER 2007）。

(12)「矢尖湖（アローヘッド・レイク）」は、万国博覧会内フィリピン村にあった人口の湖で、フィリピン・ルソン島にあるバイ湖（Laguna de Bay）を模していた。当時の博覧会地図には「バイ湖」として記されているが、矢尻の先端に形が似ていたのでアローヘッド・レイクと呼ばれた。アイヌ村との位置関係については、本書【解説】を参照。

第四信

●日本政府館

すみれ匂いパンゼー笑みしセントルイスの春もいつしか過ぎて、博覧会の内外、新緑滴るの夏と相《あい》成《なり》候。各国の出品物も今はよほど整ひ、各政府館も略献堂式を終り候。六月一日よりは日本政府館及び庭園公開せられ、伊太利《イタリア》、墺利亜《オーストリア》等之に次ぎ候。

日本館の開館式のときには、特に高平駐米全権公使(1)は列式せられ、当博覧会総裁フランシス氏、及び日本事務局副総裁松平男爵と共に本館にて来賓を受けられ候、招待状を発せしは千五百とき丶候。当日の主賓は米国大統領の息女ミス・ルーズベルトにて、嬢は薔薇の花束数百を寄贈せられ候。来賓は本堂に陳列せる日本古代より現代に至る服装の歴史を人形に見てのち、庭園内の丘上に設けられたる数寄屋にて日本扇、団扇を贈られ。《ママ》あやめ、藤、つ丶じ等の乱咲せる池辺の枯木橋を渡りて金閣堂（金閣寺を模せるもの）に入りて、日本の茶菓の饗応をうけ、次で台湾館にゆきて台湾茶を味ひて後、事務館側の仮食堂にて立食の饗応をうけ候。

日本庭園は殆んど博覧会の中央に位せる丘上にありて、東は緑滴たる林越《はやしごし》にエルサレムに隣し、北は通路を隔て器械館に対し候。池、瀑《たき》、石橋、燈籠、手入れせる各種の古き植木、青芝の間に点綴《てんてい》せる花々相映し相照して、数千里外の異郷に純然たる日本の庭園を現し候。鹿、鶴の置物の、丘上青芝の此処《ここ》かしこに散置せるも趣を添え候。米人の同情、最も今日本にあつき時なれば、この庭園は啻に彼らの賞賛を受くるのみならず、また彼等の愛庭に候。本館の花園に植わたる菊の咲き出づるに至らば、益々日本園の真相を発揮すべくと在候。

本館の建築材料は一切日本より送り来りしものにて、日本の大工の手にて殆んど四百年前の国主の御殿を模せるものに候。建築式は平家風にて欧米の各国館中にありて一種の異彩を放ち候、物見亭《ものみてい》は二百年前の徳川家の邸内にみしものを模せしものに候。全境域十五万平方尺に候。当博覧会における日本の出品は随分多数にして広大なるものに候、即ち

(1) 教育館　六二九九平方尺
(2) 美術館　六六二五平方尺
(3) 工芸館（Varied Imdastries《ママ》）(2)　五四七三七平方尺
(4) 工業館（manutacture《ママ》）(3)　二七三八四平方尺
(5) 電気館　一一〇〇平方尺
(6) 通俗技術館（Liberal Arts）　四〇〇〇平方尺
(7) 運輸館　一四一六〇平方尺
(8) 農業館　八六六七平方尺
(9) 山林漁猟館　山林　三九〇六平方尺

漁猟　　二九八二平方尺
⑽　鉱業館　　六九九九三平方尺

外に日本政府館十五万平方尺、合計二十八万二千四百五十五平方尺、[4]即ち千九百年巴里における世界博覧会日本出品境域の三倍にして、千八百九十三年シカゴに於けす《ママ》三倍に候。ただ日本の出品を見さる《ママ》は機械館、園芸館、人類学部の三館に候。アイヌは来会せしも、日本政府及び出品協会、また「興業区」における日本の興行等と何等の関係も之無候《これなくそうろう》。而して最も力を入れし如く見ゆる工業館における出品は、最も多く人目を驚かし賞賛を博し居候。独逸《ドイツ》を除きては、この館に於てその境域を出品数と品質於て、他に比するもの之無候。その余栄は人類学部の新アイヌ村にまで及び候。病生は、現代の日本の進歩を此に見るを得てよろそび《ママ》候。

●自由の鐘

六月八日はこの大博覧会に於て、開場式に次《つい》で最も記念すべき日にて有之候。そは米人が自由の記念独立の遺標として、極めて深厚なる愛敬を払ひつゝある「自由の破鐘」[5]がヒラデルヒヤ《フィラデルフィア》より、この日当博覧会場に着し、ルイジアナ購入記念碑下に、極めて盛大なる歓迎式を挙げたる故に候。初め博覧会より「自由の破鐘」の臨時移送を交渉せし時は、ヒラデルヒヤにて頗る意義ありし由なるも、セントルイスの小学の生徒七万五千人が署名して破鐘の移送を申出でたるとき、市議一決して遂に博覧会はこの日を見るに至りたる次第に候。されば博覧会のプラグラム《ママ》にては、この日は「*自由鐘日《バチベール》」たると同時に、「小児の日」にて有之、この日小児は特に無代にて入場するを得候（入場料は一人日本の一円に候）。

午後三時半鐘は左の順序にて来場せり、ジヤフソン《ジェファソン》警護兵（博覧会特設の警護兵）の一隊、乗馬巡査の一隊、次でウエストポイント陸軍士官、学生指揮官たるトリート大佐、及その部下の将校、次で同校楽隊と同校学生の正装せる一隊先鋒たり。本列は合衆国第八騎兵隊楽隊とその騎兵、ヒリツピン軍楽隊とその兵士、ルイジヤナ《ママ》大学楽隊とその学生、インデアン楽隊、ミゾリー兵学校学生、西方陸軍兵学校楽隊及びその士官生徒、ミゾリー国民兵、ミゾリー大学士官学生、ジヤフソン警護兵長ハモンド少佐。次に「自由鐘」は、独立当初の十三州を代表せる十三匹の馬に曳かれたる車上に安置せられ、セントルイス、ヒラデルヒヤ両市長、市助役、博覧会よりの歓迎委員之に伴いて、会場たる記念碑下に着するや、博覧会長フランシス氏、当ミゾリー州の知事ドツケリー氏(6)此《ここ》に之を受けぬ。

午後四時会長開式を告ぐるや、市内　聖約翰《セント・ヨハネ》監督メソジスト教会牧師リー氏、開式の祈祷をさゝげ終るや、一千人のセントルイス・ハイスクールの男女よりなれる唱歌隊は、『コンコード』(7)を合唱せり。終りてこの有名な破鐘は、ヒラデルヒヤ市送鐘特別委員長たるヘンリー・クレー氏によりて博覧会に移託《いたく》せられたり、その愛国的の熱心なる演説中に左の数語ありき。

「外国人には色うせし金属の一片、而かもこれ亜米利加国旗に対して献げられたる幾多の犠牲の尊き遺物たり。この鐘未だ曾て黙せし事あらざるなり」
「この鐘数年前インデアナに出品せられし時、時の大統領ハリソン氏は云へり、『ただ一個の鐘に過ぎず且黙して音なきも、この鐘はよくその使命を伝へつゝありき、実価の如何は問う処にあらず、その表示する意義の尊きなり』と。これ至言なり、よしその鐘は黙するともその響《ひびき》は永《とこ》しへに伝はりて、ワシントン、ジヤフアソン《ジェファーソン》、アダムス、ベンジヤミン・フランクリン、及び他の愛国者の偉功を語るなり」

此等の興心的の語をきく毎に、十五万にあまる会衆は演説者に劣らざる愛国の熱心を表はし、拍手の音「セントルイスプラザ」の広場に響きわたりぬ。会長フランシス氏之に答へ、後ミゾリー州知事、セントルイスニヤ《マ》長ア《マ》、ヒラデルフヒヤ市長等の演説あり、次に一千人のコーラスは国歌『自由の土』(8)を歌へり、フイラデルヒヤ参事会長ジヨージ・マツカデー氏「自由の鐘」なるオレーシヨン《演説》をなし、コーラスはまた国家アメリカを歌へり。時も時なり歌も歌なり、この自由の記念日に自由の鐘の前にもこの愛国の歌を歌ふ、米青年男女の心に如何によく報国献身の印象を与へつらん。東方異邦の一病客、この日この時ルイジアナ・パーチエース《購入》記念碑下に、この荘重勇壮の光景を目撃して覚えず落涙せるは、自らもその何故なるやを知らず候。式は記念碑側の広場に行はれたる米国陸軍の花たるウエストポイント士官生の有名なる操練にて終りぬ。げにこの日この大博覧会は「自由の鐘」を迎へ、セントルイスの少年少女を招きて彼等に「自由」、「独立」、「献身」、「犠牲」、「愛国」の実物教育をその最も強き、いつまでも忘るべからざる方法に於て施したり、而して充分に成効《ママ》いたし候。

●バーンズの山小屋

六月十四日　この日二個の紀念すべき、他の博覧会にみしこと無き珍しき落成式有之候《これありそうろう》。一はスコツトランドの詩人バアンス(9)の住みし山屋の落成式と、他の会場内の「模範市街」中にある「模範小児遊戯園(10)」のそれに候。前者は在米のスコツトランド人が設立せる「バーンズ協会」が家の内外ともに、故詩人が住みし小屋を模造せしものにして、博覧会内事務館通スキニカー街道にあり、即ちポーランド政府館の東、英国及び支那館と対してその北方にあり、細長き土造の小屋にして、屋根は草茸棟には草生へり。此にはバアンスに関する遺物及び詩人の草稿等を蔵し、博覧会内幾多の建物中最も趣味あるものの一に候。

●小児の日

また、病生は後者より特に招待をうけ、アイヌの二人の子供と一人の附添を伴ひ出迎の大自動車に、インデアン学校より各種族のと同乗、途中『興行区《パイク》』よる来れる支那、フランス、埃及《エジプト》の小供も同乗せり。一車のうちかく各国の異れる小供を乗せて走る、之は世界博覧会を除きては何れの処にも見る能はざるの光景なり。病生は彼等と同乗して一種の異感を生ぜり、されどこの感は遊戯園に着後、彼等がこの園の今日の開園式に主賓として招待せられ、以上の各国の小児の外に「興行区」における「美なる日本」より二台の人力車にのせられて来れる、日本の七、八、九歳と五、六歳の女児と四、五歳の男児、独乙《ドイツ》ボヘミヤ、アイルランド、アメリカ、アラビヤの小児等が、言語、風俗、服装の異れるも拘らず、小児として遊戯するに於て異ならざるものが、米国最新各種遊戯具を用いつゝ交々相混じ、時には仏国の小児とアイヌの小児が同一の玩車にのり、支那の少女がアイルランドの小児と相対して玩家を建つる、或は日本の少女がインデアンのそれとレモン水の饗応を受けつゝあるなど、極めて興味ある光景にて有之候。

来会せる略《ほぼ》六十か国の小児は皆博覧会内にすめるものにして、当博覧会に於て小児が公会の主賓として認識せられたる第一の場合に候。而して喜び興して遊びしものは、啻に此等の各国の小供のみならず、園主たるハーシユフイールド夫人始め園に関係ある幾多の婦人、及びセントルイスのソサエテー・テヾイス等も同様に有之候。六時来賓たる小児一同は、二台の大自動車にて各その所在の家々に送り返され候。アイヌの小児も初めて自動車にのり、各国の小児と面白く遊びてその母の膝下に帰り候。

＊　＊　＊

セントルイスの夏は来り、ミゾリーの炎天には北海道のアイヌ等は、随分苦しき様見ゆる時も有之候。されど彼等がまきし豆も稗も粟も美事に成育し、人の目をひきつゝ有之候。

（六月十五日）

【註釈】

（1）高平小五郎（たかひら こごろう 一八五四―一九二六）。明治期の外交官。日露戦争時は駐米特命全権公使であった。岩手県一関市出身。東京の開成学校を経て工部省に出仕後、外務省に転じて欧米に駐在。ポーツマス条約締結に際しては、小村寿太郎とともに全権委員に任命された。この功績により、明治三十九（一九〇六）年に男爵となる。明治四十五（一九一二）年外務省退官、逝去するまで貴族院議員を務めた。

（2）工芸館の英語名は「Palace of Varied Industries」。

（3）工業館の英語名は「Palace of Manufactures」。

（4）約六・四エーカー（25940 m2）。東京ドームの半分程度の広さ。

（5）ペンシルベニア州フィラデルフィア道立記念館にある「自由の鐘」。英語で「リバティ・ベル（Liberty Bell）」。アメリカ独立と自由のシンボルとして知られ、鐘には旧約聖書からの引用で「地上全体と住む者すべてに自由を宣言せよ（レビ記25：10）」と刻印されている。稲垣が「破鐘」と呼んだ理由は、鐘にひびが入っていたからである。自由の鐘は、セントルイスの小学生らの嘆願により、フィラデルフィアからセントルイス万国博覧会期中に貸し出されることとなった。一九〇四年六月八日にセントルイスに到着し、「自由の鐘の日」として盛大な式典と移送パレードが催れた。

（6）当時のミズリー州知事は、アレクサンダー・モンロー・ドッケリー（Alexander Monroe Dockery 一八四五―一九二六）。一九〇一年一月十四日から一九〇五年一月九日まで、第三十代ミズリー州知事を務めた。

移送されるリバティ・ベル（ミズーリ歴史博物館提供 Missouri History Museum, St. Louis. St. Louis World's Fair Albums）

（7）英語名は『Concord』。

（8）現在の合衆国国歌『星条旗』は一九三一年に制定されたので、ここでは『My Country, 'Tis of Thee（別名America）』を指すと考えられる。

（9）ロバート・バーンズ（Robert Burns 一七五九―一七九六）。スコットランドの国民的詩人。

（10）セントルイス博覧会内モデル・シティに設置された子ども用の「遊び場（プレイグラウンド）」。モデル・シティ（Model City）は、博覧会ウォバッシュ駅近くのリンデル・エントランスから見て左側の区域にあった。ここは、都市のモデルとして設計され、病院、ギルド・ホール、タウン・ホール、ニューヨーク、サンフランシスコなどの大都市が建設した建物が建ち並んでいた。模範小児遊戯園は、ニューヨークのルース・アシュリー・ハーシュフィールド（Ruth Ashley Hirschfeld）が設計した子ども用遊戯施設。

第五信

●人類学部の組織

此頃（六月）当地は雷雨多く、今日も朝より雨つよく降り、午後よりは雷光雷鳴伴ひ候。之は濁りたる飲料水、払へども群がり来る蠅と共に、聖路易の名物？の一に候。わが村のアイヌも、二人の子供を除きては一時病にかゝり候或者はマラリヤ熱、他のものは悪寒胃類《ママ》、又は類似赤痢に候、されど今は皆快復いたし候。

何分《なにぶん》大仕掛の博覧会の事とて、手の届きし様にて届かざる所多くあり候。病生の属しをる人類学部は、或人の誤解せる如き「人類館」の如きものに非ず、他の諸要部と共に独立せる博覧会の一部門に候。部長はマツギー博士にして之を五部に頒《わか》ち候、即ち

一、人類学部　　　　二、模範インデアン学校
三、考古学部　　　　四、歴史部
五、Anthropometry 及び Psychometry

に候(1)。博覧会は常に多数者の大学校にして、且つ一切の教育は「人」を学ばしめんとするに至らしむる、

これ特に人類学部の設けられし所以に候。「ルイジアナ購入博覧会」他の諸部門は「人の作業」を示さんとするにあり、当部の目的は人を「生物」として、同時に又「作業者」としてあらはさんとするにあり、かくして各部は互に相待ち相調和して、人とその作業をあらはすなり。而して人類学部の特殊の目的は、地球の両半面の生活状態を示して、之により啻に人智を上達せしむるのみならず、又各国民の間に平和と好意の増進を期せんとするなり。今日迄博覧会の動機は、多くは商業若くば知識的なりき。されど今や新時期は来り、以上の動機の外に道徳の動機をも含有するに至れり。而して当博覧会に於て教育館を除きて外は、道徳的動機はただ此人類学部に於てのみ発見せらるべく候。勿論人類学の全範囲を包含せんとするにあらざれど、模範的の出品によりて、実際的人類学の参考に供する材料を収集し、人の注意を惹起すと共に、又之によりて彼等を教育し、詩人ポープと共に、"The proper stuby《ママ》 of mankind is Man."[2]を実現せんとするに有之候。

　四月三十日の開場式後数日を経て、当部長マッギー博士は当部に関係ある役員一同（病生もその一人）博覧会事務館（之は耐久の石造にて、会後ワシントン大学の所用となるもの）内人類学部の事務所に集めて、以上の組織と目的と動機を説明し、「人類学部を一部として特設せしは、当博覧会を嚆矢《こうし》とす。われら一同協力して以上の目的を充分果し、今後『人類学部』は世界博覧会に必要欠くべからざるものと知らしむるのみならず、博覧会内に第一位を占むるものたらしむべし」と云はれ候。今当部内各部門につき左に少しく述べ候。

一、人類学部。初めは世界の各人種（世界中最少の矮人《わいじん》より最大の巨人、最黒人より最白人、最野蛮種族より最開化族、即ち石器時代の状態より金属時代を経て今の力の時代あるもの迄）を悉《ことごと》く収集するつもりなりしも、事情ゆるされざりければ、今日迄世界に極めて少く知られたる人種を集めること丶なり候。

即ち第一に着せしは世界に極めて少く知られたる日本初代の土人アイヌにして、初めてその国を離れたり。之に次で南米の南端アルゼンチン共和国の一部よりパタゴニヤ巨人〔Patagonian Giants〕来れり、その他各種のインデアンにして、下部カルホルニヤ《カリフォルニア》及びメキシコよりのココパ〔Cocopa〕族。英領コロンビヤ州バンクバー《バンクーバー》よりのクラックワット〔Klaokwaht〕族。北米南タコタ《ダコタ》よりのスウ〔Sioux〕族、オクラホーマよりのサンカロス・アパチエ〔San Carlos Apache〕族。新《ニュー》メキシコよりのピユエブロー〔Pueblos〕族。同国よりのナバホー〔Navajo〕族。オクラホーマよりのレイチタス〔Wichita〕族。ボーニー〔Pawnee〕族。アラパホー〔Arapaho〕族。コマンチエス族〔Comanche〕。アリゾナ州よりのピマ〔Pima〕族、及びマリユバ〔Maricopa〕族。カルホルニヤ州よりのポマ〔Pomo〕族等(3)にして、博覧会の西端人類学出品館の西南方、合衆国模範農園の西方、ヒリツピン《フィリピン》村の北方の間に横《よこた》はれる人種出品地に、各その種族固有の住所を建設し、木皮のものあり、獣皮のものあり、土造茅造テント等宛然《えんぜん》初代の一世界を現出せり。

ヒリツピン村はヒリツピン政府の出品にして、人類学部に直接の関係を有せざれど、此にその群島より来れる世界中劣等の生活をなし、且つ野蛮なるネグリト〔Negrito〕、イゴラト〔Igorot〕、モーロー

〔Moro〕の三族あり。その裸体食犬の状態より、漸次に開明の度に進める各種族を見、遂に此十億万円を費し、周廻七哩に亘るてふ世界未曾有の世界博覧会を操縦統裁せる、総裁フランシス氏を見ば、誰しも一種深遠なる一問題に触れざるは無かるべしと存候。尚スタンレー(4)が中央亜弗利加《アフリカ》に曾《かつ》て戦ひしと云ふ、コンゴー矮人の一部族ピグミー〔Pygmy〕も遠からずして着すべく候。

二、合衆国インデアン学校。第五十八次の合衆国コングレス《議会》は、当博覧会に模範的インデアン学校を出品することを可決し、内務卿ヒッチコック氏(5)、インデアン事務官ジヨンス氏(6)は、エス《S》・エム《M》・マツカワン博士をインデアン出品の総理に任命したり。博士は現に官立シラツコ・インデアン農学校長たり。而して、この学校は人類学部に属するものなるを以て、マツカワン博士は自然に人類学部副部長となれり。この学校の目的は純然たる学校組織の下に、政府がインデアンに施しつゝある教育の実況と、その成績を公衆に示さんとするにあり。

学校は人類学出品地の一部にありて、模範的インデアン学校風に建築し、階上は校長、教師、職員及び男女生徒の寄宿舎、階下の東側は学校の生徒の各課業室、即ち食堂、給仕及び料理科、洗濯科、裁縫科（以上女生）、印刷科、土木科、鍛冶科、馬具科（以上男生）あり。西側には旧土人が土人服のまゝ（教育を受けざる）にて、各種族が各種の手芸（瀬戸焼、竹細工、金細工、毛織、弓矢、その他の石器）をなしつゝあり、新旧対照して頗る興味あり。料理科の女生はその模範的食堂にて、自製茶菓を看客に饗応し、印刷科の生徒は、インデアン学校日報を印刷して、来訪者に配布しつゝあり、学校一日の

課程は左の如くに候

午前六時　起床喇叭《ラッパ》　同六時四十五分　国旗敬礼
同　七時　朝食　同七時半より八時半　小児園遊
同　九時半より十一時半　手芸科、幼稚園、学校楽隊演奏
同　十時半より十一時半　文科課業、正午　午食《ごしょく》
午後一時半より三時半　楽隊演奏
同　二時より四時　手芸科　同二時より三時　幼稚園
同　三時より四時　文科
同　四時より五時　文学音楽会　同五時半　国旗敬礼
同　六時　夕食　同十時　就床喇叭

この中にて注意すべきは学校附属の楽隊にして、政府の特設せし博覧会公設楽隊の一なり、三十五人のインデアン学生より成り、世界に有名なる各楽隊の、当博覧会に交々来演する間に立ちて頗る好評あり候。尚毎日午後学校講堂に催さるゝ文学音楽会も中々興味あり候。試みにプログラムの一例（六月二十日）を左に紹介致し候。

一、序学　ハスケル校マンドリン倶楽部（女生）
二、暗誦「風」　イバ・ミラー（ショーニー族の少女）
三、オレーション《演説》「各国民の先祖に立てるアメリカ」　シヨセ・トムプス（スウ族男生）
四、唱歌「小さき時計」　幼稚園生徒
五、夢幻楽「神秘歌」　十人の白衣の女生と男女のコーラス
六、喜劇暗誦「西瓜《すいか》」　グレス・ミ・フー（ショーニー族女生）
七、独吟「愛の胸飾《むねかざり》」　ベルタ・ジヨンソン（ウイアンドテ族女生）
八、蝙蝠傘《こうもりがさ》遊戯　八人の女生
九、バイオリン・コーネット《コルネット》合奏　フハン・エバンス、ルイス・セル
十、コンサートレシテーション「ヒワタの飢饉」　十一人の女生
十一、バスケットボール遊戯（運動場にて）　ハスケル校女生選手

いつも会場満堂立錐の余地なく、拍手と喝采は常に各演戯に伴ひ候。「此《この》分にては白人の子女を凌がん」とは、看者の一人の批評にて有之候。男女合せて百五十人余中には、白人の雑種のものも多けれど、生徒は各インデアン学校種族より来れるものにて、勿論男女混合教育なりと承知せらるべく候。又生徒の製作品は、校内各所に陳列せられあり候。

三、考古学部。この部に属する出品は、人類学館に収容せられ、その多数は各国よりの寄送に係る。即ち、最も古代の遺物に富めるメキシコ、埃及《エジプト》を初め仏蘭西《フランス》も歴史以前即ち第三紀時代より、青銅時代に至る人種の発達を説明する多くの発掘物を寄せ、オハイオ州よりはオハイオ及びミスシッピー両湖畔の、太古のインデアンの遺物なる各種の石器等を寄送せり。その他多くの公私の出品あり、（スター教授の墨西哥《メキシコ》インデアンに関する出品もこの中にあり）殊に歴史以前の人種が火（火の征服は人類進歩の第一歩と察せらる）をつくりしその方法の発達、及び刃物と車輪の発達等、実物に照して見るは頗る興味あり候。殊に注目すべきは羅馬《ローマ》法皇がフランシス総裁の求に応じて、初めてバチカンの古物古書を当部に出品せしことに候。

四、歴史部。当博覧会を「進歩の博覧会」となさんとするの強き感想は、当部を限りて「ルイジアナ領購入」の歴史とその発達を示さんとするに至れり。斯くて当部はミゾリー歴史協会の共同協賛を得、百年前、当領を仏国より購入せし当時より今日に至る驚くべき進歩発達、人類学部長の所謂「過去一世紀間に於て、世界歴史中人間進歩の最も驚くべき実例は、ルイジアナ領購入より初まりて当博覧会にてその絶頂に達せしものにあり」との事実を、各種の記録、地図、肖像その他の建物によりて目前に出現し、之によりて啻に教訓を与ふるのみならず、一種のインスピレーションを得しめんとするものに候。

五、Anthropometry《人体測定学》及び Psychometry《心理統計学》部。当博覧会は未だ曾て以前に見ざりし程、世界の各人種を収集したれば、之を材料として人体、及び人心の特質を最も完全に、最も組織的に研究し得るなり。かくて此事業は、コロンビヤ大学の教授ウツドウオース博士(7)に嘱託《しょくたく》せられ、人類学部階下の実験室にて最近の科学的方法と器械によりて各人種の身長、体重、面容、腕力等あらゆる生理学的の比較研究の外に、最近の器械を応用して各人種の心理的研究、即ち温度に対する感覚、触覚、味覚、視力、聴力等を調査し殊に色盲及び聴覚不完全のものに関して、特別の研究を為しつゝあり。材料としては、啻に人類学部に来れる初代人種のみならず、興行区に興行の為に来れる各国人種、及び体育部の「オリンピヤ遊戯(8)」に来れる各国の競技者選手等を用ゆることゝなれり。かくて当部は、世界の各部より来る心理学者、及び他の科学者等に最も多くの興味と利益を与ふるなるべく、この記憶すべき大博覧会中の最も記憶すべき一事として、来訪者の心に止まるべく候。

人は万物の上にあり、万事の中心なり、されば人類学部は、部長の希望の如く最も多くの人の注意を既に惹きつゝあり候。

●ボーア老将軍の小説的艶話《つやばなし》

近頃当博覧会にて最も人を驚かし、人の注意を惹きし一事件起り候。南亜ボアの老将ピエト・クロンゼ(9)、三年間のセントヘレナの流竄《るざん》を終へて、故国トランスバールに帰りて後、間も無く昨冬その愛妻を失ひ「流竄の苦しかりし生涯の結果として」て《ママ》、失望と孤独の感に堪へざりし時。今回博覧会にボアの生残の愛国者等が、英杜《えいと》戦争〔ボーア戦争〕の興行企つると聞き、寂しく怏々《おうおう》として故国に愛人の墳墓《ふんぼ》を守らんよりは、この一行に加りて自由の戦を再演して、曾て取りし鋭剣に孤悲を托せんと、故国田畑をその子孫に遺し、去る三月ドーネ・カッスル号[10]にて、アフリカのデラゴア港を発航せり。誰か期せん、その同乗者の中に老将軍の同僚として、自由の戦に勇しく戦ひしヨナタン・スターチエル将軍の寡婦、スターチエル夫人[11]のその二子を伴ひて、同じく博覧会に行かんとするあらんとは。両者図らず甲板に会せし時、旧知の親交は両者の極めて等しき境遇に、互に同情して相慰め相愛するに至れり。

　クロンゼ将軍は曾て戦場に於て、毎朝部下の将校士卒を集めて礼拝し説教せし如く、このドネ《ママ》・カツスル号船中にも同様の集会をなし、その戦場にて用ひ古びし背皮の聖書にて説教せり。将軍の敬虔にして熱心に真率なる、古の清教徒の概あるは今更云ふまでも無し〔将軍はダッチ《オランダ》リホームド《改革派》教会に属す〕。而して多くのボアの古兵《ふるつわもの》等が、将軍の説教に耳傾けし中にありて、最も深く一言一語を心中に刻みし一婦人は。即ち、スタチエル将軍の寡婦なりき。一行は博覧会に着して後、その英杜戦争の興行の戦場なる陣営〔農業館東方の広場〕に入りて後も、毎朝毎夕この愛人を失ひて、孤寂《こじゃく》の感に堪へざる寡婦のテントに古びし聖書を携へて訪ね来りて、聖書をよみきかせ共に祈り、共に詩篇を歌ふものは、等しく愛人を失ふて孤寂の感に堪へざるクロンゼ将軍なり。

　同じ境遇は同情をひき、同じ悲は最もあつき愛を生む。されどこの厳粛敬虔の老清教徒、曾て南亜の戦場に不法、不撓《ふとう》、機智、敏闘英将軍の恐怖たりし老武者に、わかきをのこ《男》が若きをとめ《乙女》に求愛すると同一の、小説的艶事あらんと誰が期したるべき。されど事実は小説よりも奇なり、相愛は同情となり、同情は相恋となり、相恋は求婚となり、求婚は遂に極めて近き将来における結婚式にて、この珍事の絶頂に達せんとす。而もこの求婚は常に聖書を通じ、詩篇の共誦を通じ、熱心なる共祷を通じ、両者の心霊上の幸福に基きて来りし故を以て、各新聞記者はこの事件を以て「第十七世紀流の求婚」「清教徒的の求婚」と称しつゝあり。

　スタチエル将軍未亡人のある記者に告白せし所によれば、老将軍が縦横自在に聖書の婦人に関する節句を引照し、理想の婦人、理想の妻の如何にあるべきかを、その真率敬虔の口より説き聞かされし時は、その言に従ふの外《ほか》能はざりしとなり。この老ひたる同じ悲にある二人の恋人は、博覧会終りて後《のち》故国に帰りて結婚式を挙げ、新ホームに老生を送らんとは当初の企なりしも、両者は今の状態にて、その時迄忍び待つ能はず、遂にこの所、聖路易にその式を挙ぐる事ことゝなりぬ。この一事、一旦《いったん》公にせらるゝやクルゲル将軍(12)はヘーグより、デウエト(13)、テラレー(14)等各将軍はアフリカより直に祝電を送り、ボア陣営の各兵士は祝品を贈れり。読者よ驚く勿《なか》れ、花嫁は四十九才の寡婦、花婿は六十八才の鰥夫なることを。両者の子女は又皆婚嫁せり。病生はこの興味ある通信を左の一論評を以て終るべく候。

「老将軍はこの世界博覧会における、人を驚かす一個の人物なり。頑強なるカルビン派の信者、剛腕の戦士、有力なる説教者、『永生』の備をふす為に事物の荘重なる側面をのみ見んとし、恰も初代の修道僧の如く、又は清教徒の精神の化身せるが如く見ゆる、剛健なる模範的のボア人なり。而も尚彼に一條の艶話あり、而してこの艶話は博覧会期中の奇話中の最も奇なるものなり。されど若し之を注意して解釈する時は、何等の奇もあるなり、そはこれクロンゼが有する人情の側面を表出するに過ぎざればなり。畢竟するに修道僧とても、清教徒とても、人間たりしなるべければなり、よし彼等はその弱点を示すを恥ぢしとは云へども」（『聖路易ポストデスパッチ』）

●金子男爵の一行

金子男爵(15)の一行は坂井徳太郎氏(16)、及他の一秘書官と共に当市に来られ、病生は六月十七日ハミルトン旅館に坂井氏を訪問いたし候。一行は十九日再び出発せられ、三上久《く》満《ま》三《ぞう》氏(17)はエール大学を終へて日本へ帰朝の途上当博覧会に来り“Fair Japan”の売店につとめ居られ候。

●「新アイヌ村」近信

アイヌは過日他の諸種族と共に大物見車輪(18)（シカゴ博覧会にありし大車輪にして日本館と対しその西方にあり）と「エルサレム」に招かれ見物に出かけ候。又六月二十七日インデアン学校の生徒が、フエスチバルホールにて文学音楽会を催せし時、同校長より嘱《しょく》せられてそのプログラムの一部として、三人のアイヌ婦人は杵臼もちて杵歌を歌ひ、大喝采を博し候(19)。校長をこの歌を極めて愛好し、未だ曾てきゝし事無きストーミユジツク《ミュージック》にして、人間の声よりも寧ろ鳥の歌ふ如しと申し候。病生が昨冬彼等の旧村なる平取村[20]にゆさ《ママ》、三人の少女が杵とりつゝ此を歌ふをきゝし時に、感ぜしと同一の感想に候。当夜はさしもに広き此ホールも堂上堂下殆ど空席なく三千余人も聴衆ありたらん、図らざりき日本北隅の土人、世界各国士女の前にその土歌を歌ふのを栄を得んとは、彼等は大に喜びて帰村いたし候。

セントルイスは既にその本質を漸次にあらはし来り候、ミゾリー州の炎天燃くみ如くに候。アイヌ村の玉蜀も豆も粟も稗も芋も充分に発育し、豆は半ば花を出し候。

（六月三十日夕陽アイヌ村の胡桃の梢に残光を止る時）

【註釈】

（1）セントルイス博覧会の人類学部(Department of Anthropology)は、人種学部門(Section of Ethnology)、インディアン・スクール部門（Indian School Section）、考古学部門（Section of Archeology）、歴史学部門（Section of History）、人体測定学部門（Section of Anthropometry）、心理統計学部門（Section of Psychometry）の六部門から成っていた（OFFICIAL CATALOGUE COMPANY 1904）。

（2）アレキサンダー・ポープ（Alexander Pope 一六八八―一七四四）。イギリスの古典主義詩人。ここで引用された“The proper study of Mankind is Man”は「人間の真の研究対象は人間である」という意味で『人間論（An Essay on Man)』（一七三三―三四）に収められた詩の一節（ポウプ、上田勤訳 一九五〇）。

（3）各部族名は、博覧会公式カタログ（『Official catalogue of exhibitors. Universal exposition. St. Louis, U.S.A. 1904』）の人類学部門に掲載されている北米先住民族の部族名を参照した。稲垣が記したカタカナの部族名は、現在の呼称と一致しない場合が見られるため、総ての部族名に英語表記を付け加えた。しかし、カタログにある十七の部族名にコマンチェスは見当たらないため、仔細不明。

（4）ヘンリー・モートン・スタンリー（Henry Morton Stanley 一八四一―一九〇四）。英国ウェールズ出身のジャーナリスト・探検家。アフリカ探検中に行方不明となったリヴィングストンを捜索し、発見したことで知られる。また、アフリカを横断中にコンゴ川流域を探索し、『Through the Dark Continent』を一八七八年に出版した。

（5）イーサン・アレン・ヒッチコック（Ethan Allen Hitchcock 一八三五―一九〇九）。第二十二代合衆国内務長官。

（6）インディアン局（BIA）の当時の局長、ウィリアム・A・ジョーンズ（William Atkinson Jones 一八四九―一九一八）を指すと考えられる。BIAは合衆国内務省の下部組織。

（7）ロバート・セッションズ・ウッドワース（Robert Sessions Woodworth 一八六九―一九六二）。米国の機能心理学者で、コロンビア大学教授。モチベーション心理学の発展に寄与した。

（8）一九〇四年七月一日から十一月二十三日まで、セントルイスで北米最初の夏季オリンピックが開催された。主な競技会場はワシントン大学の「フランシス・フィールド」

（9）ピエト・クロンジェ（Pieter Arnoldus Cronjé・一八三六―一九一一）。ボーア軍司令官。第一次・第二次ボーア戦争において英国軍相手に戦功をあげたが、一九〇〇年二月パールデベルグの戦いで英国軍に降伏。捕虜となり、一九〇二年の講和条約締結まで、妻と共に地中海の孤島セントヘレナに幽閉された。

（10）ドゥーン・キャッスル号（ss Doune Castle）は英国グラスゴー近郊で造船された汽船（総トン数四〇四六）。

（11）一九〇四年七月六日発行の『ロサンゼルス・ヘラルド』（朝刊）一面には、「Gen. Cronje Marries」という見出しで、クロンジェがヨハンナ・スターチェル（Johanna Sterzel）と結婚したことが伝えられている。二人の結婚式は、一九〇四年七月五日に博覧会の会場内で行われた。七月五日発行の地元新聞『セントルイス・リパブリック』には、「パイク」でのボーア戦争のアトラクションの広告に、二人のウェディング・レセプションについても記載されており、大きな話題となったことが分かる。

(12)ステファヌス・ヨハネス・ポール・クリューガー(Stephaus Johannes Paulus Krüger 一八二五—一九〇四)。南アフリカ(トランスバール共和国)の政治家。トランスバール大統領。一八六三年に共和国軍最高司令官となり、七十七年に英国により行われた共和国併合に反対。英国との交渉は決裂し、第一次ボーア戦争中の一八八三年に大統領となった。第二次ボーア戦争を戦うも英国に破れ、一九〇〇年にフランスへ亡命。一九〇四年七月十四日にスイスで客死した。

(13)デ・ラ・レイ(Jacobus Herculaas de la Rey 一八四七—一九一四)。ボーア軍司令官。クロンジェの盟友で、第二次ボーア戦争では最後まで英国軍相手に善戦した。戦後、大英帝国の自治領となったトランスバール、及び一九一〇年に成立した南アフリカ連邦の政治家として活躍した。

(14)デ・ウェット(Christiaan Rudolf de Wet 一八五四—一九二二)。ボーア人。オレンジ自由国軍の司令官。

(15)金子堅太郎(かねこ けんたろう 一八五三—一九四二)。明治から昭和前期にかけて活躍した官僚・政治家。日露戦争中に親日世論工作のために渡米して各地を回り、ハーバード大の同窓であったルーズベルト大統領との折衝も行った。松村(一九八六)によると、金子は一九〇四年六月九日にセントルイス着、同月二十七日にボストンに向け出発したとあり、同月十九日に一行が出発したという稲垣の記述とは矛盾している。金子は福岡藩士の長男として生まれ、明治三(一八七〇)年から藩命で東京に遊学。その翌年からは、旧藩主黒田長知に随行して米国へ留学し、ハーバード大学で法律学を学んだ。明治十一(一八七八)年に帰国した後は、元老院や宮中の制度取調局で諸制度の整備に関わり、明治十八(一八八五)年十二月から初代内閣総理大臣・伊藤博文の秘書官を務めた。金子は明治憲法ならびに付属の諸法典、皇室典範の起草に取り組んでいた伊藤や井上毅・伊東巳代治らを補佐し、貴族院令・衆議院議員選挙法の立案を担当。立憲制に基づく近代国家体制の整備に関わった。明治二十二(一八八九)年に大日本帝国憲法が発布されると、金子は議会運用の視察のために外遊に出かけ、帰国後は貴族院書記官長ならびに貴族院議員に勅選された。第二次伊藤内閣で農商務次官、第三次伊藤内閣では農商務大臣、第四次伊藤内閣の司法大臣となり、三十三（一九〇〇）年に男爵位を受勲。大正六（一九一七）年に東京に設立された民間の非営利団体「日米協会」の初代会長に就任。晩年は、枢密院の長老として活躍し、昭和九（一九三四）年に伯爵に叙せられた。

(16) 阪井徳太郎（さかい とくたろう 一八六八―一九五九）。愛知県出身。幼少期に苦学するも、立教大学校のガーディナー校長に見込まれ、明治十九（一八八六）年に立教大学校へ進学。明治二十五（一八九二）年に卒業し、ニューヨークのホバート大学への推薦を受け留学する。ホバート大卒業後はエピスコパル神学校、ハーバード大学大学院へ進み博士号候補者となるも、病気のため明治三十三（一九〇〇）年に帰国を余儀なくされる。帰国後はキリスト教主義に基づいた小規模学生寮を設立するために奔走し、明治三十五年に東京帝国大学生のための学生寮「同志会」を創設した。明治三十七年に日露戦争が勃発すると、対米工作のため渡米予定であった金子堅太郎の随行員に指名され、ポーツマス条約締結までの約二年間を金子の下で八面六臂の活躍をする。阪井はハーバード在学中の明治三十一年に、同大学の先輩で名誉博士号を受けるため訪米中の金子堅太郎と出会っており、その才を認められていた。稲垣陽一郎にとって阪井は立教の先輩にあたるので、博覧会視察という名目でセントルイスに訪問中の阪井に面会に行ったと推測できる。阪井は明治四十年からは農商務省、外務省、内閣で働き、外務大臣小村寿太郎の秘書官や日英博覧会理事も務めている。後に三井合名会社へ移り理事となった。

(17) 三上久満三（みかみ くまぞう 生没年不明）。一九〇八年に『欧米新旅行』を出版。米国に八年、欧州に三年ほど滞在し、エール大学に留学していた。自著によれば「米国文学博士、哲学博士」を授与されたようである。『欧米新旅行』には、日露戦争中の米国やセントルイス市についての概観も記されている。

(18) セントルイス博覧会の敷地に設置された観覧車。米国人ジョージ・フェリス（George Washington Gale Ferris,

Jr.・一八五九―一八九六）による設計で、「フェリス・ウィール（Ferris Wheel）」と呼ばれた。

（19）博覧会の会場において、一九〇四年六月二十七日から七月一日まで全米教育協会（National Educational Association of the United States）の第四十三回年次大会が開催された。同大会年報告書（1904）によると、二十七日夜にマッコーワンの指揮の下、フェスティバル・ホールにて米国先住民学生によるエンターテイメントが行われた。アイヌ婦人三人が杵歌を披露したのは、この時であると推測できる。

（20）北海道日高振興局管内の町。人口約五千四百人。昭和二十九年十一月一日より町制が施行され、平取町となる。北海道内でもアイヌ文化が色濃く残る町の一つ。町名の由来はアイヌ語「ピラ・ウトル」で、「崖の間」を意味する（平取町オフィシャルサイト）。

夏（一九〇四年七月～八月）

セントルイス博覧会内に建てたチセの前で撮影された集合写真
（近森聖美氏所蔵）

第六信

●博覧会の音楽（上）

この博覧会は単に音楽の点より云ふも世界的に候。ヒリツピン群島より来れるイゴラツト、ネグリト及びモロー蛮族の「トン〱」「ガン〱」の舞踏囃子《はやし》より初め、各インデアン種族固有の音楽とその俗歌軍歌、及びアイヌ婦人の杵歌あり。「興行区」に到らばアルメニヤ、土耳古《トルコ》、埃及《エジプト》、印度《インド》、西班牙《スペイン》、伊太利、支那、日本《三味線琴等!!!》、露西亜、スコツトランド等各国の奏楽あり。夫《それ》より大小公私の楽隊米国の各部は勿論、欧州各国より有名なる音楽者とバンド、オケストラ《オーケストラ》は博覧会音楽部よりの招聘に応じて来らんとしつゝあり候。今最も好評あるは伊太利より来れる「バンダ・ロサ〔Banda Rossa〕」楽隊に候。今夜（七月二日）告別演奏をルイジアナ購入記念碑の立てるセントルイスプレー《プラ》ザ《ザ》の奏楽堂にて催しつゝあり候。此は開場式の時、荘厳の演奏を為してより永く最も多くの聴衆をひきしスーザバンドに次で、演奏毎に多くの愛楽者をひき候。その他インネス〔Innes〕、ウエル〔Weil〕、コンタノー〔Conterno〕、ボストンバンド〔Boston Band〕、第一合衆国騎兵楽隊、ヒリツピン斥候《せっこう》楽隊、ヒリツピン軍楽隊、ハスケル・インデアンバンド[1]〔Haskell Indian Band〕、博覧会附インデアンバンド等、各その技を競つゝあり候。而して最も多く人の集る所に最上演技を見るべく候。

オケストラもヒリツピン島ビサヤン管弦楽を初めとし、ミソリー州館にカーンオケストラあり。而して博覧会公設のオケストラは八十五個の楽器より成り、バイオリンの数にても五十個も有之候。一週一回フエスチバルホール内に演奏あり、病生の音楽的渇望は之を聞きしとき初めて癒されしが如く感じ候。指揮者はアルフレッド・アーネスト氏(2)に候。

ヴオーカルコンサート（声音学）の常演のものは、ミソリー州館に毎日午前と午後に二回あり。ソプラノ、アルトのよき独吟者あり（皆婦人）之も多くの人をひき候。その他、時々大コーラスの合唱をきくこと珍しからず、開場式の時には博覧会歌『西方讃歌』及び『ブレザーの辺』を歌ひし五百人の唱歌隊あり。「自由の鐘」のヒラデルヒヤより来れる時は、千人の男女学生よりなれる大コーラスの愛国歌を歌ふを聞けり。今日は小学生徒より成れる大コーラス、三時よりはタラスのヘスペリアンコーラスの合唱、フエスチバル《フェスティバル》ホールにあり。昨日病生は農業館内カリホルニヤ州部にて、同州大学グリー倶楽部の学生二十余名の校歌その他の合唱をきけり。コーラスは十六人、四部よりなり、皆活気と喜望に充てる青年学生なれば中々に面白くきゝ候。尚ニユーヨークより来月の初めにコーラス女班なるもの、最も好評あるコーラスガールス中より投票にて撰抜し、当博覧会に名誉旅行をなさしむる由、誰かその撰にあるべきかは未だ知られず候。マンドリン演奏に関して、ハスケル・インデア《ママ》校より女生のマンドリン倶楽部、及び前記カリホルニヤ大学グリー倶楽部とも相応の注意をひき候。前者はマンドリンの外にバイオリンを交へ、後者は四個マンドリンと三個のギターより成り候。

●博覧会の音楽（下）

オーガン《オルガン》演奏　アイオワ州館の大パイプオルガンは、同州知名の青年音楽者メーソン・スレード氏(3)により て毎日二回奏楽せられ、《先日、病生が初めて之を聞きに行きし時は、同州知事及その夫人に歓迎せられ（人類学部長は当州人に候）奏楽の後に知事ラービー氏(4)は、病生をオーガニストに紹介せられ候》。紐育《ニューヨーク》州館にもパイプオルガンの奏楽あり、而して博覧会の音楽としては、フエスチバルホールに備附られたる世界最大にして最強なるパイプオルガン？《ママ》米国各部より有名なるオーガニストによりて独奏せらるゝ時、その絶極に達し候。このオルガンはカリホルニヤ州ロスアンゼル《ロサンゼルス》の某オルガン会社(5)の建設せしものにて、長さ六十三呎、幅三十尺、高さ五十尺にして百四十のストツプあり。パイプの数総て一万五十個、最大なる金属製パイプは重さ八百四十斤、(6)直径十七インチ、最大なる木製パイプは重さ千七百三十五斤あり、二十個の管状チャイム据付けられ、千六百十六個の電気交換器ありて、百七十一億七千九百八十六万九千百八十三の各別なる音響協和を生ずべし。この大オルガンは百三十哩に互るべき電線と、千三百のマグネツトと、二十三万馬力を有する四個の原動器あり、十二個の貨車にて運び総量二十五万斤あり。

病生の初めてこの大オルガンの大音楽に接したるは、六月二十九日午後にして、当地のオーガニストは、シカゴより特に来れるシカゴ・オケストラのオーガニストにして、又同地聖ヤコブ教会のオーガニストなる独乙人ウイルヘルム・ミツドルカルテ氏(7)の独奏の時なりき。この驚くべき大オルガンが著名の音楽者の指に触れられて驚くべき音響を発し、ある時は百千の渓流徐ろに岸辺を洗ふて流るゝかの如く、ある時は疾風急雨《きゅうう》百雷《ひゃくらい》の一時に落ち来るかの如く、三千有余の堂上堂下の聴衆の耳と心を奪へる様に、病生は我病をしばし忘れ候。惜むらくは、音楽上の知識と素養の皆無なるが故に、その大オルガンにより、この名家の名曲の独奏を充分にアップリシエート[8]する能はざりし事を。今週のオーガニストはブルックリンのライスバーク氏にして、米国にて音楽の教育を終つてのち欧州にゆきリッツ、バペリッツ等の有名なる教授につさ《ママ》、更に五年間修業して後、過去五年間ニユーヨーク州音楽教師協会の書記なりし、また三年前バフハロ《バッファロ》ーにおける全亜米利加博覧会のときにも、大オルガンの独奏をなしゝことありし人に候。

先月末より合衆国教育家及《および》音楽家の大集会あり[9]。その後者のプログラムの一としてミス・フランシス・デンスモーア[10]は七月一日夜インデアン学校の講堂にて、「アメリカインデアンの音楽」と題する一條の講演あり、之はアメリカインデアン音楽に関して公にせられし第一の講演なりとの事に候。講者はピヤノを応用して、インデアンの軍歌、情歌、俗歌等を一々説明し、インデアン教育家に並に他の音楽家に非常の興味と利益を与へ候。病生はこの夜わがアイヌの他種族と共に「南亜ボーア戦争」の興行に招かれ行くに同行せざるべからざりし故、この興味ある講演をきく能はざりしは遺憾に候。

之より先き、音楽家大会にニユーヨークより来れるマッギー博士の知友なるミス・ナタリーカーチス[11]はインデアンの音楽に関して、インデアン教育会にて一條の講話をなせし由。この音楽家わがアイヌ村に来りてアイヌ音楽を研究し、杵歌、熊祭歌、その他俗歌を譜に写し候、（アイヌ歌には勿論、譜なく楽器なく候）。而してアイヌ婦人の杵歌は「各種の美妙の音楽に肥へし耳にも、人が始めて大砂漠に、若くば太洋、若くば大氷原に接せしとき感ずる如き、全く新らしき一種の感興を感ず」と誉められ候。想ふにこのミス・カーチスはアイヌ音楽を譜にのせし、世界における最初の音楽家なるべく候。

以上は今現に博覧会が与へつゝある音楽的饗応なれと《ママ》も、今後新陳代謝世界の各部より、種々の音楽並に音楽隊は来るべく候。病生はこの音楽の通信の筆を置く前に、尚一種の音楽を紹介するを忘るゝ能はず候。月フイリッピン丘上に上りて、夕風涼しく新アイヌ村の粟葉末をわたりて来る夕まぐれ、「矢尖湖《アローヘッドレイク》」峯に鳴く蛙のベース、パタゴニヤ村天幕の辺の草原より蟋蟀《こおろぎ》のアルトに応じて自然のコンサートをなす事に候。三千の聴衆はなく一万のパイプの強響はなきも、客土の病客をして思郷想友の感を起こさしむることに有之候。

（七月二日）

●排日本一《ひとつ》の説

横濱を解纜《かいらん》してより後今日迄……特に博覧会開会後となりて、病生が日々接する幾百の米人男女ともに、一方に於ては日本出品のその数に於ても質に於ても頗る好評あり。独立《ママ》[12]を除きては外国出品中、最も人の注意を惹くは日本に勝るもの無きを賞賛すると同時に、日露戦争に関し日本に熱き同情を表せざるは無く候。博覧会内（市内にても）の新聞売子は、「日本の勝利、大勝利、今朝の新聞何々」と声高く呼ぶを聞く、東京その他の大市を除きては日本の或の部分よりも、はやく勝報は各電報にて当地にて知られ候。而してかく日本への厚き同情に接する間にありて、病生は近事二個の異例に接し候、即ち今回の戦争に関して露国に同情する人々に候。

一はわれらが行く昇天教会にて、復活日に信徒按手式《しんとあんしゅ》をうけし一ユダヤ人、他はインデアン学校の職員教師の食堂にて、病生の次の次に坐する和蘭《オランダ》族の一米婦人教師に候。尚今朝の当地の一新聞にて、七月二日付アルカンサス《アーカンサス》の特信によれば、同地の第一監督メソジスト教会の牧師オルカーレウイス氏はその同情と祈祷は、日本に反して露国にありと云ひ、「余は全体黄色人種を排するものなり、日本はその真相に於てわれらの宗教を排斥せり、その多くの戦勝に於て彼等は神の摂理を認めざるなり。彼等は木石を拝する異教徒也、斯の如くにして彼等の戦勝は世界の患禍《かんか》たるべし、彼等は支那を制服《ママ》するに至るべし、而してウラルを越えその異教的戦闘を以て遂に欧州の開門に迫るべし。基督教国はかくなさしむるべからざるなり」。

而して通信者は之を「極東の戦争に関して稀有の立場を占むる」ものとして、特に通信し来れるを見れば、他の凡てが如何に日本に同情を寄せつゝあるかを反証するに足るべく候。

（七月三日）

●博覧会における米国独立祭

七月四日は米国独立祭にて、博覧会内にても種々愛国的の催し有之候。その最も人の注意を惹きしは一種の観兵式《かんぺいしき》に候。博覧会に来会中の合衆国の歩騎砲兵及フイリッピン斥候兵《せっこう》等、その各軍楽隊と共に午前十時西方事務官前より行進し、池水に沿ひて東進、運輸館、工業館の右側を過ぎてルイジアナ記念碑に来り、更に東進して工業館、通俗技館の間より左折して合衆国政府館前に至り、此にて博覧会総裁フランシス氏、及各館部長その他の重役、合衆国陸軍北部総督ベーツ将軍、及び先週来博覧会の主賓たりし羅馬《ローマ》よりのカーヂナルサトク《カーディナル・サトーリ》(13)、及び当市天主教《てんしゅ》(14)の大監督グレノン氏等と、政府館前に設けられたる高台にて閲兵したり兵数大凡《おおよそ》三千人有之候。

午後はルイジアナ記念碑下にて、知名の政治家ブランマン氏(15)の米国独立記念演説ありとの事にて、数万の愛国的士女碑下の練兵場に群集せしが、定刻に先ちて当地の一名物たる大雷雨来り、ブランマンを聞かんとの群集は雷鳴をきゝて、悉く附近の諸館に避けたり。三時半雨やみて記念碑は再び群衆に囲まれし時、公示あり、ブ氏は雨の故にフエスチバルホールにて演説すべしと。されば数千の人流はこの言下に碑下を辞し、デサトー橋(16)を越え、電気館の左側に沿ふて南方美術館丘の北部に立てる、フエスチバルホールに流れ入りたり。その熱心は雨を犯しての急走にて知られ、自立独立を愛する米国民の特質を示し候。堂の上下に満ちたる熱心の士女は五千を越え候。ブライマン氏は米国民の特性を語れる三人の名家、即ち歴史家バンクロフト(17)、トマス・ビヤフハソン(18)、及び匂牙利《ハンガリー》の愛国家コッスート(19)よりの引照を基として、頗る愛国的高調を示し候、雄弁若しくは能弁と云ふにあらざれとも、その要旨の存する処に至れば満身の熱心を高まれる声調と、握りて振り上げらるゝ手と腕にあらはれ、満場の指手湧くが如く起り候。左の如き名句のその愛国の熱心にふるへる政治家の口より出でし時は殊に然りき。

「心は人の生涯を支配す、人民の心を基礎として建てられし時政府は強固なり。体力の上に建てられたる政府は強固ならざるべし、知識の上に建てられたる政府も亦然り、されど国民の心の上に建てられたる政府は、崩すべからざる基礎の上に建てる政府なり、諸君は恐怖の上に一国民を建設する能はず、之を愛の上に建設せざるべからず」

この独立の記念日に愛国の聴衆にて充ちたる大堂に、愛国の政治家より愛国の演説を聞く、まことに得易すからざる光景にて有之候。この日合衆国の各州館には各自の独立祭あり。最も米人士の集まりたるは独立の記念たる自由鐘の安置せられたる、ペンシルバニヤ州館なりし。午後の大驟雨《しゅうう》の為に妨げられしもの多かるべけれど、この日博覧会に入場せしもの十七万九千三百五十八人に候。

●矯風《きょうふう》会婦人貢献の「氷水泉」

博覧会開会後、多くの高荘華麗なる諸種の建物築場の奉献式、若しくは落成式ありし中にて、病生の最も美《うる》はしく感じたるは去る七月二日午後五時より、矯風会婦人等が博覧会に寄附せし氷水泉台にて候。ルイジアナ記念碑の西側の広場の一隅に立ち、台上に百合の葉を手にせる一婦人銅像あり、像下の円盤に四個噴孔と数個のカツプあり、「清浄の氷水」「神と家庭国家の為……購入ルイジアナ州婦人矯風会」と印刻せらる、この銅像の向ふ、南の方大溜池大噴泉幾百の瀑流《ばくりゅう》を隔てゝ、美術館丘上なるフエスチバルホールの大円塔の頂上に立てる「勝利」の金像と相対し候。

この泉台が占むる地位よりせば、周廻《しゅうかい》七哩を越ゆるこの世界大博覧会場の一小蟻垤《ぎてつ》の如き感あらん、而もその精神よりせば幾百千万の美を尽くし粋を選び新を競ふ、地球全面よりの出品中之れにも勝る美はしきもの少なかるべく候。主の名によりて与ふる冷たき水一杯、そは必ずその酬を失はじ、博覧会に群来する幾万の士女がミゾリー炎天下、ひろき構内の運歩に渇くとき左右に扣《ひか》ふる多くの誘惑を退け、我もとに来れよと、冷たき清き水の一杯を捧げて高姿の婦人は招くなり、而してこの招は婦人矯風会の招なり、而して婦人矯風会はまた主の招に応じて起れるものにあらずや。

式は午後五時泉台の側にて牧師ダブルユ《W》・ビ《B》・バルモア氏の祈祷を以て始まり、奏楽あり、矯風会を代表せるエフ《F》・エチ《H》・インガル夫人この氷水泉を博覧会に呈するや、フランシス総裁は之をうけて一條の演説あり、奏楽の後万国矯風会を代表して、アンナ・エン《N》・フヒールド夫人の祝辞あり、その中に「われら矯風会の同志婦人は、疲れて渇くこの博覧会の来訪の諸氏に、自ら冷たき氷水の一杯を献げんと欲す、されど日々幾万の人々に接するには、我等の手のその労に堪へざらんそ恐る、かくてこの泉台に立てる婦人は我等に代わるものと知られよ」。

次いで米国矯風会を代表せるクラ・フホフマン夫人、及び当博覧会建築部長テーラー氏の祝詞の後コーラスは『全世界到る処に結ばれたる白リボン』を合唱し、後ミゾリー州矯風会を代表してカリー・シ《C》・ストークス夫人、セントルイス矯風会を代表してオー《O》・アール《R》・レーキ夫人の祝詞あり、牧師エ《H》チ・マツギル氏の祝祷を以て終りぬ。招かれし来賓の外幾百の士女この美はしき小さき奉献式を見証し、少なからざる印感を与へられ候。而してこの全く主の名の為に尽しつゝある婦人の手により成れる事業、司会者たるインガル婦人《ママ》の所謂「こ《ママ》の稀有の博覧会に何かよきものを貢献せんとわれらの希望なりし、而して二年の祈祷の結果として出で、《ママ》りたり此の「氷水泉」の主の栄をあらはし、主の救に多くの霊を導くのよき導使とならんことをいのりし多くの臨式者の中に、極東よりの病生も加はり候。次の日病生はこの泉台の辺を過ざり、貢献者の美はしき動機を思ひて、泉台の婦人が与ふる冷たき氷水のカップをうけし時、常にミスシッピー《ミシシッピー》バレーの濁水をのみつゝあるものが、清水をアップリシエートする以外に一種のものを感謝してうけ候。

●アメリカ少年日

七月五日は亜米利加少年日にて、千五百余の少年フエスチバルホールに会し、各州選出の少年演説家の演説あり、大統領は特に左の祝詞を同会少年に贈り候。

「勿論われらが正当に亜米利加少年に希望する所は、彼がよき亜米利加人と成らんことなり、当今の形勢にてはよほどよき少年にあらずば、よき市人となる事は頗る難く見ゆ。亜米利加少年は卑怯なるべからず、柔弱なるべからず、粗暴なるべからず、学才を衒《てら》ふべからず、彼はよき精神を有し、清き生涯を送り、如何なる境遇にありても、不遇の時にも、自己の立場を失ふべからず。此の如くにして初めて亜米利加の誉たる亜米利加人たるを得べし」

大統領ルーズベルトの米国少年教育の理想を窺ふべく候。席上神戸の出身にしてミシガンの某校にある乾清末氏、日本少年を代表し日本の服装（米人の所謂キモノ）にて一條の祝詞をのべ、その達弁《たつべん》は大喝采を博し候。

ボア老将クロンゼ将軍、いよ〳〵昨七月五日南亜ボア陣営にて、スタチエル将軍未亡人と結婚式をあげ候。獨乙《ドイツ》教会の一牧師は和蘭語、獨乙語、英語の三国語にて司式せられ候。将軍及未亡人の多く知友、列式、中には戦時将軍の敵たりし人々もあり候。アフリカよりの矯《ママ》人も着、詳しき事は次便にゆづり中候。

（七月六日夕）

【註釈】

（1）「ハスケル・インディアン・バンド」は、デニソン・ウィーロック（Dennison Wheelock）を楽団指揮者とする北米先住民バンド。楽団員数は四〇名、プロ奏者と学生奏者からなっていた。彼らは、セントルイス万国博覧会会社（Louisiana Purchase Exposition Company）に雇われ、六月十四日から二十五日までの約二週間にわたり、一日二回の演奏を行った（PAREZO & FOWLER 2007）。

（2）アルフレッド・アーネスト（Alfred Ernst）。一八九四年から一九〇七年まで、セントルイス・コーラル・シンフォニー・ソサイエティ（St. Louis Choral Symphony Society）の指揮者を務める。ドイツ出身。

（3）メーソン・スレード（Mason Slade 一八八一—一九三五）。アイオワ州出身のオルガニスト。アレクサンドル・ギルマンの弟子。

（4）当時のアイオワ州知事は、アルバート・ベアード・カミンズ（Albert Baird Cummins 一八五〇—一九二六）。

（5）この大オルガンは、セントルイス万国博覧会のために「ロサンゼルス・アート・オルガン社」よって製作された。

一九〇九年、大オルガンはフィラデルフィアの実業家ジョン・ワナメーカーに買い取られ、彼の経営するデパートへと移された。同デパートはその後「メイ・デパートメント・ストアーズ」に買収され名称が変わるが、大オルガンは「メイシーズ・センターシティ」となったフィラデルフィアの同デパート内に現在も設置され、演奏も行われている（FRIENDS OF THE WANAMAKWER ORGAN 2011）。

（6）一斤（キン）＝約六〇〇グラム

（7）ウイルヘルム・ミツドルカルテ（Wilhelm Middelschulte 一八六三―一九四三）。ドイツのオルガン奏者。フェルッチョ・ブゾーニから贈られた『対位法的幻想曲』を米国で初めて演奏した。

（8）英語で「appreciate」。「良さを味わう、ありがたく思う」など、複数の意味がある。

（9）本書第五信の註（19）参照。

（10）フランセス・テレサ・デンスモア（Frances Theresa Densmore 一八六七―一九五七）。米国の民族音楽学者。ミネソタ州レッド・ウィング生まれ。オバーリン音楽院で学び西洋音楽を志すが、一八九三年のシカゴ万国博覧会で北米先住民の音楽に出会い、消えゆく彼らの音楽を後世に残す活動を始めた。重い機材を手に時にはカヌーを使って、精力的に部落を訪ねたという。スミソニアン博物館のアメリカ民族部局の支援を受けて、蝋管のシリンダーに記録した北米先住民部族の歌は約二五〇〇曲に上る。また、写真を用いて楽器や奏者、歌い手を記録した。デンスモアが一九〇七年から一九三六年までにスミソニアン博物館のために採集した曲等は、アメリカン・フォークライフ・センター内のアーカイブ（Archive of Folk Culture Collections）に残されている。

（11）ナタリー・カーティス・バーリン（Natalie Curtis Burlin 一八七五―一九二一）。米国の民族音楽学者。ニューヨーク市生まれ。ピアニストを目指して同市の国立音楽院で教育を受け、ヨーロッパでも著名なピアニストのもとで研鑽を積んだ。一九〇〇年に米国・アリゾナ州で先住民の音楽に感銘を受けたカーティスは、彼らの歌を採集する取り組みを開始。しかし、この取り組みは、政府が推進していた先住民の同化政策（例えば、学校でのインディアン歌謡禁止）に抵触した。カーティスは、知人であるルーズベルト大統領に手紙でこの禁止を解除するよう訴え、妨害を受けることなく採集を続けた。一九〇七年には、一八ヵ所の先住民居留地で採集した二〇〇を越える歌、伝説や描画を含む『インディアンの本The Indians' book)』を出版。そのほか、黒人音楽の保護・記録に関する活動も積極的に行い、一九一八—一九一九年には『ハンプトン・ニグロ民謡シリーズ（Negro Folk-Songs)』四冊を刊行した。

(12)「ドイツ（独逸）」を指す。

(13) フランチェスコ・サトーリ（Francesco Satolli 一八三九—一九一〇）。ローマカトリック教会の枢機卿で、セントルイス万国博覧会を訪問していた。一八六三年から六六年まで初代在米教皇大使を務めた。

(14) ローマ教皇を一致して首長に仰ぐ教会。ローマ・カトリック教会。

(15) ウィリアム・ジェニングス・ブライアン（William Jennings Bryan 一八六〇—一九二五）。ネブラスカ州選出の画集国下院議員（一八九一年三月—一八九五年三月）で、合衆国国務長官（一九一三年—一九一五年）も務めた。雄弁家として高い人気があり、民主党の大統領候補者として三回選出された。一九〇四年七月四日発行の『セントルイス・リパブリック』第一面によると、独立記念日の式典には、ブライアンの他に、後に合衆国上院議員（共和党）となるラファイエット・ヤング（Lafayette Young 一八四八—一九二六）も出席している。

(16) 鉱業館（Palace of Mines and Metallurgy）と教育館（Palace of Education and Social Economy）を繋いでいた「De Smet」橋を指すか。

(17) ジョージ・バンクロフト（George Bancroft 一八〇〇—一八九一）。マサチューセッツ出身。ドイツ学派の著名な歴史家で、ハーバード大学で教鞭を執った。一八四五年に、第十七代アメリカ合衆国海軍長官となり、アナポリス海軍兵学校を創設。後に駐英公使、駐ドイツ公使を歴任。

(18) 人物名不明。トマス・ジェファソン（Thomas Jefferson 一七四三―一八二六）を指すか。ジェファソンはアメリカ合衆国建国の父の一人で、第三代合衆国大統領。

(19) コシュート・ラヨシュ（Kossuth Lajos 一八〇二―一八九四）。オーストリア帝国下の十九世紀ハンガリーにおいて、独立運動を率いた革命家。

(20) 基督教婦人矯風会（The Woman's Christian Temperance Union）。

第七信

●新来のアフリカ矮人《わいじん》・その人種学上の位置

人類学地に於て今最も人の注意を惹きつゝあるは、新来の中央亜弗利加コンゴーよりのピグミー(1)（矮人種）に候。総数八人、五種の異れる種族を含み候外に、猿三匹、鸚鵡《おうむ》十羽あり候。此等のピグミーは嘗て世界に少《すこし》も知られあらざりしが、初めてドチヤイル(2)及びスタンレーの発見によりて、極めて少く世に紹介せられしのみ、人種学者も他の科学者も未だ何等の研究をも遂げざるなり。丈低く（二尺より四尺余(3)）、色は炭の如く、唇は重く厚し、頭髪黒く短く縮み、額後に退き、顎前に突出す、地球上の最低等状態にあるを示す。彼等の着後、人類学部長マツギー博士の説なりとして伝へらるゝものは左の如くに候。

「バトワ族及び他のコンゴー土人の一群は、人類発達の第一初代状態を示す為に選び招きしものなり。晩近《ばんきん》十年。若くば十五年間人類学者は、地球全面に居住する各人種は人間の原始的形態より、進歩発達の各段階を示すものなりと確信するに至れり。而して当博覧会の人類学部に招募《しょうぼ》せしものは、出来得る限り多く此等の段階を示すに足るゝのを選びしなり。今日迄世界に殆んど知らざりしアフリカの初代人種たるバトワ族は現今《げんこん》世界に存する他の種族よりも多く、この原始的状態に近き者也。即ち彼等は『突顎《とつがく》種族』なり、換言せば顔面の下部突出し、前額の退却すること進歩せる人類に見るよりも、寧ろ猿猴《えんこう》に見る状態を呈す。その脳は小形にして猿猴の標準に近く、前腕は他の人種よりも長きこと猿猴の標準に近く、その挙動、態度等所謂《いわゆる》人間の原型に近きを示す事多し」と。他の学者もこの説に傾くもの多しとの事なれど、此のコンゴーよりの黒き一族が、果たしてダウイン《ダーウィン》の進化説に一段の光明を与ふるものなりや、否やは大なる疑問に候。

一群中の最少なるものはバトワ族の食人肉種族《*カンニバル》にして、名をアーワトバンク[4]と呼ぶ。丈二尺五六寸、年二十七歳にして二人の子供あり、その歯は皆犬牙の如く尖れり。ラナナウ[5]と呼ぶ青年は、当時のコンゴー種族の王たるノムベの子にして、所謂皇子なり。かゝる種族、かかる地方より当博覧会につれ来る難業に当りしはプレスビテリアン《プレスビタリアン》派の一宣教師ヘルナー氏にして、氏は数千里中央亜弗利加に旅行をなし、コンゴー族のドムベ王と親める因縁によりて、このアフリカの黒き小き子供の一群を得たりと云ふ。されど不幸にして氏はニユーオーリエンス《ニューオーリンズ》まで来りて熱病にかゝり、尚当時に着せず、氏が先年このアフリカ矮人の部落に近き所より、当国につれ来りて教育をうけしめコンドラと云へる一青年、監督兼通訳をなしつゝあり候。

●アイヌの好評

人類学部に於て最もよき印感を与へつゝあるは、疑も無くアイヌの一群に候。此は種々の点に於て《その人種学上の一の謎なるその特殊の風俗と習慣、殊にイナオ[6]及びヌサ[7]（アイヌ特有の宗教用の幣）その小屋の一種の誌的趣味ある、その畑の豆粟稗のよく成育しつゝある》頗る興味あるは勿論なれども、その容貌の普通初代人種に似ずして、野蛮ならず、粗暴ならず、却て楽天的に、かつ楽げなるエキスプレッツシヨン《エクスプレッション》を有し礼儀あり、温順にして真情を示す点に於て、多くの好評と寵愛をうけつゝあり候。幾度も新アイヌ村を訪ねて、彼等と語り彼等と交りて、多くの好意を示しアイヌも愛好せしマッギー当部長の一友人は、ニユーヨークへ来りて後、左の如く新アイヌ村の監督者に申し越《こ》され候。

「蜂蜜の蜜ある花を知る如く、人は親切なる心を有するものを認め能ふ、然り河の海を尋ぬる如く、自ら真実ならんと勉むるものは、外の真実なるものを求む。かくて我身はアイヌを求めしに候。我は神はそのあらゆる子供によりて自らを示啓し給ふと信ず、而して我はこのアイヌに於て、人によりて示されし神の真の発相を見るを得候。この世が数ふる文明の度、開化の程は我問ふ所に非ず、永《とこし》へに存するものは霊性の発達なり。而して我身は未だ曾て霊性が此のアイヌの容貌に示されしに勝りて、スイートに且つ純潔なる人間の光を以て輝くを見しこと無之候」

博覧会開会後、病生は多くの科学者、教育者、宗教家、新聞記者等の各種のアイヌに関する意見、評語をきけり、されど以上の如き高貴の見地よりわがアイヌを見しものは、今日までただこの一婦人のみに候。懐抱《かいほう》せる意見はその人の品性を示す、病生は好奇心にとめる米国の士女が、初代人種のテント若くは小屋に来りて、その比較的に無智なるに乗じ、之を出品物視し、玩弄物《がんろうぶつ》視し、若くは動物視するを見て憤りし事屡《しばしば》に候。生活の程度低く、或は裸体に、或は羽毛を被り若くは椰子樹の葉を腰にまとひ、炭の如き黒き顔、又は銅の如き赤き面せるも等しく神の子供にあらざる乎、その裏に存する尊き霊を認めざる乎。

●見物人の初代人種に対する好ましからざる態度

開場式後数日スター教授と共に、フヒリッピン部落を訪ねし時、開場式に列りし、米国有名の政治家、その夫人等がイゴラド蛮族の男女の裸体踊に興して、拍手し喝采して一踊終りて又他踊を催すを見て、病生は彼等の心事を察するに苦しみき。不幸境遇と事情は此の黒き小さき太平洋島の残族をして、シルクハットやフロックコートに身を飾らしめざるも、等しく永生を得べき霊性を有する人間に非ざる乎。而も「高等人種なり」と自称するものが、その劣等人種の愚と弱に乗じて、犬の如く猫の如く舞ひ且つ踊らしめ、而して自ら興し笑ひよろこぶ、噫《ああ》これ何たる人間の残虐ぞや。勿論、此等初代人種の博覧会に来れるは「見られんが為」、若くは「見せんが為」なるにもせよ、見る者は少しく心すべきにあらざる乎。噫、文明に誇るものよ、開化を衒《てら》ふものよ、汝等は汝らがこの博覧会にて見て喜ぶ中央亜弗利加よりの食人種、若くは太平洋島よりの所謂蛮族よりも、更に勝りて残忍なり。

〔日付なし〕

【註釈】

（1）前掲（第五信註釈）の博覧会公式カタログ（十六頁）には、「バトワ・ピグミー（Batwa Pygmies）」代表として、中央アフリカ・カサイ川上流出身の四人の成人男性グループを紹介している。ピグミーは当時、世界で最も背が低い人種とされていた。また同頁には、「レッド・アフリカン（Red Africans）」として、ピグミー達と一緒にカサイ川流域からやって来た先住民グループについても紹介されている。この中には、南コンゴの一地域を治めていたンドンベ（Ndombe）王の息子もいた。彼らは、（博覧会人類学部長）マギーの依頼を受けて中央アフリカにやって来た宣教師サミュエル・フィリップス・ヴェルナー（一八七三―一九四三）に引率されて、遠路遥々セントルイスへやって来た。

（2）人物名不明。「ロスチャイルド」を指すか。

（3）一尺（シャク）＝約三十センチ・メートル。

（4）彼は「Autobank」、「Ota Bang」、「Ota Benga」など様々な名前で呼ばれたが、現在では「オタ・ベンガ」として名が知られている。博覧会後に再訪米し、若くして亡くなった彼の数奇な運命については関連書籍が出版されている。

（5）後の通信では、皇子の名は「ル、ナ」とされている。

（6）「イナウ（inaw）」とはアイヌ語で「木で削った御幣のような物」を意味する。

（7）「ヌサ（nusa）」はアイヌ語で「祭壇」を意味する。

第八信

●アフリカ・ピグミーと米国婦人の残忍

中央アフリカよりのピグミーらは、日々大なる群集をそのテントの周囲に引きよせつゝあり。されど、此等多くの見物人は概して彼等に対して親切ならず、丁寧ならざるのみならず、彼等を愚弄し、嘲笑し、コンゴーの熱帯林緑深き処より来れる、珍客の平和と幸福とを乱す也。時としては彼等をしてその刀をとりて起つの止むを得ざらしむ。殊に貴婦人の多くは彼等を「なぶり」「いぢむる」を以て頗るその大なる樂となすもの丶如し、余はかゝる光景に接するごとに、わが身病めりといへども、尚わが義憤のわが裏に燃ゆるを禁ずる能はず。さなきだにわが人種学部に来往する、所謂「米国婦人」なるものが、その挙作言語に於て頗る余に不快の念を与へ来りしに、この愛すべき（げに愛すべきはこのアフリカの黒き小供なり）熱帯の兄弟を愚弄して楽むを見るに至りて（勿論礼儀ある徳ある婦人は多かるべきも、不幸にして「博覧会」は余に多くさる機会を与へず）今は自から憤るに至りぬ。而して、之れ単に下流の婦人のみにあらざるなり。

彼等は音声に軽蔑の語と、嘲弄の面相にて「見よ、此に『食肉人種《*カンニバル》』あり、彼の二尺余の黒き小人はそれ也、彼の歯を見ずや、狼の牙の如く皆尖れり」と。かくて彼等は「汝の歯を示せ―示さずや、カンニバルよ」と謂ふ。彼等は云ふ「此にカンニバルあり」と、然り、汝らの云ふこと過らず、此に彼はあり、されど汝ら最新の流行に花の如く美に、蝶の如く軽く、外見を美にする米国婦人よ、汝等が残忍なりとするこの尖歯の黒人よりも、彼等のよわきと小きと所謂「文明」なるものに、尚触れざるに乗じて彼等を愚弄してよろこぶ汝等こそ、遙に彼等にまさりて残忍なれ。

●文明が未開に対する迫害

而してわが一種の義憤は、数日前、余が人種学部関係者の一人として、部長マツギー博士より受けたる一通の公文教書を開くに於てその絶頂に達したり、その冒頭に云ふ

「一個の異れる方面より、近時インデアン学校内にてアフリカ、ピグミーの一人に対して行はれたる、残虐無道なる殴打に関する通牒を得たり。此事たる外国人種の平安を毀害せる第一の場合たるを以て、余は卿が望むにあらずは詳細を告ぐるを欲せざるべし。この書はかゝる蛮行、脅迫、若くは無用の残虐が再びアフリカ土人、若くは当部に属する何等の他の初代人種にも繰返へさるゝことなからしめ、かつかゝる所為は法律に照して処罰せらるべきを告ぐる事にあり（下略）」

而して部長は、外国より来航せる各初代人種は一国公法上、彼らの権利は保護せらるべきなり、故に合衆国内務卿の直接管轄の下にあるインデアンを除くの外、人種学地における蛮行は、今后《こんご》直に当

部に通告せよと云ふにあり候。余はこの事の何時如何に行はれたるを知らず、されど部長の教書は余をして一層我憤を高めしめたり。之れ実に高等人種が劣等人種に対する迫害也。文明が未開若くは野蛮に対する凌辱なり、強者が弱者に対する圧抑なり。人類学部長はこの人類学地に初代人種を地球の各方面より集めしは、各異種族相互の間に好意と同情と四海兄弟の愛の博《ひろ》く、かつ深く解せられんとするにありと望まれき。而して部長の希望はパダゴニヤの巨人と、コンゴーの矮人と握手し、極東北海のアイヌの女児が、メキシコ・コヽパのインデアンのそれと遊戯する美はしき光景によりて、既にその一部の成就を見つヽありしとき、かヽる恥づべき悲むべき教書を発するの止むを得ざるに至らしめしものは誰ぞや。

●人間蛮性の表現

「文明」とは何ぞや、「野蛮」よりも残虐なり、「高等人種」とは何ぞや、「未開人種」よりも厭ふべきもの多し。開化とは好意、親切の意にあらず、「未開」若くは初代なるものヽ中に却て真率、純愛の掬《きく》すべきをみる。余は実に怖る、此等人種学地にある初代民族が文明と開化の先進者と誇る米国に来りて、その所謂文明開化の米国人、若くは米国婦人より如何なる印象をうけて本国に帰るべきかを。

●初代人種アメリカ金銭主義

彼等は不注意にして、親切あらず、礼儀なき博覧会の見物人によりて既にその性格に大なる毀損を与へられしをみる。かくて彼等は博覧会期の滞在中に甚だ好ましからざる感化をうくべし。新聞記者は人種学地における各種族の叫びは「金銭」也、「乞銭也」と嘲る。曰く、中央アフリカより来れる蛮族ら来着后《ご》第一の件は「銭」なりと。されど敢て問ふ、誰かこの真率愛すべき熱帯の林児に乞銭を教へしぞ。余は人心のその深底に蔵《かく》せられたる獣的の蛮性あるを知る。而して、この蛮性は時期に乗じて喚出し来るなり。

黒き炭の如き体に僅に腰部に荒布をまとひしコンゴー土人の一群、人種学地に来着せりときくや、好奇心にとめる米国人、殊に美装せる若き婦人等は、疾《と》く彼等のテントの周囲に集り、その風俗と習慣等を知りて后、「人間犠牲の土着踊を見せずや、ニツケル(1)《ニッケル》一個与へん」「カンニバルよ。歯を見せずや、ニツケル一個とらせん」。「カメラの前に立て、十センツ与へん」。而して、このニツケルは桃と変り、バナナと変り、カンデー《キャンディー》と変るを知るに至るとき、誰か金銭は高等人種のみの誘惑なりと云ひ得べき。而して恬然《てんぜん》「初代人種の叫も金銭なり」と云ふ、愚なるものよ。汝らは、かく叫ぶによりて汝等自らを審判しつゝあるなり。かくの如くにして、人種学地の初代人種は「マネー・メーキング」の米国思想を附植せられつゝあり。かくて余は、彼らのセントルイス滞在はこの点に於て(彼らの札幌出立の前に一伝道者が憂ひし如く)、わがアイヌらの生涯にも多くの影響を及ぼすべきをおそる。

●文明の罪害

啻に之のみに止まらず、今はピグミーの煙草をくゆらすをみるなり。彼らの初めコンゴーより来るや、かゝる悪習慣を知らざりき、而して誰か之を教へしとするぞ、不注意にして無礼なる当地の見物人は、かくの如くにして彼らのスポイル《ママ》(2)してあるなり。アー彼等は所謂「文明」なるものをみず、所謂「高等人種」、「白人種」なるものに接せずして、コンゴーの緑深き森に楽しき生涯を送りし彼らの愛する二匹の猿の一に、火のつける煙草を与へて、いたく口内に火傷を生ぜしめ、非常なる苦痛と恐叫との后に、遂に死せしめたればなり。全群の悲、深くして暫時彼らはテントに入りて人に接せざりき、喪に居りしなり。之れ或は監督者の不注意によれりと云ふものあらんが、かゝる事は注意するまでもなき事ならずや、而かも所謂「高等人種」なるもの、彼らを遇するかくの如し。ア、之ヒユマニチー《ヒューマニティー》の一恥辱《ちじょく》にあらざる乎。わが心、病めりとも尚激す。

●道徳上の大矛盾

博覧会閉期にまで尚数月をあませり、彼らはこの間に尚「文明」が伴ふ多くの悪習、悪風を教へられ植へらるべし。而して彼らは「文明なるものを見しにより」、「文明」なるもの、集合せしと云ふこの世界博覧会に来りしとによりて、コンゴー生活の真率と単純とを失ひ、文明の罪悪と堕落とをみやげにしてかへるべし。ア、愛すべきアフリカの子供らよ、汝らはコンゴー河畔の涼陰に汝らの妻子と遊びし方却て幸なりし。されど禍なる哉。汝等は既に「文明」の罪悪と「高等人種」の残虐とを見たり。而かも彼らは却て汝らを「野蛮」と云ひ、汝らを「残忍」なりと云ふ。余は実に解するに苦むなり。帰つて汝らの妻子と朋友に告げよ、汝らはセントルイスに於て「道徳上の一大矛盾」を見たりと。

博覧会は米国の暗黒の方面を「わが新アイヌ村」に啓示しつゝあり、余は読者につぐべき尚多くをもてり。

（七月三十日―八月二日）

【註釈】

（1）「ニッケル」はアメリカ合衆国の通貨で、五セント硬貨。

（2）英語で「spoil」。「物の価値を損なう、子どもなどを（甘やかして）駄目にする」などの意味がある。

第九信

●ピグミー訴言《そげん》

コンゴーのピグミー一群を中央アフリカより伴ひ来る大任を果せし宣教師ベルー氏[1]、数日前、病気全快の上ニューオーレンス《ママ》人種学地に来着せり、久しく待ちに待ちし氏の影をそのテント外に認むるや、ピグミー一同は走り出迎へ、その中三人はベ氏に抱きつきぬ。皇子ル、ナは一同に代りて挨拶しき。而して彼等がベ氏に訴へし第一事は、米人の彼等に対する無礼なりき。ル、ナ曰ふ、

「彼等（米人）は終日交々テントの外柵を集囲して、われらの解せざる種々の質語を放つなり、白人のわれらの国に来るや、われらは彼等に進物を与へき、時としては羊、山羊、鳥の肉も贈りき、又我等の美味なる象の肉をも分ちき。されど彼等は此にわれらを遇する、恰もわれらが愛する猿に対する如し、彼等はわれらを嘲り笑ひ、われらの顔を傘の末にて突くなり、われらも猿に対しては亦しかす」

読者よ、余はこのコンゴーの一皇子の訴言を聞き流すなからんことを望む、之れ実に野蛮の文明に対する抗議にあらざる乎。之れ実に、所謂劣等人種なるものが、高等人種に対する憤激の発表にあら

ざる乎。見よ、かの高等人種、若くは白人種と自ら誇るものが、中央アフリカの深林及彼等がこの黒き小き兄弟より受けし厚意に酬ふるに、二十世紀文明の粋をあつめしと云ふ、此セントル《ママ》イに嘲と愚弄とを以てするなり。余は殆んど文明なるものを解するに苦む、知れ汝等ピグミーのテント柵外に立ちて、あらゆる嘲弄を発するものよ、時来らん大なる終の時の来るとき、汝等はラザルの幸福(2)を羨むならん。

●その憤激

一美装せる一婦人、例の如く群中の一人に向つて「ユー、カンニバル?」汝は食人肉種族乎、と一種軽蔑の語気にてたづねし時、その一人はすかさずその婦人の声の終らざる間に、黒き指もて婦人胸を指し「ユー、カンニバル!!」汝こそ食人肉種族なれと反言しき。然り我が愛するコンゴーの子よ、汝の言ふ所正し、かゝる嘲弄を発せし婦人は、たしかに汝がありしと云ふにまさりて残忍なり。又、他の若き一人の婦人皇子ル、ナを呼びて、「ダンス踊れ」と云ひし時、ル、ナはいやしみの口調もて右手に婦人を指し、左手をポツケツト《ポケット》に入れて白銅貨の音を鳴らして、「ユー、ダンス!」と高く叫びぬ。即ち、この婦人が白銅一個にて皇子を弄ばんとせしを憤り「汝こそ踊れ、白銅ほしくば此処にあり」との意地、婦人は返す語なかりき。ア、、ル、ナよ、汝のせしこと頗るよし。彼等は、汝幸か不幸か中央アフリカに住みて「所謂文明」なるものに触れざるの故によりて、汝らをいやしめ弄ばんとする也。されどル、ナよ、余は彼等「所謂高等人種」なるものが何の権ありて、汝らを弄び得る乎を解するに苦しむなり。高等、劣等、白人種、黒人種、誰がか﹅る区別を立てしぞ記憶せよ、汝らこそ却て彼らよりも遙に「父」の前に尊からん。

●アフリカの日本人

ピグミーは頗る敏捷怜悧《びんしょうれいり》、而して理解力極めてはやく、模擬的の機智に富む。到着の二日目より既に、片言交《かたことまじり》の英語を話すに至れり。先頃七万五千哩余の大旅行をなして、ロンドンに達せし米人イ・E・ガイル氏は、ピグミーの部落に数月滞在、観察の結果、彼らを「アフリカの日本人」と呼ぶに至れり、蓋しその聡明、機敏、不覊なるを以てなり。畢竟《ひっきょう》するに「人」は最も大なる、かつ最も興味ある問題なるが故に、而してその「人」が初代のものなる場合には、殊に興味あるが故に、博覧会中の人類学部中の人類学地は、日々多くの看客をひきつ﹅ありたり。

●米国暗黒面の一部

就中《なかんずく》アイヌの家の詩的なると、その胡桃の木陰にありて、ミゾリーの炎天にやかれし見物人に涼陰を与ふると、その家の周囲の豆、粟、稗、芋、玉蜀等頗る上出来なるによりて、多くの注意を引きつ﹅あり。されど、之等同く幾百幾千の男女は不幸にして多く礼を欠くあり。余は多く忍びき、多く譲りき、されど余の寛容は既につきたり、止むを得ず畑の傍に「此は通路にあらず」と立札を立てき、折角生ひ出でし豆の多く靴底にふみ砕かれたればなり。「粟、稗の穂を摘みとるべからずの《ママ》」立札をも立てき、そは路傍の粟と稗の一畝は、穂皆摘みとられて唯茎をのこせばなり。「許可なしに撮影すべからず」との御札をも立てき、そは彼等の厭ふも関せず、多くの人々盗撮せんとすればなり。而して、多くの場合にかゝる妄行なすものは婦人なり、而かもこの制札も実際に於て殆んど功なきなり。何故にその無効なるかを知らず、余は此らの見物人は、皆自国の英語を解し得るを信ず、或は余の不格好なる英字の彼らに読み難きやも知れず。余は米人、殊に米婦人の名誉の為にしかあらんことを望む。

粟畑をつくりしアイヌの一人は、余に悲げに訴へぬ「今にして既にかくの如し、若し全園の粟、悉く黄熟して金風たなびくに至らば如何あるべき」と。粟稗の収穫期までには尚数十日をあませり、余は恐るその時に至らば恐くはアイヌの手に落つものは、全畑中僅かに盗摘《とうてき》を免れたる数穂ならんことを。此等の事すら、尚本国にて「理想化せる米国観」を抱けるものを失望せしむるに足るに、余は尚告ぐる悲き一事あるを有するなり。博覧会の出品を窃取《せっしゅ》するものあり、各国政府にもこの禍にかゝれるもの多きをきゝたりき。而してその多くの場合は正装せる美はしき婦人なり、而してこの禍は啻に各国の粧品をあつめし所にのみあらはれずして、この小さき「新アイヌ村」にも来るなり。鋏《はさみ》失せしと初に聞きぬ、次に二本の「パスイ」(3)（アイヌ特用の彫刻せる箸なり）無くなりぬ。三度目にアイヌの玩具盗まれき。されど、不幸にして此度はアイヌの老婦人に発見せられ、若者のひとりその後を追ひて、一人の小供を伴ひし婦人の手より取り返しぬ。

読者よ、余はこの通信のわが誤ならんとを望む、されど不幸にしてわが眼は之を見たるなり。渡米の前より全く光明的に描き来りしアイヌの米国観は、根底的に恐るべき打撃を受けたり。ネブラス《ネブラスカ》大学の一教授は余に「この事につきアイヌは如何に思ふならんか、博覧会期の終るまでに恐らく伝道の必要あらん」と苦言しき。シカゴ大学の一教授は余に「この国には美装して高貴の人の如く見ゆるものに窃盗するもの多くあるなり、余は君を驚すべき尚多くの事を語り得べし、されど君自らその処にて充分に見るなるべし。余は恐る、君がアメリカ人全体に対する意見の渡米前に比して、帰朝のときには頗る落下するあらんを。『概して』アメリカ人には多く好ましからざる特質あるなり」と告げられき。余は当国にて有名なる一人類学者の口より、かゝる語の出されたるを頗る悲む、而して教授が所謂わが米人観の落下せざらんことを望む切なり。されど読者よ、博覧会はこの極東よりの一旅行者の眼前に、米国の暗黒の方面を遠慮なく暴露しつゝあり、余は多くの立て札に於て失望したりしを正直に自白するなり。

されど余は、他の光明の方面の一部の、わがアイヌ村に示されつゝあるを告ぐるを怠るべからざるなり。曾てアイヌ一同を学校の職員食堂に招待して、人々を驚かせしインデアン学校長マッカワン博士、及び夫人はその愛する「キン」又アイヌ村への土産として、米国女児の衣服と附属品とを、ハスケル校の家政科女生徒に学校の教室にてつくらしめ、キンは勿論サンケア《ママ》老人夫婦の殊の外よろこびのうちにうけしことは特筆すべきことに候。その他アイヌの女児を愛寵する婦人が、幾度となく来訪して人形、果菓、玩具をもたらすなど謝すべきことに候。

●各初代人種総合舞踏会

先月末場内ルイジアナ紀念碑辺の練兵場にて、総裁フランシス氏の為に人種学地に在る十九種の初代異種族は、その特質の歌踊を為し、を初めとし、その後屢々《しばしば》この種の催しあり。初めの時は、看客練兵場の周囲に七万五千余集合したり、土人踊に於てもアイヌは好評あり、されど最も人の好意を充すは、アフリカ・ピグミーの裸体の「人間犠牲踊」及びその葬式の悲舞に候。

●音楽的饗応《きょうおう》の絶頂

音楽上より云へば先月は博覧会期中、最高調に上りしときに候。そは博覧会は一万五千ドルの懸賞をなして、フェスチバル・ホールに於て当国有名のコーラル《合唱》団体の競唱会[4]を行ひたればなり。来唱せる唱歌会は総数十一個、その中六個は第一級に属するものにして、七十人以上（二百五十人もあり）の男女より成り、賞金一等五千ドル、二等三千五百ドル、三等二千五百ドルなり。即ち、ダンリユ・コーラル・ソサイテー、テンパー、エバンストン、スクラントン、ベレビル、及びコレッヂ・テーラー。第二級に属するものは七十人以下にして、コロラド・コーラル・ソサイテー、デンバー特選、ラベンスウツド音楽倶楽部、大会堂クワイア《ヒッツバーグ》トレンドコリツジ唱歌会にして、一等賞二千五百ドル、二等千五百ドル。三等一千ドルなり。

審判者は全国有名の音楽家より成り、合唱の題目は第一級《一》ハンデルの「メシヤ」中"And the Glory of the Lord"《二》サリバンの中の"The Golden legend"《伴奏なし》《三》パーカーの"Come

Away"《四》は自己選出のもの。第二級は《一》メンデルソンの「詩四十二篇」中の"As the heart pants"《二》モザートの"Ave Verum"《之は拉典《ラテン》語若くは英語》《伴奏なし》《三》シユレットの"thanks giving Hymn"《四》は自己選出のものなり、而して一週間交々競唱の結果、第一級一等賞はスクラントン。第二等はベレビル。第三等はデン《マ》ハ《マ》ー、第二級第一等デンバー特選。第二等ヒックバーグ大会堂クワイア。第三等ラベンスウツバルホールにて、スクラントン唱歌会は有名なるメンデルソンのオラトリア「エリヤ」を唱ひつゝありしが、途中にてフランシス総裁来り、当選の結果を報告するや恰も今歌ひつゝありしスクラントンが、第一級の第一等にてありしかば、満堂わるゝが如き喝采拍手なりき。

●懸賞競唱会—日本基督教音楽家に対する嘱望《しょくぼう》

オラトシスは「エリヤ」の分、ヘデンの天地創造はダブクエによりて、ハンデルのメシヤは五百人より来れる博覧会附属のコーラスによりて、テルガーのカンタ「カラクタカス」はエバンストンによりて又、ガウノウドのカンタ「カリヤ」は博覧会コーラスによりてきくの機会を得候。此らのコーラスは皆博覧会のオケストラ及大パイプオルガン伴奏にて、四部各の独吟者は皆国中有名の人々にて、各皆二時間にわたり候。余は初めてかゝる荘厳壮大の演奏をきくを得、わが音楽的の渇望初めていやされし感ありき、その「天地創造」の天的なる「エリヤ」の敬虔的なる殊に預言者が天の火呼び下すあたり、壮烈《そうれつ》印感永く滅すべからず候。説教にまさる感化あり、あ、余はいつわが国にわが国人の手になり、わが国人によりて歌はる、オラトリアをきくを得べき。フエ《マ》スチバー《マ》ホルの一夜荘厳の音楽に、わが心深く興奮せられて、わが基督教の為に大望の湧くを禁ずる能はざりき。されど、この尊き大任をわが基督教男女の音楽家に嘱せんと欲す。

●米人の日本人に対する同情―日本出品の好評

外は日露戦争の勝利により、内は日本出品の優勝によりて、米人の同情と賞賛は日本人に対して今絶頂にありと思はれ候。日本人の当地にありて肩幅の広きこと恐く未曾有ならんと存候。勿論此迄とても少数識者の間には、日本の真価は解せられありしならんも、米国の公衆は戦争と博覧会出品とによりて今日の日本を正当に知るに至り候。

●セントルイス一大新聞の日本出品賞賛

当地の大新聞なるセントルイス・リパプリック《リパブリック》は、その八月八日の社説に「日本の進歩」と題し、政治組織もその歴史も風俗習慣に於ても、合衆国と日本は異れども、尚新日本の進歩の行程に於て、その元気その人種的特性、その政略、その理想に於て頗る米国流のものありと論じ、日本が世界の一大勢力となり初めしは、僅に数年前にしてその突急の進歩は、実に全世界の驚嘆なりとし

「一たび革新を決するや日本国民は、賢明なる政府の指導の下に、一斉に全力を尽して急激に之

を断行し、僅に五十年の間に無名の位置より真の大勢力となりぬ。この新勢力に関しては、近代歴史の研究者と雖も、セントルイス世界大博覧会における日本の出品を見るまでに、充分に且つ明確に総合的に知るの機会を有せざりき。日本出品の数量、種類、精良、及その特質は見物者をして、日本の進歩に関する明確なる智識、及日本が列国の間に占むる現時の位置及、その活動の一切を知らしめつゝあり」

而して日本出品の優勝なるを賞賛して

「日本の出品は世界の大国民によりてなされしものと劣る所なし、その啻にすべての点に於て等しきのみならず、ある点に於ては列強よりも勝れるものあり、加之その出品は完全なり、之れ即ちその国の最良の進歩を示す所以なり、博覧会の各部に殆んど洩れなく出品しあれど、その一部として卓越を示さゞるはなきなり。日本は曾て日本を知りしものも、知らざりしものをも、多くの群衆を日々その出品物の周囲に引付けあゝるなり」

「日本の出品はその帝国民と、アメリカ共和国民との間に頗る類似せる特質あるを示せり、日本は近時の方法習慣、発明を認識するに機敏に、之に採用する機敏に、之を応用するに機敏なり、若し採用するに機敏なりしとせば、之を成就するに機敏なりし、かくて日本は僅々《きんきん》の年数の間に全く改造せられたり」

最後に日本出品の真価値を論じて

「日本の出品は事業と理想に於て、又熱心と進歩とに於て、近時の文明国として日本を紹介し、之を合衆国、大英国、独逸、仏蘭西、と比肩《ひけん》せしめ、日本を今の日本として、日本人を今の日本人として解明し、日本の進歩を示し、その国の標的理想、特質をあらはし、世界の眼前に此の古き新き国民を今後記憶せらるべきやうに現出せり。セントルイスにあらはれたる日本は、太平洋の対岸に強国の耳目を聳動《しょうどう》しつゝあるものと同一の日本なり、されど此に（セントルイス）は真の日本即ち平和の日本、開明の日本あり、而してこの日本こそ合衆国の全市民が最も多く知らんとする所なり」

尚書きたき事あれど病ゆるさず、次にゆづり候。

〔日付なし〕

【註釈】

（1）ベルー氏とは、第七信註釈（1）で触れたヴェルナーのことである。

（2）聖書（「ヨハネによる福音書」）に出てくる人物。ここでは、イエスと親交のあったベタニアのマルタとマリアの兄弟で、イエスによって蘇った「ラザロ」を指すと考えられる。

（3）「パスイ（Pasuy）」とはアイヌ語で「箸」を意味する。

（4）この合唱コンテストは一九〇四年七月十一日の週に行われた。賞金合計額が破格の一万六千ドルということで呼び物となった。稲垣が記した参加団体名の総てを調査することはできなかったが、入賞団体名については『Etude Magazine』（September, 1904）に掲載されている。これによると、第一級（グレートA）第一等はスクラントン・オラトリオ・ソサエティー（Scranton Oratorio Society）、第二等は エバンストン・コーラル・ソサエティー（Evanston Choral Society）、第三等はデンバー・コーラル・ソサエティ（Denver Choral Society）、第二級（グレードB）第一等はデンバー・セレクト・クワイア（Denver Select Choir）、第二等はピッツバーグ・カテドラル・クワイア（Pittsburgh Cathedral Choir）、第三等はラヴェンズウッド・ミュージカル・クラブ（Ravenswood Musical Club）となっている。稲垣の通信では、第一級の第二等は「ベレビル（Belleville Choral Symphony Society）」としているが、他の当時発行の資料（例えば『The Music Trade Review』July 1904）でも第二等は「エバンストン」となっている。また、セントルイス・パブリック・ライブラリーの資料には、コンテストに参加した合 唱団の一部（「Denver Choral Society」、「Dubuque Choral Society」、「Evanston Choral Society」、「Belleville Choral Symphony Society」）等の名前が掲載されている。

第十信

●初代人種の競技

当セントルイス大博覧会には多くの点に於て、未曾有の出来事生じつゝあり。八月十一日十二日、両日は「人類学部日(1)」にして博覧会体育部の模範運動場に於て、世界各人種の総合運動会催されしも其一なり。而して、その最も興味ある（科学上よりして）ものなりき。之に加はりしものは人類学地の各アメリカ・インデアン種族、パタゴニヤ巨人、中央アメリカ《ママ》（アフリカ）・コンゴーの矮人、北海道のアイヌ、フヒリピン群島の各蛮族モーロー、ネグリット、及「興行区」内の「不思議なる亜細亜」より来れる土耳古人なりき。前日には体育部長サリバン博士は、その部下の体育専門の職員を率ひて、各人種の各種遊戯の試験を行ひ、後日は各人種の競技会なりき。

今その主なるものを略記すれば、一哩競争に於ては一等賞金アメリカ・インデアン、二等土耳古人、三等アフリカ人。投槍に於ては三等アイヌ。弓術に於ては一等コーハ《ココパ》・インデアン（メキシコ）。二等アイヌ及モーロー族（同点）。登柱（五十呎《フィート》）に於ては最速一等グリウト、二等及三等はアフリカ黒人。ボール投的、一等パタゴニヤ巨人（酋長）、綱引もパタゴニヤ人の勝利に帰せり。世界各人種殊に初代人種が、かく一所に会して競技せしは世界の歴史に初めてにて、人類学部長は会後体育部長に、この会の成功を望むと云ひしに、彼は満顔の喜びをその微笑に集めて「多謝す、博士よ。この会は既に科学上の見地より大なる成効を奏しつゝあり」と、強くマッギー博士の手を握れり。サリバン体育部長は臨場せし人種学地の、各初代人種へ上記賞金の外慰労金一包宛を贈られき。翌日博士は自からアイヌ村を訪問せられたり。

●見物人の窃盗とバンクーバー・インデアンの驚憤《きょうふん》

アメリカ人の不礼と窃盗とに驚きしは、啻に「新アイヌ村」の住民のみにあらず。アイヌ村を去る北方三村、小丘の上にヴアンクーバーより来れる英領コロンビヤのインデアン「クワキウト」族と、「クレヨクイト」族等あり。その土着の籠細工、箱細工、彫刻、及その特有の「トツテムボール《トーテムポール》（古宗教若くは古伝説を表証せる木刻の柱）」の模型等を店に並べたり、而して此等の盗の何事たるかを解せざる迄に正直なるインデアンは、米人の啻に相当の値を払はざるのみか、無断に此等の売品を持ち去る、換言せば盗み去るをみて非常に驚きぬ。そは若しこの事一旦彼らの種族間に行はるれば、之を捕へて公衆の通路に面せる高台の上に立たしめ、之に貼札してその罪状を示し、全村民悉く彼を見るまで留めおくと云へり。勿論之は米人の上流者の所業にあらざるべし、されどかゝる破廉恥《はれんち》の所行が如何なる印感を、此等の自然にして純清に正直なる初代人種に与ふるかを思ふとき、余は実に文明なるもの、為、文明国民なるもの、為に、之を悲しまさるを得ざるなり。

然り、之れ「高等人種」、「白人種」、「文明人種」なりと誇称するものが、道徳の点に於てその彼等がいやしむる「初代人種」、「未開蛮族」に劣れるものなることを明示せるにあらざる乎。文明とはよき道徳を意味せざるなり。ア、読者よ、若し真によき人間道徳の純粋なるものを見得んとせば、所謂「コーセット《コルセット》」や「シルクハット」にゆかずして、遠く未開、若くは野蛮の野、白人種に接せす《ママ》、高等人種を見ず、所謂文明なるもの、恩澤《おんたく》を蒙らざる蛮人にゆけ、此処に純粋自然の人間美徳あらん。されど、此らの正直なる初代人種中にて少しにても白人種、高等人種、文明人種に接せる処には詐偽《さぎ》あり、狡猾あるべし。余は恐る、之は単に余の極端なる一族の抗議のみにあらずして、有名なる米国人類学者も之を云へり。余は恐る、半年此の大なる驚くべき世界大博覧会の人種学地に滞留の後、此ら愛すべき初代人種は多くの不礼にして不親切に、かつ時としては犯罪まで敢てする高等人種なるものによりて、その品性を毀損《*スポイル》せられんことを。然り、読者よ、その多くは既にスポイルせられあるなり。

●ビサイヤン女学生の抗議

米人の無礼を訴へしは、中央アフリカのピグミーのみにあらず。アイヌ村対丘フヒリッピン村の模範・フヒリツピン学校の最上級にある、ビサイヤン族は、「蛮族」と呼ばる、を否みて同盟休校せり。その提唱者なる一女生テサレラ・ラミレ（十六才）が事務官に出せし抗議の中に、彼等の裁縫、彫刻、及び他の手芸に於て米国女学生と比して遜色なきを論じ、且つその挙作の鄭重温雅なるに比して、米国見物人の無礼なるを訴へり。ア、汝ら高等人種として自ら誇るものよ、汝らがいやしめ蔑むる所謂「蛮族」よりこの種の抗議を受く、むしろ之れ汝ら所謂高等国民の「名誉」ならずや。

●米国新聞記者を厭ふ

余は米国の新聞記者を厭ふ。彼等は啻に針小を棒大にするのみならず、「無」より「有」をつくり容易に記事を創造するなり。かくの如くにして、わがアイヌ村民も多くの誤信を伝へられしのみならず、時としては彼等の風俗にも、習慣にも、曾て見ざる知らざることをすら書き立てられき。余は彼らとの会見を拒絶し、その要求を退くるの已《や》むを得ざること屢々《しばしば》なり。

●非渡米説の理由

余は本国にありし時、多くの教会の先輩、若くは宣教師、若くは監督らが青年の渡米遊学せんとする、殊に米国の神学校に入らんとするに賛成せず、之を勧めず、之をたすけざるのみならず、之を好まず、之に反対するの理由を解するに苦しみしことありき。されど此の博覧会の滞在に各階級の米人に接する事によりて、余はその理由の主なるものを発見し得たりと信ず。されど余はこの理由を発見せしことを幸なりと思はず、同時にその幾多の伝道界に貢献すべき筈の人物が、渡米遊学後に教会を去るもの多き理由をも知りたりと信ず、知らんとせしにあらず、知らしめられしなり。禍なる哉。

●ポッター監督とデモクラット党の大統領候補者

ニユーヨークのポッター監督(2)が、先日同市新設の改良飲酒店の開業式に臨席して一場の演説を為し、宗教的にその集合を終りしことによりて、激しき反対抗議生じつゝあり、啻に他派の教会よりのみならず聖公会内部よりの抗議あり、この米国公徳上の一大勢力家がこの種の過失をなしゝを惜みつゝあり。大統領改選期は十一月なり、レパブリック党〔共和党〕の候補者には現任のルーズベルト氏、テモクラット党〔民主党〕の候補者はアルトン・パーカー氏(3)なり。後者はニウヨーク《ニューヨーク》の控訴院の判事長にして頗る剛直の性格の人なり。現任大統領の「帝国主義」「軍隊主義」に反して、米国独立当時の精神に立戻り純粋なる憲法主義を採らんと主張す。候補者となるや現職を辞しき、その候補受諾演説は、よく彼の剛直なる性格を発揮せり、その当選の後、又再撰せらるゝことありとも之を受けざるべしとの一語は、その先日ローズモントにおける彼の憲法主義の宣言と共に、頗る強き印感を全国民に与へしものゝ如し。

●博覧会現時の音楽王

博覧会にて近時最も人の賞賛を博しつゝあるは、墺太利《オーストリア》・維納《ウィーン》より来着の同国第一流の音楽家カール・コムザック氏(4)なり。此は啻にオケストラの指揮者として有名なるのみならず、作曲家としても名高く、バイオリニストとしても最上の技能を有す。単にその風采よりするも一見直に人の注意をひく。六尺にあまる背長の人、鬚髯《しゅぜん》頬に茂りて、深眼鋭く光る。その博覧会附属のオケストラなる八十五個の楽器の前に立ちて、両手を動かして指揮するや、ある種の指揮者の如く激しく身振もなさず、指揮棒をも妄に振らず、而かも尚八十五個の管弦器は彼の手足の如く自由に活動するなり。

而して他の指揮者に見るべからざる一特長は、指揮中自らそのバイオリンをとりて時々自らも奏する点にあり。その風采体度に何となく人の愛好賞讃を引くの磁力あり。氏の始めて公衆の前にあらはれしは一昨〔七月〕二十二日夜、フエスチバルホールの第一回コムザツク演奏会にあり。八曲の中四曲は氏の自作に係る、その作曲の極めて独創的にして一種の特質を有す、満堂の愛楽家は覚えず熱心の拍手を与へき。博覧会の一音楽批評家はこの会後云へり、「カール・コムザツクは今はこの世界博覧会における音楽上の王冠を得たり」。氏は毎火曜日夜、この博覧会オケストラを指揮すべし、金曜日午後の博覧会専任の指揮者アーネスト氏のオケストラ演奏はもとの如し。

●コーラス女王の来遊

コーラス女皇は愈《いよいよ》今日、名誉の旅行にセントルイスに着したり。この栄進を得たるものは、ニウヨークの現に興行中の『ピツフ・バツフフ・ポーフ』社中の十六才の一少女ミス・ジユア・ムーネーなり、二週間滞在すと云ふ。カナダより来りしスコツトランド風のキルチー《キルティー》・バンド去りて後、博覧会当時最好評のバンドはメキシコより来れるメキシコ大軍楽隊なり。されど四、五日中に世界に最も有名なるロンドンのグレナデーア・ガード・バンド(5)当博覧会に着すべく、九月五日には仏国有名のガード・レパブリカーネ(6)来るべく、又遠からず世界第一流のオーガニスト仏国より来るべし。今のコムザツク氏を合せば九月は博覧会音楽饗応の絶頂なるべし。

●九月博覧会音楽饗応の絶頂

この頃は時々博覧会音楽部の新趣向によりて、現奏各バンドの連合演奏をなすことあり。二百にあまる楽器を各指揮者交代にて、百花満開の器機館庭園の大音楽堂にて催し、又はエス《マ》チバ《マ》ル・ホール前の大泉地の中央に、数艘のボートを浮べて演楽す。池辺緑陰の下、晩涼を楽みて、池面をわたりて夕風の送る音楽を聞く、時の移るを知らざるなり。かつ近頃、各館のイルミネーションを赤変し青変すれば、その池水に映し、大噴泉に映じ、無数の小瀑に映ずる、蓋《けだ》し工美の最なるもの、一ならん。されども美術丘上、独逸塔の後より、この二十世紀の驚くべき文明のレモン《マ》ストレーシ《マ》ョン〔デモンストレーション〕を、知りてか知らずしてか、静に昇る夏の夜の月の色にわが愛は引き去らる。

●「世界第八の不思議」

この博覧会は、ある大学の一、二の教授が従前の世界の七不思議の外に一不思議を加ふるものなり。即ち、この博覧会は「世界の第八の不思議」なりと云ひし如く、多くの点に於て驚くべきもの多し。フランシス総裁は先日一団体にて演説せり、中に左の如き語ありき

「余はこの種の大博覧会を再び見ること能はざるべしと思ふ、そはセントルイスは多大の犠牲を為してこの計画を遂行しつゝあり、費用の点よりするも収入償はざるなり、而して世界万国の粋と美とは一に此に収聚《しゅうしゅう》せらる、此に来り之を見之を学ひしものは至大の益を受けん、之を見

ず之を学ばざるものは大なる損失ならん。…」

博覧会は多くの場合に於て一種の通俗大学校なり。特に、セントルイス博覧会の特質の一は「活動」にあり、各種の最新発明の各器械は単に実地に活動せるの《ママ》ならず、各種の科学的研究は皆実験を示され、加ふるに各種専門の講演の各専門家によりて与へられつゝあることなり。

人類学部に於ても博覧会人種学講演は、九月一日より二十一日まで毎日三時間、人種学地に属する各初代種と、フヒリツピン島博覧会附属の同島各種族、及び興行区におけるエスキモーを材料として、シカゴ大学人類学部教頭スター教授によりて開講せらるべし。[7] 教授は右講演中に以上人種の外に日本人に関しては、日本政府間《ママ》〔日本政府館〕と興行区における「美なる日本」と、工業館における出品も説明の材料とせらるべし。聴講生の資格はシカゴ大学生、若くは他校の同等の資格あるもの、若くは聴講料十二ドルを払ふものなり。之は頗る興味あるのみならず、当博覧会の一特質たるべし。スター博士は何人も人種学上の講演を為すに当り各国民を材料とするに、此度の余の如くこの博覧会に勝りて便利を有せし者はあらざるなりと余に語られき。

●セントルイス博覧会は「バベル」なり

げにこの博覧会は「バベル」[8] なり。曾て多《おおく》の人々の聞くことなき中央アフリカ・ピグミーの土語、アイヌの土語、エスキモーより世界のあらゆる未開、半開、各国語に至るまで世界殆んど悉く、日々この区に語られつゝあり。而してその習慣も、習俗も、挙作も、皆この博覧会中に混同し終れり。博覧会は一小世界なり、結果として、セントルイス市はコスモポリタンとなりつゝあり。彼処の店にはエスキモー、此処の理髪店に土耳古人、向ふの魚店にアイヌ人、隣の雑貨店にフヒリッピン人、一種の奇現象也。

●敵味方混同

かつ博覧会は敵も味方も混同し終りぬ、露国の出品は美術館内日本に相隣れり。極東の戦争はセントルイスに於て、日本事務官の露国事務官を訪問するに防げざりきと、先日の一新聞紙は語りき。されど更に奇なるはエルサレム土着の一婦人が、場外のエポースホテルにてその東洋的の立場より実物に照らして、習慣風俗を説明してキリスト伝の講演をなしつゝありと聞き、余の之に列りしときにあり。会后、余は講演者たるマダム・モントフホードに紹介せられき。講演者は満面の笑顔に余の手をとりて、「われは国籍を露国に有するの故をもて君と今戦ふべき筈なり」と云ひき、余は黙笑しき。傍に立ちし司会者たりし紹介者はすぐ之をうけて、「博覧会は敵味方も無差別になし終りぬ、されど此処には日本は露国に教を受けつゝあるにあらずや」（余は講演后数個の質問に説明を請ひたればなり）、傍にありし人々は一同大に笑ひき、これは八月十日の事なりき。

●セントルイスにてベツレヘム婦人と会見

マダム・モントフホードは博覧会内のエルサレムの管理者たるべき筈にて渡米せしも、その方針計画の聖書的にあらずして、単に営利的なるの故を以て之を辞し、自ら単身此に止まりて聖市とその住民の為に此エルサレムの褻瀆《せっとく》に対して抗議を為しつゝあるなり。昨二十四日夜講演の後、余はマダム・モントフホードがパレスチナより連れ来れりと云ふイシマエル人と姉妹邑なる、ナザレ婦人と共に東方美の優と称せらるゝ、ベツレヘムよりの若き夫人とその夫なるヨルダンの外よりの人に紹介せられき。ベツレヘム婦人はその土語にて初対面の挨拶を余に与へしも、勿論余は解する能はざりき。博覧会に来て意外の事多し、これもその一なり。余はセントルイスにてベツレヘム婦人と握手せんとは夢想せざりき。

還らんとせし時、彼女は余にマダム・モントフホードの「エルサレム」に対する抗議をのせたる印刷物を余に与へき。聖土を思ふの敬虔の念と、亡国の悲運を慨し故土を追慕する愛国の熱情に動かされ、かつは営利の為に神聖を売りつゝある褻瀆者に対する満腔の義憤に燃やされて、説き去り説き来るこのエルサレム婦人の雄弁に、余は実に驚嘆するの外なく、屢筆記の筆の覚えず止みみて《ママ》、わが耳、わが目、わが手、わが心、一に彼女の雄弁に引き付けられ終る。実は始めて女性の雄弁をマダム・モントフホードにきゝぬ。勿論、演説は英語なり。年四十余、身体肥大、丈六尺に近くあらん、音声頗る強くかつ明亮なり。常に、欧米の間を旅行しつゝありと云へり。

余は既に「エルサレム」内の「聖墓教会」に日曜礼拝に列したり。余は正直に自白す、余は失望したりと。

多く旅行家がエルサレムに至りて、失望するは余知れり。されど此処の「エルサレム」も亦然り、余は次にこの事に関して記する処あるべし。

●エルサレム城内での日露戦争談

旅順港の陥落は日々極めて深き興味を以て、米人間に待たれつゝあり。当地の一大学生は日本が若しゆるさば余は直に往戦せんと、けふ《今日》余に語りき。この種の同情を有する者頗る多し。過ぐる日曜日(日曜日は休暇にて群なければ) 余は少く「エルサレム」の研究の為めその市壁内に入り、市の「ダビデ」街より右折してユダヤ人区に至り、所謂ユダヤ号哭《ママ》壁の下にてスケツチをなしつゝありしに、二、三のシリヤ人来りて余の日本人なるを見、「旅順港は落ちざる乎、何時落つる見込なりや」と問ふ。読者よ、パレスチナの今昔の読者よ、世界博覧会とはこの種の奇事を生ずるなり。誰か「エルサレム」城内にも、日露戦争の噂を聞かんと期せし。

●アイヌに関するスター教授の新著

アイヌに関するスター教授の新著、先週シカゴのオツプン《オープン》・コート会社より出版せられたり(9)。百十八頁の小本なれども、興味ある教授の北海道旅行物語の間に、人種学上の議論を挿み、又特奇なるアイヌの風俗習慣を語る処、教科書風にあらずして面白く読み終らしむ。多数の写真画を入れたれば説明をたすくこと多し。題して『セントルイス博覧会に於けるアイヌ一郡』と云ふ。アイヌ村にて売価

一円五十銭。人種学上よりアイヌと日本人との比較あり曰く

「両者の相違極めて顕著なり、白色の皮膚、多量の体毛及び頬髯、波縮せる頭髪とその随円形なる截面、水平眼とその鋭き眼光、その高低ある顔面、此等は日本人の褐色皮膚、無髯の顔と体、真直にして円型の截面を有する頭髪、傾斜顔及その平き顔面とは著しき翻対を呈するなり、すべて此等の諸点に於てアイヌの日本人と異ること甚しく彼らはむしろ欧羅巴人種の白人に類するなり」

而して更にそのアイヌの起源に関して

「アイヌは誰ぞ。何処より来りし乎。その過去は如何、彼等は確に白人種なり、黄色人種にあらず、彼等は彼等より遠く、離るゝと雖も、その近住の日本人の同胞たるよりはむしろわれらの同胞なり。……我等白人種は他の人種に比して一種優等なるもの、如く思惟する傾あり赤人、黒人、黄人よりも勝れるものとなす、而かも尚此に一白人種の競争の後発滅せるものあるなり。この人種は生存競争に於て、彼らよりも遙に活発の元気に富み、進歩的なる黄色人種と接近して劣等なるを証したり。アイヌは一時蔓延せる亜細亜的白人種の一残片に過ぎざるべし」

記すべき事多し、されど病気すゝまず次にゆづる。満月今は館丘を下りて月光あざやかに矢尖湖に映じつゝあり、次の満月は仲秋の月、今年は此セントルイスの新アイヌ村の粟畑にて賞することならん。

〔日付なし〕

【註釈】

（1）「アンソロポロジー・デー（人類学の日）」と呼ばれるこの催しが行われたのは、稲垣が記しているように八月十一、十二日のことである。八月十一日発行の『セントルイス・リパブリック』にも、博覧会の当日プログラム一覧に「Anthropology Athletic Meet」と記載されている。しかし、ブロウネル（BROWNELL 2008）によれば、人類学部門長のマギーが最終報告書で開催日を八月十二、十三日と誤って記したため、この日付がそのまま引用されているケースが見られるという。

（2）ヘンリー・コッドマン・ポッター（Henry Codman Potter 一八三五—一九〇八）。ニューヨーク州生まれ。米国公会の第七代ニューヨーク教区司教を務めた。

（3）アルトン・パーカー（Alton Brooks Parker 一八五二—一九二六）。米国の判事。民主党候補として、一九〇四年の合衆国総選挙に出馬するも、ルーズベルトに敗れた。

（4）カール・コムザック（Karl Komzak 一八五〇—一九〇五）。チェコ出身の作曲家。

（5）グレナディアガーズ軍楽隊（The Band of the Grenadier Guards）。「グレナディアガーズ」とは英国イングランドの近衛歩兵連隊を指す。その起源は一七世紀に遡る。

（6）フランス共和国親衛隊（Garde républicaine）に属する軍楽隊。その起源は一八四八年の「パリ二月革命」に遡る。

現在では「パリ・ギャルド・レピュブリケーヌ吹奏楽団」として知られる。

（7）一九〇四年九月一日発行の『セントルイス・リパブリック』によると、フレデリック・スターによる「人類学講義」は九月一日より二十二日（日曜日除外）まで開講される予定と記されている。

（8）「バベル」とは、ここでは『旧約聖書創世記』に登場する「バベルの塔（The Tower of Babel）」を指すと考えられる。ノアの大洪水後に人々が天まで届く高い塔を築こうとした為、人間の自己神格化を忌み嫌った神の怒りに触れ人々の言葉は混乱した。その結果として工事は中断し、言葉が通じなくなった人々は世界中に散らばったと旧約聖書に記されている。博覧会内で言語の多様性に触れ、稲垣は「バベル」を連想したのだろう。

（9）フレデリック・スターの著作『The Ainu Group at the St. Louis Exposition』（セントルイス万国博覧会におけるアイヌ・グループ）を指す。

秋（一九〇四年九月～十月）

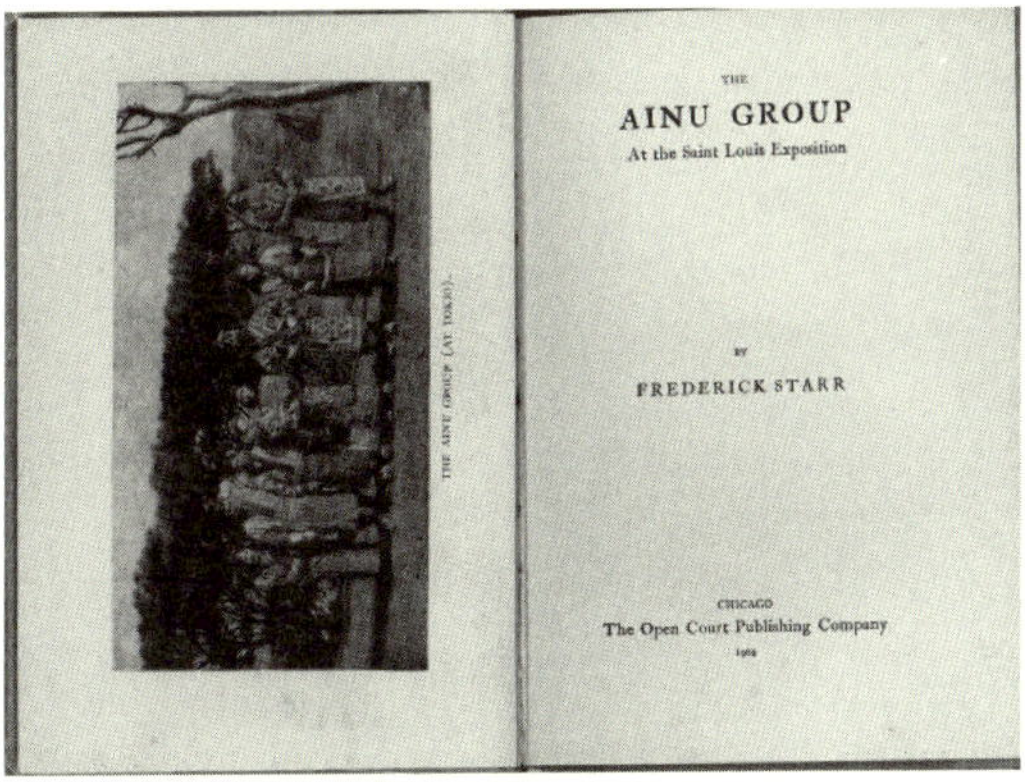
THE
AINU GROUP
At the Saint Louis Exposition
BY
FREDERICK STARR
CHICAGO
The Open Court Publishing Company

第十一信

●マキム監督来訪

過ぐる日曜日、昇天教会にて礼拝中、脳貧血を起し昏倒せざる前に辛ふじて帰村せし以来脳痛止まず、従てわが筆も動かざりき。勿論この「たより」は、この驚くべき世界歴史に未曾有の大博覧会のすべてを通信せんとは夢想だにせず、唯極東よりの新アイヌ村人が所見所感の一部を病余に記するのみに候。

八月二十六日、マキム監督はわが村を訪問せられ、アイヌ一同の健在と幸福をみて大に喜ばれ候。暫し会談の後、共にフヒリッピン丘上の練兵場に島兵の操練を見て後わかれ候。監督は翌日すぐ東部へ出立せられ候。次で九月四日、昇天教会の牧師ウインチエスター博士来訪せられ、村景を見、村人と語りて後去らんとする前「何にても助けを要する事あらば遠慮なく告げよ……余も余の会衆も何時にても之に応ずべし……彼等は実に温厚愛すべし、その日曜日毎に欠かず礼拝に出ると教会における静粛の挙作に我会衆は皆賞讃してあり」と。

●スター教授の人類学講演

スター教授は、その人種学講演を九月一日より人類学部内の講堂に開演したり。聴講者の多くはシカゴ大学生なるも、その過半の婦人なるは注意すべきなり、余も個人的に招待を受て列席しつゝあり、学ぶ所得る所多し。九月十三日の題目は第一講「日本のアイヌ」、第二講「各人種体格上の特性」にして、右終てクラス一同は実地研究に我アイヌ村に来るべく候。

（九月十日）

●博覧会人類学部による審査

博覧会各部は本月初旬より審査に着手せり。聞く所によれば、人類学部の審判委員は人種学部に属する各種族中「アイヌ村」に一等賞を与ふる事に決せし由に候。勿論、之はスター教授がバチラー長老を通してよきアイヌの標本を得、彼等も亦セントルイスの新アイヌ村にて、よくその生活、習慣、風俗等を純粋に表現し人種学部の目的を達せしによるべく候。彼等のその挙作行動の博覧会の事務官及び来訪者より最好評を受けつゝある事実も、幾分か審査者の意向を動かせしやも知れず候。

●初秋の到来

ミゾリーの炎天もいつしか過ぎて、秋光《しゅうこう》今や新アイヌ村の粟稗畑に黄金色にあらはれ来り。朝夕の涼気頗る心地よくアイヌ等は大喜びに候。されど、この涼気に喜ぶ能はざるものは、我人種学地にては木陰にて百十五度〔摂氏四十六度〕と云ふ、中央亜弗利加より来れるピグミーと南島フヒリッピンより来れるイゴラト族等に候。伝ふる所によれば、彼等は博覧会閉期前にその本国に還らざるべからずとの事に候、フヒリッピン七、八人は既に死亡いたし候(2)(勿論生まれし嬰児二、三人はあれど)。中にアイヌは概して健在、マラリヤ熱も今は犯し来らず、唯二人極めて軽き脚気症を有するのみに候。

人種学地に於て最も快活によく笑ひよく戯れよく喜びよく楽み、また来訪者を笑はしむるものは亜弗利加のピグミーに候。誰にても日中彼等のテントに来り喜色満面の「黒き子供」を見る時は、憂も悲も嘆も煩も悶も、このテントに来らざるもの、如くに感ずべく候。されど、落日余紅を郊外の森に残し、山の如くに彼等のテントを囲みし群集も悉く去りて後、新月静かに夕餉をあぶる焚火をめぐりて座する彼等を照す時、首を垂れて語少なく思に沈む影を見るは頗る惘れに候。妻子を相去る数千里、安否を問ふの由もなくわが消息を伝ふるすべも無し。余は夕暮に彼等のテントを過る毎に、この一種の哀景に心打たれざるは稀に候。

●人種学地の異種交流

博覧会期も今はその半をすぎて、人種学地の異種も互に遊び互に親しむに至れり。パタゴニヤ巨人も隣村コ、パ族「メキシコ」より弓術を学び、後者はまた前者より投網術「荒馬等を猟する」を習ふ。アイヌの一人もピユーエブロー族にゆきて、南京玉細工(3)を習得し来るあり。パタゴニヤの幼女の日毎にアイヌの小供と遊び、コ、パの老婦人アイヌの新婦の許に来り、畑を指し手真似にて帰国の後播くとの意を示して粟豆の種子を求むるあり。勿論、此等各初代族は「コ、パ及パタゴニヤの双方ともその土語の外に西班牙語を解するを除き」言語皆相異り、一語一句も互に相解する能はず。而も、尚交通相親斯の如し、これ単に人類学上頗る興味ある現象たるのみならず、宗教上の見地よりするも頗る美はしき光景に候。地球の両面の両端より来り、生活、習慣、風俗等一切異るも、ただ異らざる者は人間の情愛に候。愛は解せらるゝ為に言語の相異を妨げとせず候。

●日露戦争の記事

ワシントンよりの通信によれば、去十月ユダヤ暦の新年の説教に、著名なるユダヤ神学者ラビ(4)、ロエブは個人及国民が害悪と不正を改めざる時に、神の罰が如何に下るかの実物教育は、露国におけるキセネフ殺害、プレブ(5)卿暗殺及び日露戦争にありしとし、

「この状態は吾曹及び全世界によりて一の実物教育也。プレーブは鉄鞭を把りて支配せんと欲し、その周囲に死と破滅をひろげんげん《ママ》とせしが、禍は却て己が頭に跳けかへれり。彼は己が播きし種の果を刈り収めざるべからざりし也」

露国の運命に関して曰く、

「古代の希臘羅馬《ギリシャローマ》は一事を欠き、即ち道念之れ也。之れが為に彼等の衰亡は来り、萎微振はざるに至れり、現代世界の一大強国として知られたる露国におけるも亦之に同じ、今にして悔改めず、

神の選びし僕同く神の形に似せて造られ生活と幸福を享受するに、同等の權《かん》を有するものを苦しむを止めずば、露国の運命は全く知られたるものと云ふべし」

又日本に関して

「世界に今日迄多く知られざりし日本は、日露戦争を呼ぶに至りしキセネフの陰悪を罰する為に神の怒の鞭として選ばれたり、神の摂理の手は明白にこの事件によりて示され、文明国民は皆等しく露国の屈辱を喜ぶ、露国の過去の光景は日々傾き此にその終末の始を見る。若しこの断言を嘲るものあらば嘲らしめよ、されどわれは諸国民の運命の公開せる書物より恰もかゝる状態より世界の恐怖たりし最大最強の国民の衰滅を来せしを知るなり」

九月十六日の『セントルイスリパブリツク』もその社説に「露国の敗北原因」を論じて曰く

「露国の薄弱の原因として、露国の観察家等が自ら指摘するものと、米国新聞記者の所説と符合するは頗る興味ある現象なり、即ちその主因は露国貴族の専制にあり、権制厭抑は摂政者を高強ならもむ《ママ》るも人民をして貧しく無学ならしめ、従て国民を薄弱ならしむ故にその結果として人民は政府を尊畏することあるとも、之を愛せざるに至り、貴族は今の戦敵よりも遙かに害ありとなすに至る。よし戦に成功するとも人民は之によりて何等の公益を受くる事無く、勝利は彼等を扶助せざるなり。露国の一記者の云るが《ママ》如く、露兵は日本兵と異なる何等の概念の彼等を鼓吹するものを有せざるなり、彼等は戦の結果如何に心を留めざるなり。……露国は無限の富源と広大の領土と多数の人口と勇敢の士卒を有す、即ち大国民を形成するの一切の資料を有するなり、露国は貴族によりて首理せられたる強固の政府を有す、されど政府の強固は人民の薄弱を意味す、之は米人の露国観なるのみならず露国における勇敢なる愛国者の見解なり。日露戦争は露国の何等貴族に利益を与へざるべし、されど人民は之に依りて裨益すべく、而して政府組織を憲法政治に殆んど全く改革せしむるに至らしめば、露国をして真正の強大国となすに至らん。悲哉、勇敢なるその兵士は露国の薄弱の原因を説明する事の犠牲たり、されど恩恵は犠牲を要し露兵は露国の人民の為め殉難者たり」

〔日付なし〕

【註釈】

（1）第十二信によると、実際にこの講義が行われたのは九月十二日のことである。

（2）フィリピンからは千百人以上の先住民がセントルイス万国博覧会に参加していたが、本国とは異なる気候のため健康を害し、約二百五十人がフィリピン村内の病院に収容された。博覧会期間中の正確な死者数は不明だが、一九〇四年七月から九月の間に十人が亡くなったという（FERMIN 2004）。

（3）「ビーズ細工」を指す。アイヌの参加者がビーズ細工を米国先住民から学んだという逸話については、本書の【解説】参照。

（4）ユダヤ教における宗教的指導者。

（5）ヴャチェスラフ・コンスタンチノヴィチ・プレーヴェ（Vyacheslav Konstantinovich Plehve 一八四六―一九〇四）。帝政ロシアの官僚。日露戦争開戦派であった。一九〇二年にロシア帝国・第二十代内務大臣となるも、一九〇四年七月十五日に暗殺された。

第十二信

●アイヌに関するスター教授の講演

聖路易博覧会人種学講習会は大なる成効を以て九月二十日終了いたし候。博覧会は特別金牌をシカゴ大学に送りて、その成功を紀念する由に候、九月十二日の題目は日本の「アイヌ」にして、スター教授は左の如く結論し、聴者の耳と心を驚かし候。

「白人種は一種の愚なる自慢を有す、彼等は世界は白人種の為に作られ、白人は支配すべく生れたるもの、如く誤信するの傾あり、されど生存競争場裡に於て白人種は日本人によりて代表せられたる更に活気に富める黄色人種に劣る時あるやも知れず、然り劣れる時ありき。即ちアイヌの場合はその適例なり、この白人種は日本人と戦ふてその立場を失ひ将に衰滅せんとしつゝある也、我等白人種は之によりて大に学ぶ所あり、愚なる人種自慢をなさゞる様すべし」

九月十七日は「日本人」にして、人種学より日本人の特質を論じてのち脳組織に論及し、日本脳は独逸脳と等しきを云ひ、今年初に死せし田口教授（?・）の脳量は六十七オンス七〔約一・九キログラム〕にして、世界最大脳の第二位にありとて聴者を驚かし、更に日本人の教育を論じて

「日本には昔より二重の教育ありき、日本人は常に二重の教育をうけつゝあり、即ち啻に日本流の総ての教育を受けざるべからざりしのみならず、支那の文学道徳の訓練を受けざるべからざりき今日に於て更に然り、以上の外に欧米の教育を合せうけつゝあるなり、日本人にして充分の教育を全ふしPh.D.の学位をうけしものは米独の大学卒業生の百中九十九に勝れり」

とて武士道に例を引き、米独大学出身のPh.D.にして、この記者の如く希臘拉典の詩歌及び仏独英の哲学家、歴史家等を自由に何の苦なしに引照し得るもの幾人かある、之は一種の誇学《*ペダントリー》〔pedantry 衒学〕に類すると云ふものあるも、誇学も誇学するだけの学才なくば何人も試むる能はざるなりと云ひ、更に日本の文明を論じて

「日本の文明はカルチユア《カルチャー》に於て異るも、世界の最も荘美なる文明の第一流に位するものなり」

と云ひ、今日の日本の一危険を警告して

「されど今の日本学生の多くは脳症になやみ、脳神経衰弱、脳貧血、脳充血に苦む、かくて多くの日本智識の花は未だ開くに至らずして散りうする也、之れまことに惜べし、之れ日本の一危

険なり、蓋し人の脳力には限りあればなむり」

講演終りて後、シカゴ大学の男女学生の多くは余の日本人たるの故を以て、ス教授の日本人に対する高値の寄附を賀したり。第二時の「日本の工芸」の講演後、一同は日本政府館及び日本庭園に行き金閣寺にて事務官より茶菓の饗応をうけ、午後学生一同は工芸館に行きて日本の工芸を研究し、此にて日本出品協会より一同は歓待をうけたり。数月の後、学生一同は*興行区《パイク》の「美なる日本」に招かれ、東京佐野氏の出品に係る常州西恩寺の二王門を見て古代建築の研究をなし、此にても日本茶店にて一同饗応をうけたり。ス教授を初め、学生一同は日本人の厚遇を頗るよろこび謝し候。

スター教授は講習会後、万国学芸大会の人種学会に論文をよむ為また地理学会総会の書記として数月滞在、去る二十四日（九月）アイヌに最後の別れを告げ、明秋北海道にての再会を期してシカゴ大学に帰り。翌々日、第十六回のメキシコ旅行に出立せられたり。ス教授は日本の宗教等研究の為、来秋十月日本に渡航半年滞留すとのことに候。

●アイヌに関するマッギー博士の寄書

当博覧会人類学部長マッギー博士は、近頃に"The World To-Day"に人類学部の出品に関して寄書したり、其中にアイヌに関して

「アイヌ若くは『多毛のアイヌ』は日本の初代人種にして世界中最も少く知られたる人種なり、その故国を離るゝもの極めて少なく、恐らくその種族の何人も西半球に来りしこと非ざるべし。彼等は人種学上の難問なり。彼等はモンゴリヤ人種にもあらす《ママ》又マレー人種にもあらざるなり、その身長は短少なるも、その容貌その皮膚色その多くの鬚髯は東洋種よりも寧ろコーカシヤン族に属するを示す。されどその手工。その大袈裟なる儀式。奇妙に発達せる技術上の感念は啻に支那及び日本的なるのみならず、その先行者たるが如し。彼等は単純なる葺屋に住み漁猟と少農によりて生活すれど多くの点に於て博覧会内の各人種中最も優雅にして温柔に且懇厚なる人民なり」

と賞し、更にその人種上の特色を語りて

「彼等はその各種の手工によりて今日迄知られたる世界の何等の人種よりも、攀木獣《はんもくじゅう》の後裔たるを証する、*求心的《セントリペタル》挙動の（すべての挙動皆己が身体の方向に集注す）を最も明に示せり。その『イナオ』と称する一種の木幣を削るに於て、ナイフは常に内方に向けてかき薄き一種の削屑を残す（若し之を*遠心的《セントリフユーカル》即ち外方にナイフを用ゆる時は木片は断切せらるべし）その他日常の挙動習慣はその身体又頭脳の初代的構造に適合せるを示せり」

尚アイヌの鬚髯尊重に論及して

「彼等はまた『サムソン的崇拝』（The Samsonian Cult）――通信者曰ふ、之は米国人種学上にマッギー博士の自製紹介したる毛髪尊重に対する名称なり、メキシコよりのコヽパ族の男子も頭髪を婦人のそれの如く長くするが如きその一例なり――の頂点を示せり。即ち彼等は毛髪鬚髯を勇力と聖清との標号となせばなり、そのすべての儀式に於て社交的なるも宗教的なるも幾度も毛髪若くは鬚髯両方とも恭撫するなり、かくて婦人も（鬚髯を有せざるが故に）その口辺に髭形の文身をなし、礼式の場合には常に男子の如く彼等は之を撫するなり」

アイヌの遊戯に関して曰く

「アイヌの遊戯もまた一種の示啓なり、その歌もまた労作若くは遊戯の身体運動の縁路に外ならざるなり、歌においても音律的の運動は共に多少理想化せる威力、即ちすべての初代の哲学にあらはるゝ不可見世界に集まれる悪力を仮想せる表現なり」

アイヌを人種学部に招きし目的を語りて

「アイヌを当博覧会に撰びしは主として彼等の世界に極めて少く知られたると、又近世日本人の人種的特質及びその驚くべき教練上の発達は、アイヌを外にしては決してその蹟を追究する能はざるを知ればなり、彼等は今や博覧会内にあり断へず見物人并《ならび》に科学者の興味と注意を惹きつゝあり」

又、マッギー博士は"The World's Work"の「セントルイス博覧会号」に、「不思議なる人種」と題する寄書をなせり、その中に博覧会に集合せる人種を分類して

「仮りに便利上種々に分類すれば即ち（一）白人種又は高加索《コーカサス》人種（二）黄色人種又は蒙古人種（三）褐色人種又は馬来《マレー》人種（四）黒人種又は亜弗利加人種（五）赤色人種又は亜米利加人種なり、されどこの分類は不充分なり、何となれば時としては分類者をしてある特種のものをその何れに編入するやを迷はしむればなり、例へは《ママ》人種学者はミンダナオのネグリト、コンゴーの赤色アフリカ人、ニュージーランドのマオリ、日本のアイヌ若くは近代人種の一不可思議なるかの巨大脳の日本人をすら何れの部に編入すべきやを知らざれば也」

と云ひ、遂にアイヌに諭して曰く

「世界人民中最も少く知られたるはアイヌ（アイヌとは『人』の意なり）なり。少数のむしろ例外のものを除きて外は永き年月の間日本の群島に住み、誰一人西半球に来りしもの非ざるなり。実に彼等はその故島を離れず他族と多く交らざる事は、セントルイスに在住する数百の日本人中一人すら合衆国に来るまではアイヌを見し事無しと云ふにても明なり。加之彼等は人種学上の一問題を呈ず、彼等は日本の初代人種なり、されど今は単に北海道に住む、彼等は近世の日本人と何等の血縁を有さず——ざ《ママ》れど祖先的関係を有するやも知らず——体格上よりせばその故島の全く別人種を以て園繞せられあるに係らず高加索人種に類似す、彼等はその身長に於て短少なれど（されどピグミーの如きに非ず）欧州人の如く皮膚色淡なり、男子は『多毛人』と知られし如く多く鬚髯を有し婦人は髭形の文身を口辺になす……スター教授によりて連れ来られしアイヌの一群は以上の問題に多くの光明を与へたり……彼等は疑も無く博覧会境壁の内外に最も温柔に礼儀ある輩なり……彼等の新屋の落成式に当り聖なる「新火」は点せられき、燧石にて火花を出して後多孔の籐片にて火を吸ひ出すなり、これ実にパイプの起原と火の征服に関して一新光明を投ずるもの也《通信者曰ふ、火、ナイフ、車、（パイプは宗教儀式発達に関係あり）は人類最初の発達にして、マッギー博士は人類学部中考古学部にこの歴史以前の発掘物を組織的に出品しあり》アイヌが火を附くるに当り火を吸ひ起すは誰も曾て知らざりし事なれど、之は彼等が仕事を為すに当り器具を身方に引き向くる（求心的挙動《*セントリペタル》）こと世界の何等の人種よりも最も著しくあらはるゝ事と符合するものなり、云々」

かくてアイヌ一群の渡米は、人類学者に多くの研究の機会と材料を供しつゝあり。特に万国学芸大会の開期中には世界著名の科学者の多くはアイヌに来訪したりき、殊にその地理学部人種学部は総員アイヌ村に来り、若くはその会議室に招きたりき。彼等は人類学部のAnthropometry及びPsychometoryに於てウッドウオース博士によりて、身体及び心理の一切の試験を経、又その人種形の塑像も独乙の技工マイヤ《マイヤー》氏によりて製作せられ候。(ニ)セントルイス行によりて、アイヌは初めてその存立を世界の科学者の前に明にしたり。よしその人種学上最後の解決は尚与へられざるも。

●万国学芸大会開催

万国学芸大会(2)は九月二十一日より開会、二十四日大なる成功を以て閉会したり。毎日三十六個の各科の集会同時に午前と午後に開かれしなり。この四日間は実に博覧会の最大の光栄の時なりしなり、そは世界文芸指導者、開発者は此に集合し哲学者、科学者、外交家、法律家、宗教家、美術家、あらゆる学芸の分科はその花を茲に出したればなり。日本よりも穂積、北里、箕作、岡倉の四氏出席各その専門に応じて論文を読まれき。(3)通信者は不幸にして、そのすべては出席するの時間を有せざりしも「近世絵画」部会に朗読されし岡倉覚三〔岡倉天心〕氏の論文をきくを得たり。氏は純粋の日本の袴《はかま》羽織《はおり》、麻裏草履《あさうらぞうり》にてあらはれ、殊の外の興味を以て迎へられき。

集まりの多くの米婦人は〈そのある者は第一の講演者たる独乙の一教授が独乙語にて話せしに失望

して、余に日本の論文朗読者も日本語にてかと気遣はしげに尋ねしものもありき）この服装にてすら余程満足せしが如かり、されど彼等の驚嘆と賞讃は岡倉氏が奇警の観察と評論を、その日本人的なる一種いふべからざるチャーミングの論文にきくに至りて覚へず微笑し拍手してやまず、岡倉氏はその一時間に近き朗読を屢止むるの已む得ざりき。散会の時、梯子段を下りつゝ、多くの婦人等が「見事な論文でした」「驚きましたよ…感服しました」と云ふを耳にはさみ候。

万国学芸大会は、その最終の会合たる宗教部中の「宗教の個人的勢力」及び「宗教の社会的勢力」の論議を二十五日、日曜日午前と午後にフエスチバル・ホールに開きたり。朝の会議には、スコットランドのエデンバラ《エディンバラ》大学の一教授の論文は頗る強き印感を与へ候。午後の会合には、ニユーヨークの米国社会事業協会々頭レベレンド・ドクトル・ジヨシア・ストロング氏[4]は『宗教の社会的勢力』てふ題目の下に、基督教の社会的勢力の見地より、即ち世界の二大要素たる宗教と経済の上に及ぼすキリストの社会的勢力の見地より論じて曰ふ

「神の王国とは一個の理想的世界を意味す、之は単に破滅の邑よりの逃去を意味せざるなり、基督教の社会的勢力は人類の同胞を認識し、物質世界に対して宗教の中に一の新しき場所を形成す。個人を中心として円形を描き来りし神学は之によりて影響を受くべし、今後之は個人と社会を二個の中心点として描かれたる一個の楕円形とならざるべからず。講壇に与へし影響も亦忘るべからず、聖書批評に応用したる科学的方法は多年尊重し来りし真理を破壊したり。今の

過渡の時代に於て講壇は弁解的の位置に立ち、その肯定的の機能を失へり。『われ若し福音を説かずば禍なり』と叫ばしむる骨の肉に燃ゆる熱火を感ずる牧師は稀なり。熱心を欠くは使命を欠く所以也。多くの説教家は何か説かずばならざるが故に説き、説かんとするある物を有するが故にあらざるなり」

論者は進んで近時新英州の五人の牧師と会談せしが、五人ともに再生せば牧師とはなるまじ、又防げ得ばその子をして牧師たらざらしむべしと語れりと告げ、且つ云ふ

「かゝる事情の下に牧師も教会も多くの不安を感じつゝあるは怪しむに足らざる也。悉く合衆国における多数の牧師と教会は今は一変化を望みつゝあり。若し牧師にしてキリストの社会的教訓をその充分の意義に於て採用するあらば、彼等はキリストの福音を是迄全く説きつゝあらざりしとの驚くべき発見をなすならん。かくて牧師は恐らく先づ一種の新らしき更に深く宗教的の実験をなすならん。而して彼等が熱心に与へんとし、又熱心に聴かんとしつゝある人民に一種の新らしき福音を与ふるに至らん、而してこの福音こそ個人若くば社会の日常の実際問題にキリストの教訓を応用するものなれ」

論者は現今の主産事業の革命が、根本的の法則により指導せらるゝ大なる社会組織を造るに至れる

を語り、社会の健康を保持せんとせば、この根本法則に従はざるべからず。基本的の法則とは即ち奉仕、犠牲、愛にして、この三者は即ち神の王国の根本的方則としてキリストの社会的の教訓によりて与へられしもの也。さればこの教訓を採用するは社会の健康を齎《もた》らす所以なりと論結致し候。この論文は多くの注意を惹き起し候。これは米国基督教界の急務を叫破《きょうは》せるものなるべく、又将来に関する一種の予言とみて可なるべく候。伝道界に入らんとする有為の青年稀にして、今の牧師もその子を牧師とするを欲せざる日本の基督教界も、この点に注意すべきと存じ候。

米国青年会はセントルイス青年会直轄の下に、博覧会内オクンピア《オリンピア》通りインデアン丘の下、陸軍兵営の附近アラスカ政府館に隣りて、一個の軍人休憩所を設け、音楽、新聞、雑誌、氷水、書、翰札を備へ陸海軍人を饗応しつゝあり。日曜日夕には博覧会来訪の著名の宗教家、旅行家等を聘して夕祷説教を為しつゝあり。米国各州より陸軍兵は交々来会場内練兵場に操練しつゝあり、時として千人若くは其以上の兵士を見る事あり、所謂軍事的出品なり。ある有名の科学者の小生に語られし所によれば、此度の多大の軍事的表示は以前同博覧会に見ざりし所なりとの事なり。今の米国が昔の平和主義を離れて「軍隊主義」、「帝国主義」に傾きつゝある一現象と見て可なるべくと存候。

万国学芸大会が如何に成効せしかは、大会事務官の一人にして家族の病人なりし為、出席する能はざりしコルムビア《コロンビア》大学総長ニコラス・マウレー・バトラー氏(5)が近頃、博覧会総裁フランシス氏に与へし書面によりても判ぜらるべく候。

「学芸大会より帰り来れる学者の何れもより小生は大会の完全なる成効なりしことをき、、茲に貴下と博覧会事務官にこの大勝利を奏せられしを心より賀すと共に、その学芸の為に大なる貢献をなされしを深く感謝するを禁ずる能はず候、大会に列席せしものは皆此度の会合が一新紀元を作るものなりとは一般の意見なりしと小生に告げ候、若し世界博覧会がこの大会の組織と進捗の外何等なすことなかりしとするも、之のみにてもこの博覧会が万世に紀念せらるべき価値充分に有之候――小生が出席する能はざりし失望の如何になりしかは申す迄も無之候」

然りこの種の感謝状は、九月二十八日ミゾリー州新聞記者総会の席上に左の如く告白せし、フランシス総裁にとりて多少の慰籍なるべく候。

「セントルイス博覧会の如き博覧会を経営するの労力と煩慮は実に非常のものなり、再び余はかゝる世界博覧会を総裁するを欲せざるべし。博覧会が費す金額の多大なるの一例は万国学芸大会を開会するに二十五万ドルを要したり、而してその開会四日間に博覧会が得たる入場料は僅かに四万ドルに過ぎざるなり。金銭、労力、時間の点よりして、聖路易博覧会の如きものは再び世界に開設せらること非ざるべし」

言ふまでも無く、この驚くべき世界未曾有の博覧会の中心たる驚くべき人物はフランシス総裁に候。

局外者の目に映ずる所にてもその多忙多務思ひやられ候。日に幾度が《ママ》思想を凝せる演説を各種の集会にさゝる《ママ》と共に、各外国事務官の不平と訴言に耳と心を与へざるべからず、脳力体力の疲労思ひやらる。その日に幾度も馬車馬を代ふると云ふにても察せらるべし（総裁のアラビヤ肥馬十数頭特に厩舎インデアン丘下に設けられあり）。されど忙中尚閑日月あり、この用務多端《たたん》の総裁、時にフエスチバルホールの大演奏会に夫人と共に出席するを見受け候。

●博覧会における世界一流の音楽

音楽上よりせば博覧会は今その頂上にあり候。そは世界の二大バンド英仏より来奏、且つメキシコの大統領の楽隊も日々演奏してあり、フエスチバルホールの大パイプオルガンは仏国のギルマー氏、世界第一流のオーガニストの光栄を荷ふて三十六回の独奏を続けてあり、尚ビエナのコムサツク氏の博覧会附属の大オケストラを指揮しつゝあるは前便の如くなればなり。

英国楽隊はロンドンより来りしものにて、「グラナデア・カード・バンド」と称す、六十個の楽器よりなれる歴史的の楽隊にして百年の久しき「英国王の楽隊」として知られ国家の大事には常に興り居るもの也。曾て唯一回米国に渡来せしことあり。此回の六週間、博覧会の滞在演奏は、英国王の米国に対する特殊の厚意による、その赤装の楽士は実に博覧会の花に候。

仏国楽隊はパリより来れるものにして「ガアデ・レパブリカネ」と称し仏国政府直轄のものなり、即ち米国の海軍楽隊と匹敵の位置を有するもの也。八十五個の楽士より成る、三十二年前唯一度米国に来りし事あり。多数の楽器より成るの故を以て、会場内十六個の奏楽堂中、器械館花園奏楽堂の之が用を弁じ得るのみ、毎日午後三時と七時半に同花壇に幾千の愛楽者の耳を奪ひつゝあり候。

メキシコより来れるものは泉瀑花園の奏楽堂を用ひつゝあり、之はメキシコ大統領デイアズ氏(6)より特に送られたるものにして、その愛楽国民の誇とする最大軍楽隊、八十二人の楽士より成り同国民の愛賞を惹きつゝあるものに候。

世界有名の最良最大楽隊を同一の場所に同日にきゝ得るは、博覧会がその来訪者に与ふる稀有の特恵に候。

アレキサンダー・ギルマー氏(7)は六十七年前、仏国のボローン・サルマーに生れ、その父は殆んど五十年間聖ニコラス教会のオーガニストたりし。ギ氏三十三年前、巴里の三一教会のオーガニストに選抜せられてより三十年間その名誉ある位置を占めつゝあり、幾度か英国、伊太利、露西亜、米国、西班牙、瑞典《スウェーデン》等に独奏をなしてその名到処に高かり。今は巴里音楽院のオーガンの教授たり、又巴里の「トロカデル」のオーガニストたり。氏は又即席の興樂（improvisation《即興演奏》）に妙を得、この技能に於て世界中氏に匹敵するもの無しとなり。氏は過去二十年間特にこの技を修めたり、氏は「近世のバック《バッハ》」として知られバック楽を忠実に紹介しつゝあり。丈あまり高からず身あまり痩せず、満頭の白髪、下顔の白髯更に一層の光栄をこの大音楽家に添ふ。年七十に近くして而も一度オーガンの前に立つや活気遙かに少壮を圧す、二人の助手常にその左右にあり、世界最大最強の大パイプオーガンもこの大オーガニストの手に触れて初めて満足せしなるべく候。

九月十二日、博覧会音楽部はギ氏を迎へて、その第一回のオーガン独奏会をフエスチバルホールに開きたり。会せるもの四千人に近し、堂上堂下殆んど余席を見ず候。当夜は充分にギ氏の技倆《ぎりょう》は発揮せられしが如し、プログラム九曲は万国的にして独逸のバック、米国のアーサーフート、仏国のギルマー（ギ氏の自由曲）、英国のウエスレー（ジヨン・ウエスレーはその大叔父）、バーバリアのパケルベル、伊太利のエンリコ、ロシ丁抹《デンマーク》のマチソン、ハンセン、白耳義《ベルギー》のジヤツケス・レムメンスなり[8]。他の一曲は、ギ氏自らのイムプロビセーシヨン《即興演奏》にして、右曲終る毎に拍手止まず、ギ氏をして二度三度若くば四度も席を離れて会釈せしめき、技倆も茲に至りては「音楽の化身」の如く思はれ候。

十月二日、日曜日午後四時よりギ氏はフエスチバルホールにて仏国オルガン楽の歴史的演奏を与へたり。即ち、十六世紀のヂヤンチテロツ、十七世紀のエフコーペリン、マトシヤー、グリーコー、クレランボー、ダカー、十八世紀のボエル、十九世紀のチヨーベー、シザーフランク、及び二十世紀のギルマー（ギ氏自身）すべて十二曲。博覧会音楽部プログラム長クルーゲル氏、一曲毎にその歴史的発達変遷を説明せられたり。若し充分に音楽的素養あらば、余は余が現に楽しみしよりも更に多く楽み得しならんと存じ候。日曜日は博覧会閉門、閉館故、この日特に音楽部は特別の無料切符（フエスチバル館の演奏券はプログラム共六十銭に候）を市内に配附し、フエスチバル館の席は開会十分後に空席なく〆切るの已むを得ざる盛会にて有之候。博覧会今の音楽に関して、聖路易レパブリクはその名バンドの指導者の肖像を十月二日の紙上にかゝげて曰く。

「仏国のレパブリカンバンドに耳を傾けよ、曾て聴きし事無き如きマルセーユ曲を聴くを得ん、若し最上の音楽とは如何なるものか、如何に音響の刺繍が英国の角笛より出で来り得べきを知らんとせば、大英国のクラナリアバンドの日々のプログラムを看過する勿れ、若し又如何にアメリカンメロデーが西班牙流に採用せられてタイムもアクセントも全く我等の音楽的見地と異れるものを知らんとせば、バケロが率ゆるメキシコバンドに行け、若し又上品なる軽調音楽を指揮する有名なるビエナ人の方法を知らんと欲せばコムサックがそのオケストラを左右するに注意せよ。博覧会には尚他の音楽あり、然り多くあり、されど若し以上の四者の手になれるメロデーを聴きしならば己に音楽を聴きて足れりと謂ふべし、その指揮者のメソッドはその個人の異れる如く異りて興味あり。ここに掲げたるスケッチは充分にその特性と印象を示せるものなり」

(十月四日)

＊　＊　＊

博覧会に緑の栄を飾りたりし木々の木葉も落ち、今は、はやカスケード花園に咲ける萩薄に秋の月涼しく宿るの時と相成候。新アイヌ村にも粟稗の秋穫を終へ、胡桃の一葉二葉寂しく秋風を翻しつゝあり候。

【註釈】

（1）人類学展示参加者の塑像は、ニューヨークにあるアメリカ自然史博物館の彫刻家・キャスパー・メイヤー（Caspar Mayer）によって五十五体ほど作製されたという（宮武 二〇一〇b）。

（2）英語名「International Congress of Arts and Sciences（万国芸術科学会議）」。同会議のプログラムによると、開催期間は同年九月十九日から二十四日である。

（3）この国際会議に日本から正式に派遣されたのは、箕作佳吉《みつくりかきち》（動物学者）、穂積陳重《ほづみのぶしげ》（法学者）、北里柴三郎《しばさぶろう》（細菌学者）の三博士であった（『東京朝日新聞』一九〇四年十月二十日朝刊）。岡倉覚三（天心）も会議で講演しているが、彼は明治三十七（一九〇四）年二月からボストン美術館の招聘で米国に滞在しており、万国学術会議に出席できなくなったルーブル博物館長の代わりに会議に参加することとなった（楠本 二〇〇一）。岡倉は同年十一月にニューヨークで『The Awakening of Japan（日本の目覚め）』を出版し、それ以後も日本絵画や伝統文化に対する真の理解を海外で広めるために尽力した。

（4）ジョシュア・ストロング（Josiah Strong 一八四七―一九一六）。米国の聖職者（プロテスタント）。「レベレンド」は聖職者に対する敬称で、「～師」という意味がある。

（5）ニコラス・マレイ・バトラー（Nicholas Murray Butler 一八六二―一九四七）。米国の哲学者・教育者。一九〇二年から四五年までコロンビア大学総長を務めた。パリ不戦条約（一九二八年）締結や、カーネギー国際平和財団の活動に大きく貢献した。一九三一年ノーベル平和賞受賞。

（6）ポルフィリオ・ディアス（José de la Cruz Porfirio Diaz 一八三〇―一九一五）。一八七六年にクーデターでメキシコ合衆国大統領となり、長年独裁者として君臨した。一九一〇年から起こったメキシコ革命の結果、フランスに亡命。

（7）フェリックス・アレクサンドル・ギルマン（Félix Alexandre Guilmant 一八三七―一九一一）。フランス北部のブローニュ＝シュル＝メール（Boulogne-sur-Mer）生まれのオルガニスト・作曲家。ノートルダム大聖堂などでオルガニストを務めた。

（8）「独逸のバック」はヨハン・セバスティアン・バッハ（Johann Sebastian Bach 一六八五―一六八五）、「米国のアーサーフート」はエドウィン・アーサー・クラフト（Edwin Arthur Kraft 一八八三―一九六二）、「英国のウエスレー」はサミュエル・セバスティアン・ウェスレー（Samuel Sebastian Wesley 一八一〇―一八七六）で叔父のジョン・ウェスレーは「メソジスト教会の始祖」とされる人物、「バーバリアのパケルベル」はバイエルン州出身のヨハン・パッヘルベル（Johann Pachelbel 一八五三―一七〇六）、「伊太利のエンリコ」はマルコ・エンリコ・ボッシ（Marco Enrico Bossi 一八六一―一九二五）、「白耳義のジヤツケス・レムメンス」はヤーク・ニーコラース・レメンス（Jaak Nicolaas Lemmens 一八二三―一八八一）を指すと考えられる。「ロシ丁抹のマチソン、ハンセン」については、人物詳細不明。

第十三信

●博覧会の日曜日

余はルイジアナ購入博覧会の日曜を好む、絶体的の安息日なり。周廻七各門悉く閉され、幾百の大建築眠れるが如く、各国の国旗もその棟に翻らず、十数万の群衆も見ず、会場内の電車も通らず、客案内の自転車も走らず、広告、客引、強声筒より発する不快の呼声も聞かず、興行区に満州の戦地を想像せしむる「南亜戦争」の砲声も、旅順の海戦をしのばしむる「サンチヤゴ」海戦の水雷発射の音も響かず、フヒリツピン丘上に島兵練操の喇叭《ラッパ》の声もなく、蛮族のトム〳〵音もなし。静寂と平穏は全地を支配して、樹に鳴く鳥の声もきくべく、花壇に飛ぶ蝶のみけふを我ものと談る。泉瀑も飛散やすめば大池にベニス遊船も浮ばず、そが舟夫の以太利《イタリ》語の船歌も聞えず、夕陽斜にエルサレムのオマル回教円塔より洩れて、その余光をカスケードの池水に投ずる処ひとりフエスチバルホールの石段に立つ。「インデアン夏」(1)の好天気すみて心もすむ、周囲の雑踏、喧噪、活動はこの日曜日の平静、寂莫、休息と相翻対して、われは全く別世界に在るの心地し、昨の煩慮も、心労も忘れて、わが霊も肉もここに大呼吸をなすなり。

此ルイジアナ購入博覧会は大活動の博覧会なり、されど一方に於て大安息あるを忘るべからず。前者に古今未曾有の大経営の光栄あると共に、後者が世界に道義的の大教訓を与へつゝあるを忘るべからざるなり。蓋《けだし》は博覧会は営利上の立場より打算する時は、国会の決議に従へる日曜日閉門は、博覧会々社にとりて大なる犠牲なれば也。フランシス総裁は先週ある会議の席上に於て、博覧会にして若し日曜日開会するを得たらんには七ヶ月中の入場料百万ドルは得られしならんと公言したり。されど経済不如意《ふにょい》の博覧会のこの犠牲は、十月十一日より四日間当会場に開かれし「万国日曜休業大会」席上にてこの挙を賞讃し、日曜休業の必要を最も強く最も公に教訓するものなり、との決議案を通過したり。

この日、万国日曜日休業大会には各国の代表者出席し、論文も演説も討議も他の会議に見ざる熱心を示せり。日本より送りし書面も、会議の席上にて書記によりて読まれき。基督教国、若くは伝道母国に日曜日休業同盟会なるもの丶必要あるすら、被伝道国民の眼には意外に思はるべきに、この会議は欧米各国如何にず《ママ》べての方面に於て安息日が破壊せられつ丶あるかを啓示せり。討議とは即ち、之を防ぎ之を止めんとするの建築経営なりき。米国に鉄道負傷事件多く（屢々時としては連日）衝突、破壊等により死傷するもの数十、数百、近頃発表せられし統計によれば、昨年中の死傷者総数は西米戦争によりて米軍が失ひし兵士総数よりも多数との事なり。スコツトランドの一記者はこの事を評して、米国の生涯は日に繁忙に突急に余裕なく、あせぎいそぐ生涯となりつ丶ある一証なりとせり。勿論、鉄路建設の完不完機関師の注意不注意によるべけれど、博覧会開会後、殊に甚し。日曜日休業大会の席上によまれし一論文中、一週一日の休息の必要を論ぜし中、機関師に日曜休業を与へざる場合にはその連日の注意と煩悶とに頭脳つかれて、時としてはシグナルを明に解する能はず負傷事件をかもすことありと云ひき。

●ヘレンケラー日

博覧会は特別の日を設定して特殊の事件、特殊の団体等を紀念し来りき。たとへば「工業日」「運輸日」「独乙日」「天主教日」「ニューヨーク州日」「シカゴ日」等の如し。されど未だ曾て個人を紀念せしことあらざるなり、而かも此に破格の一異例生じ来れり、「ミス・ヘレン・ケラー日」[2]なり。

幼にして視覚、聴覚を失ひ、口また語る能はざる世にも最も不幸なる盲、聾、唖女があらゆる障害と不便とを排して、その驚くべき才能智力に好成績を以てハーバード大学を卒業して名誉ある学位を得、その論文中「楽天主義」に関するものは米国文学に一光彩を添ふるものと認識せられ、啻に米国が光栄とする人物たるのみならず、全世界教育界の驚嘆なり賞讃なり。博覧会の事務官が決議して彼女を招聘し、特別なる紀念を営まんとせしは、この驚くべき盲聾女が多くの常人に勝れる驚くべき成業を讃せんとせしなり。ミス・ケラーは彼女に献身して、今日の光栄をみるに至らしめしその教師ミス・サリバンと十月十六日夜セントルイスに着し、十八日『ヘレ《マ》ンケラ《マ》日』会議館に営まれたり。

如何に米国の公衆が熱心に彼女を迎へしかは、そのプログラム開始一時間前、既に会議館は余席なきのみならず、尺余の空所も余す所なく館前の入口には数百の群衆入場するを得ずして空しく立ち、会館の南北の窓は光線を遮るまでに男女によりてのぼり占められたり。時至りて、フランシス総裁は歓迎の辞を述べたり、

「ルイジアナ購入博覧会を代表してミス・ヘレンケラーに歓迎の辞を述ぶることは、余の光栄と

する処なり、この無数の会衆はミス・ケラーの名声が如何に高きかを示すものなり。余は……ミス・ケラーが博覧会を賞して、その驚くべき経営を描くに新語を要すと云ひしをき、ぬ、されど余はミス・ケラーが驚くべき成業を描くに適当なる言語を有せざるなり」

満堂湧くが如き喝采は此に起りぬ、ケラーのアドレス中左の語ありき。

「わが身は此に賢明なる男女がきく能はざるものを聞かしめ、みる能はざるものを見えしめ、語る能はざるものを語らしめ、心の暗きものに智能の光明を与へんと極力尽瘁してありとの、わが証明をもたらしたり……ルイ《マ》ジイ《マ》ナ購入博覧会は現世界の略史なり、証明せんとして現はれ人が他の為につくさんとする尽瘁は最も著く茲に表明せらる。是らの壮大なる各館にみうるものは世界はわれらの見方なるを示す、科学と自然と技芸はわれにつけて曰ふ『汝は聾者にしてまた盲者なり、されど汝もまた神の国に入れよ』と、願くは神、子女に教育の道を備ふる国家をめぐみたまはんことを」

されどミス・ケラーは、是等の語を自己の口より明にされど、低く語りしも己が耳は己が語れる所を聞く能はざるなり。何たる悲痛の事ぞや。

ワシントンのカラウヂット博士、及び電話機の発明者たるアレキサンダー・グラハムベル博士の演説あり。(3) 後者は一聾生によりて多く列席せる聾生に手真似語によりて通訳せられき。唖生たりしミス・ケラーに語ることを教へし、ボストンのミス・サラ・アラー(4)も列席しき。ミゾリー州立盲人学校のオケストラの演奏あり、中にも最も人の心を動かせしは七才と八才の育児が演壇の上に立ちて、バイオリン合奏せしことなり。而して動かされしは聴衆のみならず、当日の主賓たりしミス・ケラーもその一人なりき。その明を失せる可愛ゆき二人の小供が可愛きバイオリンをもて可愛く連奏せしに、同情、愛憐、賞讃の情交々胸中に迫りて遂に堪えずやありけん、ミス・ケラーその席を立ちて連奏を終へて二人の小供を抱きて接吻しぬ。この時、満場寂として音なく一種厳粛壮重の気場内を支配し、印感頗る深かりき。その瞬間の極めて神聖なりしと共に、又頗るあはれに覚えられき。余は生来かゝる美はしき、而かもあはれなる光栄をみしこと稀なり。

「ヘレンケラー日」は啻に当博覧会の歴史に特筆せらるべき事件にして、一個の光栄の極なりしのみならず、同席する各盲唖生らに対して頗る強き頗る力ある奨励と慰籍なりき。ミス・ケラーは今日までは人に見棄てられ、若しくは常人の如く修養の道なきもの、如く考へられし盲生、聾生、唖生が如何に智能に於て発達し得べきかを、その最上の度に於て表明したればなり。誠に思ひみよ、聾にして盲かつ一度は唖たりし一女がイソップ物語を独逸原本にて味ひ、仏国文学をその原語にて楽むことを。之れ実に近世文明―近世教育の誇たるのみならず、彼女をして此に至らしめし個人、若くは団体の慈善、献身、同情の凱旋也。慈善と他愛は此にその最も光栄ある使命を全ふしたりと云ふべし。彼女の恩人の一人たるヒツツバーグ《ピッツバーグ》のウイリヤム・ヴエード氏(5)は、十八日夜ミゾリー州館のミス・ケラーのレセ

プシヨンの後、人に語りて曰く

「ヘレン・ケラーのその驚くべき智力とその事業とは実に較著《こうちょ》のもの也、されど余にとりては此らの外、尚他に更に著しきものあり即ち、その喜楽なる愉々しき性情とその完全なる女性格なり。世には原罪と云ふものあり、されどヘレン・ケラーを知りてのちは余はこの説を受諾する能はず」

と。十三年前、地方の一雑誌に聾盲の偉才を紹介せしとき、余は我が生涯に彼女に会せんとは夢にだも想はざりき。されど、人生の遭逢予め期すべからず、われ病を得てミシツピー《ミシシッピ》谷に客たり、図らず此の世界未曾有の大博覧会の「ヘレン・ケラー日」に、光栄の極における彼女を見るを得たり。而して最も強くわが心を打ちしは、彼女が驚くべき能力、智力よりもその品性なり、その性情なり。不具者、殊に盲者にて常に一種の沈圧、悲哀、寂莫あり、邪気深く時として嫉妬す、されど一度ヘレン・ケラーをみるものは恐らく誰も彼女が盲者たり、若くは聾女たるを認め能はざるべし。そは、その満面の喜色は内なる望と信とを語り、冬の日の日光の如く啻に自ら温きのみならず、その光線内に来るものをして同じく温ならしむ。

余はミス・ケラーが有する如き、幸福と満足と平和に充てる強きエキスプレッシヨン《表情》を有する婦人をみしこと稀なり、外なる容貌は内なる品性の反映なり。余はこの驚くべき智力を発揮せし盲聾女の霊性の美、更に驚くべきもののあるを否む能はざるなり。一記者はレセプシヨンの当夜、ミス・ケラー

が雪白の服装に満面の喜色をたゝへて客に接せるを見て、

「And eyt' a spirit and bright
With something of an angel light」(6)

の句を想起せしむと云へり。身むしろ繊細、丈普通、挙作頗る乙女らしく、おのが感ずる若くは有する一切の喜と望と平和は悉くその顔に洩れなく霽はるゝ美はしき微笑に凝れり。新聞記者が彼女に呈するに「米国婦人の理想」若くは「優雅の化体」との賞語を以てするは怪むに足らざるなり。

●病眼反映―博覧会所感所見

▲博覧会はコスモポリタンなり、従てバベルなり。試に会場内いづこにても数分間足を止めて立て、汝の右には独逸語をきくべく、その左には伊太利語さゝやかれ、前には北米インデアンのその土語に手真似を交へて語るをみるべく、後には土耳古語あり、汝の傍をよぎるフヒリッピンの兵士は西班牙語を話し、仏国政府館をさしていそぐ紳士の語は仏語なるべく、日本語、支那語、アイヌ語、アフリカ地方語、エスキモー語等あらゆる国語は、その人生の異れる人種の異れる博覧会の来訪之によりて語られつゝあるなり、同し人間が何故に何時いかにして異れる言語を話すに至りしかをあやしまむ。

▲十月に入りて気候涼しくなりしと、所謂「インデアン・サムマー《サマー》」の気澄みて晴れたる好天続くと、閉会期の近きしと、農場の収穫の終りしと共に本月は来訪者最も多し。而して来訪者の十分の七は田舎者なり、東京に来る田舎者の如何に当世流の服装をなすも、その田舎者たるを覆ひ得ざるが如く、此処にては田舎者一見にして認めらる。此らのものはアイヌやら、日本人やら、フヒリツピン人やら、インデアンやら、エスキモーやら区別する能はざるともがらにて、屢出品監督者をして答弁につかれしむ。而して朴訥、真率、真個の米人性を彼等の間に発見し得べし。

▲十七名の日本芸妓「美なる日本」に雇はれしもの、道徳上必要と認めて日本政府事務官は還さんとするもきかず、今日は日米間の一問題となり新聞紙は日々その記事、彼等の写真を掲げつゝあり。日本政府園に丹精を凝らして培ひ来りし菊花、この秋は恥ぢてセントルイスに開かざるべし。

▲若し「誘惑」その最も強き、最も美しき、最も新しき形に於て知らんと欲せば、セントルイス博覧会内の長き一哩余の「パイク」（遊興区）に往け。目の欲、口の欲、耳の欲、心の欲は、最新科学的応用と最美（?）の各国婦人と音楽と舞踏とその他にあらゆる興行によりて排発せらるべく、排発せしめんとつとめつゝあり。金銭と情欲は此にその最も激烈なる争闘をなしつゝあり。人は此に道念を失ひ、自制を失ひ、自尊を失ひ、礼儀を失ひ、開化も野蛮の区別も群衆大波中に巻き込まれ、喧騒と雑踏の間に没却せらる。欧州の紳士も米国の淑女もフヒリツピンの蛮族、アフリカのピグミーと異なる所なき也。而して曰ふ、大博覧会はこの種の遊興区なくして決して成効せずと。人は到底アダムの裔なり。

▲七尺五六寸の長男、仁王に等して肥男、三尺に足らざる小男、片手のもの片足のものあらゆる不具

のものは、誘客の機関――遊興区に雇用せらる。墓下の母きかば泣かん。
▲余の最も心を動せし人物二、三あり。一は日毎の博覧会のプログラムを売る十四五才の駝背の小児の何時の頃よりか、何によりて余が毎朝新聞紙を求めて出づる毎に会釈するものと。七十を越へたる老人の毎朝開場前に塵箱の各所に投けあるに係らず、青芝の上に紙屑、弁当屑を投げすてたるをあつむるものと。八十にも近き貧にやつれし老婦人の、会場内来往の繁き四辻に立ちて鉛筆板本を手にしてあはれげに言なく訴ふるものとなり。
▲アイヌの同族なりやと問はれてよろこばざる日本人多きが如く、アイヌは白人種なりと人種学者の説を聞きてよろこばざる白人多し。
▲余の日本国における職業を問はれ、神学研究と答へて嘲けられ冷評せられしこと屢々、この物質主義、金銭主義の今の世にさても気のきかぬ男なりとの意なるべし。渡米熱に駆らる丶日本の青年心すべし。
▲基督教国なればとて講壇、若くば他の宗教集会に列席せば失望するとあるべし。
▲余は去夏、大坂の博覧会における日本人の言動が、如何に外人の前に行動せしやを知らざれども、セントルイスの博覧会における米人を見て、米国を批評する勿れと余に請ひし米婦人多し。余は然かせざらんことをつとむべし。されど上下貴賤の集合する処その社会の一面若くは面各の反映するを如何せん、如何にセンチイブの米婦人なりとて事実を蔽ふ能はざるべし。読者は此らの婦人の要求の下に何者の伏在するかを知らん。
▲余は日毎「君は米国を御好みになりますか」と数十度国自慢の男女より問はる、而して肯定的の答

を予期せる質問者が、答弁者よりあまり媚びずほめざる満足ならざる答を得て、案外と失望に打たるゝ面相気の毒なり。

▲渡米熱に駆らるゝ多くの青年がすべてに於て、米国を理想化せるものが米国に来りて（むしろセントルイス博覧会に来りてと云ふが適当ならん）その理想化せる来観者の大なる打撃をうくる如く、日本愛好の米人が日本の万事を理想化せんとす、彼等は他日、日本へ渡遊のとき失望するならん、日本には菊と桜との外棘もあざみもある也。

▲米国に来りて所謂「ハイカラ」流の感想を抱きて帰朝する能はざ《マ》は《マ》ものは、恐くはその人の不幸なるべし。

▲余は屢フヒリツピン人と過られき、北米インデアンと過られき、また屢アイヌの一人と問はれき。尚問はるゝならん、尚過らるゝならん、閉会の日までに。

▲日本国の茶店に茶を客に酌む日本の給女が、日本下駄を履くを見来りて「如何にしてかゝる木履を穿つか（一種の軽蔑の意を洩して）極めて不快不便ならん」と余に問ふ婦人あり、余も如何にして「米婦人はその長き裾を泥と埃の上を掃き曳く乎」と問はんと欲す。

▲アイヌの女の唇辺に文身せることを見て、アイヌの女は皆髪を有するやとあはたゞしくたづぬる婦人あり、されど余は真個の髪を生ひのびし幾多の米婦人をみたり。

▲人種学講習会のとき講演者は、各初代人種は各特殊の美の感念に応じて「身体変形」を行ふを説明したり、インデアンの染面する（黄、紅、褐等）、アイヌ及びフヒリツピン人蛮様の文身する、又その他族の染歯し頭形を長方形になし、耳朶に孔を穿つ等を例に引証しき、されど欧米婦人がコーセット《コルセット》

にて変腰するを語らざりき。

▲新アイヌ村のアイヌが博覧会における最も愛好を受けつゝあるものなるは事実なり、日毎に果菓金銭の贈物をうけざることはなきなり。その彼らが自ら夜間「パイク」に往くや、各興行主はよろこび迎へて無銭にて見物せしめ、一哩に近き遊興街の各種の遊興殆んど皆見尽くせりとつげぬ、その親切と好意は多謝すべきなり。されど冷かなる批評家は語りぬ、この親切の裏に一種の営利心のあらざれば幸なりと、蓋しこの異容装の男女の一群を招くは、他の群衆を引き寄する所以なればなりと、換言せばアイヌは好意に托して一種の広告に用ひられしなりと。余は人間の道徳はかくまで下落したりと信せざらんと欲すされど、純粋無私の愛を見ること難き世なる哉。

▲アイヌ村に屢出入して、村民殊に村児と親める多くの米婦人若くは米女児あり、あるものは人形若くは指輪、腕輪、首飾、あるものは日曜学校用極彩色のカード、あるものは鮮魚などあらゆる彼等に珍らしく、彼等のよろこぶ品ものをもたらす也。この種の現象には人種学地に於て唯一アイヌ村なることは光栄とすべし。されど批評眼は此に左の六種の動機を発見したり。

(一) 全く己の快楽のみにするもの

(二) 己の彼等に記憶せられ若くは愛好せられんとするもの、換言せば報酬的のもの

(三) 己の誇とするもの、即ち他の友人知己の来るとき、己ははやく既に彼等と親しみ、彼等に認識せられあるを誇り示されんとするもの

(四) 単に彼等を好むより俗にすくによりて

（五）真実に真心より彼等を思ひ愛するもの
（六）彼等の品性の何物にか深く打たれしもの
等なり。第一種のものは小児に多し、第二種上流若くは富める婦人、第三種は交際社会の花たる若き婦人、第四種母となりし人に多し、第五種及び第六種は宗教心深き年老ひし婦人に多く見る。

世の所謂慈善も此等の動機より来れるならん。

▲アイヌ村の二人の幼女は見物人の寵物なり。英語もこの頃は多少解し、また話す様になりたれば、尚愛敬あるとなるべし。彼等を愛して戯れ遊ぶ二人の米少女あり、彼等が別々の時に来らば誰一人防ぐものなく、わがものとしてこの幼女を占有し得るも、時として二人同時に若くは一人の既に占有しつゝあるとき他の一人来るとき、おくれて来るものは先きなるものゝなす所をみて快ならず、わが愛するものゝ、他の奪ふ所となりしかの如く、その眼とその顔とその挙動に不快、嫌悪、嫉妬の強き表情をみる人間の通性なるべし。人情の弱点なるべし。われ人生の悲劇の萌芽を新アイヌ村の柏樹の下にみる。

▲米国の大学生は華厳の滝壷に人生観の解決を求めんとせず「人類学講習会」の講演後フヒリッピン博覧会に雇はれて、強声筒をとりて大呼、その政府特設の無賃電車の客引す。而して喜望満面。

▲この忙はしき競争の強き追欒に急なる、金儲けの多き世の中は米人は人生の厳粛なる方面を考ふるの余裕なきものゝ如し。「人生観」、「人生の帰結」此等は互に手をとりつゝ、腕を組みつゝ、笑ひつゝ語りつゝ、やきつ「パイク」の見世物をあさる年若き米国の男女にはサハラの砂よりも乾燥に、旅順砲壕の

糧弾欠乏よりも無関係の如し。

▲余は日本人の米人に比して、哲学的に詩的に美的に文学的なるやを覚ふ。されど米国における如く生産主義、営利主義の栄え来べき后の時代には彼も梅か枝に短冊つるせしなど、大昔の愚者の戯るゝ如く嘲るのとき来るやもしれず。余は破調破格時世後れ、若くは時世はづれの奇人も社会に必要なりと信ず。

▲如何に金銭主義若くは現金主義が米人の頭脳に先天的に、若くは世襲的に侵入しあるかを知らんとせば余は左の二例にても余ありと思ふ。

夏の頃なりき、博覧会の女主人と云たるフランシス夫人がその令嬢は、人種学地に歴見し新アイヌ村に来れる時、老人サンゲアにその迎へて基本式のアイヌ挨拶をなせしとき、両手を賓客の前に出して三度上下するをみて、夫人は余に「乞金の意乎」とたづねられき。勿論、異種族の異風に慣れざるの故とは雖も、その解註の后に一念の伏在せるを反証するにあらざる乎。

相対する平丘合衆国の種物地園あり、即ち各州の主産農物をその国形に植え付たる興味ある地園なり。その域外東側に小学校生徒の学用畑あり、各二坪許の地に各種の野華を植へ毎日午後一時間余、市中の学校より来りて鍬をとる。余は彼のなす所に興味を覚え屢その学園に訪ひき、一日蕪《カブ》収穫をみき、一小学童手にせる数個の蕪を余に示して「五銭にてよし買はばや」と求めぬ、小学の頭より出づ、現金主義の如何に此に力あるかを判ずべきなり。

▲人種学地に来るものは初代人種を撮影せんとす、多くは好奇の故に人種学研究の為、されど人類学部長の許可を得たるものにあらずば余はアイヌを撮影するを許さず、此は米人の眼には頗る愚にみゆ

るもの丶如し。当部に関係せる税関官吏、余に忠告して曰ふ「何故に撮影二十五センツ（五十銭）をアイヌに払はしめて撮影を許さゞる、さればアイヌ細工の外に儲金するを得べきに」と、多謝するその好意。されどアイヌはその影を売る程、所謂文明化して居らざるなり。或はしか彼等にすゝめ能ざる程金銭に淡かりし監督者は日本武士の遺風をすてざるなり。かゝる血統をうけしものは、恐らく渡米にかなはざるものなるやもしれず

▲あまりに国の富めると、富み易きとは以前の米国人の如き美はしき、よき品性を失ひ失はんとする所以の一なりと、一学者は余に語りぬ。げに米人は二十年前の米人と異れりとのことなり。

〔日付なし〕

【註釈】

（1）晩秋から初冬の時期にあらわれる小春日和を、北米では「インディアン・サマー」と呼ぶ。

（2）ヘレン・ケラー（Helen Keller 一八八〇―一九六八）。米国の著述家、講演家。アラバマ州タスカンビア生まれ。生後十九ヶ月の時に猩紅熱に罹り、視力と聴力を失ったため言葉が話せなくなる。家庭教師アン・サリヴァン女史の指導で、触感術により読み書きを覚えたヘレンは、一九〇四年にラドクリフ・カレッジ（ハーバード大学の女子部に相当）を卒業。フランス語・ドイツ語も修得する。サリヴァン女史と共に、米国各地、欧州や日本で講演し、盲ろう者の教育・社会施設改善のために活動を精力的に行った。

（3）『セントルイス・リパブリック』（一九〇四年十月十八日発行）には、稲垣が記した通りの「ヘレン・ケラーの日」

プログラムが掲載されている。当日は午前十時からプログラムが開始され、ヘレン・ケラー、サラ・フラー（註4参照）のスピーチに続いて、ろう教育者エドワード・マイナー・ギャローデット（Edward Miner Gallaudet 一八三七―一九一七）、スコットランド生まれの発明家でろう教育にも携わったアレクサンダー・グラハム・ベル（Alexander Graham Bell 一八四七―一九二二）などによるスピーチ、セントルイスのミズーリ盲学校（Missouri School for the Blind）のオーケストラによる演奏、カンザス州出身の双子の盲児による演奏が行われた。午後4時からは、ヘレンのためにミズーリ州の盲生徒によるレセプションが開かれ、午後7時からはミズーリ州館においてセントルイスの盲人によるレセプションが行われた（現在では「盲人」ではなく「視覚障害者」という名称が一般的だが、ここでは当時の新聞にある"Blind"という単語が含む意味を尊重し「盲」と訳した）。

（4）サラ・フラー（Sarah Fuller 一八三六―一九二七）。米国の教育者。ボストンにあるホーレス・マン盲ろう学校の初代校長で、ヘレン・ケラーに発声法の指導を行った。

（5）ウィリアム・ウェイド（William Wade）。ヘレン・ケラーの後援者で、一九〇一年には盲ろう者の教育について『The Deaf-blind: A Monograph』という本を出版している。

（6）イギリスのロマン派詩人ウィリアム・ワーズワース（一七七〇―一八五〇）の三十行からなる詩「彼女は歓びの幻であった（She Was a Phantom of Delight）」の一節。

And yet a Spirit still, and bright　しかも尚一つの靈で、
With something of angelic light　天使の光明のやうに輝いてゐる。

（二十九―三十行目・幡谷　一九三五）

第十四信

●銀牌の栄誉

十月二十一日、余は博覧会人類学部長より一通の公牒を得たり。告げて曰ふ、万国審査委員は、余がスター教授をたすけてアイヌの一群を日本よりつれ来り、人種学地に出せしの労を認めて銀牌を与ふる事に決議したり、而してサンゲア老人には銅牌を与ふべしと。(1) 余は病余の身、わが欲するだけ、我義務なりと感ずるだけ博覧会に尽くす能はざりき。この公牒に接して我身之に値せざるを覚ゆ切なり、されど尚之を日本の体面よりして栄誉の一なりと思ひ、茲に之を読者に報ずるなり。因に記す、スター教授は最上賞牌（グランドメタル《ママ》）を受くべしとの事なり。

●オルガン王、最後の独奏会

仏蘭西バンド、英国バンド同時に博覧会を辞して、博覧会音楽遽《すみや》かに寂寥を覚へぬ。されどメキシコバンド尚止り、近時伯林《ベルリン》バンド来着せり。ギルマー氏三十六回の大パイプオルガン独奏に、フエスチバルホールは久しく愛音楽家の「メツカ」たりしが、この世界のオルガン王も十月二十三日、告別独奏なして永く博覧会に別れぬ。

この夜フエスティバラ《ママ》館のプラツトホームは、数十日前このオルガン王の巴里より来れるを迎へし時の如く、緑滴るばかりの棕櫚羊歯《しゅろしだ》にて飾られ、四千に近き席は定刻三十分前に悉く占められて空席無く、後れて来れるものはプラットホームの一部を犯すに至りぬ。ハンデル、レメン、バック及びボシの外にギルマー自作三曲あり、その一「槽」は最も敬虔、清高、優雅にして、幼き救主とマリアと東方の博士に関する物語によりて感興せられし清感を描きて、聴くものをして感に堪えざらしめき。この時恰もフランシス総裁は、その夫人及び音楽部長と他の事務官を伴ひてギ氏に告別せんとて入り来りぬ。ギ氏此に即興曲を奏しぬ、大音小音急調緩調相合し、相離れ聴く者をして己を忘れしめき、その終るや満場拍手と喝采湧き手布をふるものあり、帽を挙る者あり、賞讃頗る強き表証なりき。

この時フランシス総裁プラットホームに現はれギ氏の手を握る。満堂総起立、一は世界のオルガン王、他はこの未曾有の世界博覧会を経営運渉しつ、ある偉人物、両々相携へて四千の会衆の前に立つ洵に一偉観なりき。軈《やが》て総裁は恭く数歩を退きて、ギ氏に告辞を述ぶ。

「数十日の間、貴下の演奏を得て常に満堂の万国的（コスモポリタン）愛楽家を喜ばしめられしは博覧会の大なる光栄となす処。而して貴下、今はその約を終へ去らんとす。会期の終る迄、貴下を止むる能はざるは博覧会の頗る遺憾とする処なり、……今、博覧会が有する建築、塑像、庭池、瀑泉の美は数十日の後に悉く破壊せらるべし、されど一度此に来り此を見し者は、その印感永く滅すべからきる《ママ》ものを得たるならん。而して、貴下が世界最大パイプオルガンにその優絶の技を示されし独奏も必ずその一なるべし、……余は音楽の技を判するその人に非ず、去れど貴下の技能は審査委員を待て知るを要せざる也、……余は切に望む、貴下が再び遠からずして米国に此処セントルイスに来らるゝの時あらんことを」

総裁は、そのいつもの勇々しき凛々しき、荘重にして力ある雄弁にてかく告げて後、再びギ氏の手を握りき、満場拍手起る。ギ氏は之を受けて後、仏語にて答辞を述べき、満堂の拍手また之に伴ひぬ。総裁一行去りて、ギ氏残余のプログラムを奏し終るや、オルガン王の影は大オルガンの横にかくれ終りぬ。されどその美はしき勇ましき、強き崇かき、大なる憐れなる有らゆる情感の、この驚くべき技能と驚くべき大オルガンによりて顕はれし印感、深く深く極東よりの一旅行者の耳底より去るべからず、今も尚響きつゝある心地す。

＊＊＊

書くべき事、書き度《ママ》事多し、されど能はず後にゆづる。秋風寂しく梢を払ふて、落ちし一葉、二葉アイヌ村にひるがへる。

（十月二十五日の朝、セントルイスにて）

【註釈】

（1）セントルイス博覧会人類学部・人種学部門（Section of Ethnology）展示における「アイヌ・グループ」の表彰は以下の通り（本書「解説」の付録資料三二三頁も参照のこと）。

大賞　フレデリック・スター
銀牌　稲垣陽一郎
銅牌　長老サンゲア

（HEWETT et al. 1905）

第十五信

●宗教的プログラム

博覧会閉期に近きて、漸く宗教的趣味のプログラムを見に至り候。今日までは工業、技芸、政治、社会、科学、音楽、軍事等に関し見事なる盛大なる表彰を為したりき、されど殆んど宗教的の分子を見ざきり。物質的文明は科学のあらゆる分科工芸あらゆる範囲に於て、この未曾有の博覧会に現はれありき、されど余は之と同時に心霊的、若くば精神的方面の発達進歩を示すの至当なるを思ひ居りき、即ち過去数十年は世界伝道上の著しき時期なればなり。

当博覧会、シカゴ博覧会におけりし如く宗教大会をなすの計画を棄て、特別の宗教的記念日を制定して博覧会のプログラムに加へたり。過日「天主教日」は、数万の信者と教職によりてフエスチバルホールにて守られき。十月中旬には「組合教会日」(1)あり、当国同協会の首領来会ボイント博士は「現世界における教会の領域」、シエフハソン《ジェファソン》博士は「教会と人間通有の要求」、ライマン・アボット《アボット》氏は「現世界における組合主義の領域」等の演説あり。博覧会は秘書スチーブン《スティーブン》氏を遣はし、歓迎の辞をのべしめたり。会衆の千人に充たざる様見えしは、他の集会の満堂立錐の余地を残さゞるに比して、宗教の事は人の興味をひく尠《すくな》きやう覚えしめき。この日配布せしプログラムの両面に、組合教会生誕当初よりの偉人物十六人の肖像をかかげありき。而して新島襄氏(2)の肖像のミルトン、クロムウエル、ビーチャー、ムーデー、ブシユネル、ホプキンス、ブラウニング、ストー夫人等の列に加へられありしは、極東よりの一旅行者をして何となくこの大会に参聴して肩身ひろく覚えしめき。

●内国諸伝道会社日

十月二十九、三十、三十一日は「内国諸伝道会社日」にして、特にルイジアナ購入地方における過去百年間の伝道事業を記念するにありき。国内総ての教派を代表せる偉人集合せり。而して、この集会の前者に比して会衆の更に少数なりしは通信者をして失望せしめたり。第一日には当地のタツトル監督、及びプレスビテリアンのニコラス博士は一場の演説をなしき、そのプラツトホームに列坐せし百余の代表者、即ち牧師、学者、教授、伝道会社事務者等の多くは白髪の人なるを見し時、而してその白髪は多年主の為、人の為に尽瘁せし栄の冠なると思ひし時、余は一種の奨励を与へられし様覚えき、タツトル監督は最年長者なるがこの席にてもしかありき。

この会席の議長たりしトムソン博士は、開会の辞中に云ふ

「博覧会に於ては人智人能によりて成遂せられし物質、若くば科学の進歩発達を表彰しつゝあり。之れ実に驚くべきものあり、されどわれらはこの物質的の開明を驚嘆すると共に、他方に於てこの間に心霊的伝道事業の発達進歩ありしかを紀念し感謝するの頗る至当なるを信ず」

フランシス総裁は自らこの席に臨みて、歓迎の辞をのべき。二日目の大会に於て、浸礼派《バプティスト》を代表せるシカゴよりのローレンス博士は、その演説の結尾に同派の立場は科学研究、人種問題及び社会問題解決にありしとし「米国は半異教国若くば半基督教国たる能はず、全く異教国となり終るか、否からずは全基督教国とならさるべからず」とデサイプル派《ディサイプルス》を代表せる聖路易エバンゼリストの記者は、同派の沿革史を朗読して後その結語に「今日最も米国の要するものは更に強大なる海軍にもあらず、陸軍にも非ず、また商業の拡張にも非ず、又更に多くの大学若くばコレッヂ《カレッジ》にも非ずして、暗の勢と悪の大軍に抗して戦ふべき各教会の合同にあり。われらが互に教派の障壁をたつるに力を尽くしつゝある間に、罪悪と公徳の腐敗は大洪水の如く迫り来りて、法律習慣をも浸し終れり。キリストは今各教会を召して聯合《れん》運動をなし、我国を召して神を知らざる国民の運命より免れしめんとしつゝあり」と云ひき。

ルーテル派伝道会社を代表せるバルチモアのハートマン博士は、その熱誠の溢れし演説の中に曰ふ「米国が誇るその大農作のうしろに、その大商業のうしろに、その諸大学の光栄の後に又その下に、護りたる隠れたる宣教師の働あるを忘るべからず。彼等の尽瘁の価値は、げに数ふべからざる也」。ダッチリホームド派《オランダ改革》伝道会社長ブレット博士は、その伝道事業をのべ来りて後、その派には多くの有力なる政治家を出せしを語り、現任大統領ルーズベルト氏もその教会員の一なりと云ひし時、満堂に拍手湧きぬ。

此席に列し、彼等の伝道事業の中心となり動力となりつゝある人々の所説をきゝ同時に示されし各自の熱誠の著しく演説の終始を一貫して現はるゝを見て、会衆の少きに失望せし余は「この熱誠あり

勝利期すべし」と独り心に叫び、大パイプオルガンに導かれて会衆と共に

「あまつみつかひよ　耶蘇のみなの
ちからをあふぎて　主とあがめよ(3)」

と最も心強く歌ひて後、インデアンサムマ《サマー》の夕まぐれ、暮煙フヒリツピン丘に靉く処、帰途を急ぎぬ。

●米国聖公会総会

十月の初めよりボストンに開かれし米国聖公会総会に、日露戦争の傷兵の為に特祷をなすを建議せし当市の昇天教会のウインチエスター牧師も先週帰市したり。聞く所によれば、カンタベリー大監督の来米は米国聖公会歴史に稀有の事にして、大監督が会議中常に大なる熱心と興味を以てその討論をきゝ、特に代議院の制度には注意をせられしもの丶如く、英国教会は之によりて学ぶ所ありとの異なり。大監督は至る所に歓迎せられき、この来訪は英米聖公会の交誼を更に深くするものなるべし。

永く愛楽家の賞讃を博しつゝありしメキシコバンドは、遂に告別演奏を十月末フエスチバルホールに演じ、フランシス総裁の別辞ありき。残るは唯、独乙バンド、ウエイルバンド、米国陸軍バンド海軍バンド、及びフヒリツピン軍楽隊のみと相成候。

（十月三十一日）

【註釈】

（1）キリスト教プロテスタントの会衆派（組合派Congregational Churches）を指す。

（2）新島襄(にいじま じょう 一八四三―一八九〇)。明治時代のキリスト教牧師、教育家。同志社大学創設者。元治元(一八六四）年六月、函館から米国船で脱国し、上海、香港、マニラ、ケープタウンを経由して、翌六五年に米国ボストン着。フィリップス・アカデミーに入学し、六六年に会衆派のアンドーヴァー神学校附属の教会で洗礼を受ける。その後、アマースト大学とアンドーヴァー神学校で勉学に励んだ。七一年には岩倉使節団に随行し、米国及び欧州の学校制度の調査を行う。七四年九月にはボストンの教会で按手礼をうけて牧師となる。同年十月にアメリカン・ボードの年次集会で、キリスト教主義学校を日本に設立するための資金援助の確約を得て、翌月にアメリカン・ボードの宣教師として日本に帰国する。明治八（一八七五）年に「同志社英学校」を創設、その翌年には日本基督教伝道会社も設立した。同志社大学の設立の為に奔走するも、志半ばに四十八歳で亡くなる。

（3）『讃美歌』１６２番「あまつみつかいよ（All Hail the Power of Jesus' Name)」。エドワード・ペロネー（一七二六―一七九二）作詞、オリバー・ホールデン（一七六五―一八四四）作曲。

あまつみつかいよ　イエスのみなの
力をあおぎて　主とあがめよ

（日本基督教団　讃美歌委員会 一九五四）

冬（一九〇四年十一月〜十二月）

第十六信

●天長節と祝賀会

外国にて天長節(1)を守りしは今年は初めに候。この日朝来、セントルイスの日本人三百余人、日本政府館に集り、その迎賓館にて拝賀式あり。手島事務官長(2)式を司り候、終て後園の仮設食堂にて日本料理の饗応あり。午後よりは日本園にて祝賀のレセプションあり、二千人余の各国の貴顕淑女《きけんしゅくじょ》来集、フランシス総裁もその中にあり候。彌《いよいよ》高く且つ多く掲げられたる日章旗は、今日初めて公衆の前に出されたる長日月《ちょうじつげつ》丹精を凝したる日本の菊の色香と相待ちて、一種何とも言ふべからざる愛国の念を異土の邦人の心に起さしめ、百一発の日本花火は大に博覧会見物の注意と喝采を得候。金閣寺館及臺灣《たいわん》館にては茶菓、食堂にては立食の饗応あり、他に福引は大に来賓を喜ばし、中には年若き米婦人の日本人の下駄を得て大自慢なりしをも見受け候。朝の拝賀式にはアイヌの或者も列せり、之は天長節の歴史に未曾有の事なるべく候。

伏見宮殿下(3)、今既に華聖頓《ワシントン》に在らるべく、月末は当博覧会に来着せらるべく、日本園は再び更に盛況を呈すべく候。去る八月再選せられしルーズベルト大統領も、二十六日には当地に来訪するとの事に候。

●小児遊戯園での歓待

独身夫人の最富者にして慈善事業、殊に青年会事業に同情尽力せらるゝミス・ヘレン・グールド(4)は博覧会に来訪、「軍人青年会天幕」にてレセプションありし外に、去八日模範小児遊戯園にてミス・グールドは各国の小供を迎待せられたり。アイヌの小児もその中にありき、英愛米仏独を初め、土耳古、シリア、埃及、エスキモー、支那、パタゴニヤ、比立賓《フィリピン》、印度、アイヌ等のあらゆる服装、肉色、言語、風俗のものが交々主婦人の手を握りき。この名高き婦人、その生涯に幾度かレセプションに列せしやも知れず、されどかゝる興味ある小さき客をうけしことは初めてなるべし。然り、単にこの慈善婦人の個人歴史に未曾有なるのみならず、レセプションの歴史にも初めてなるべく候。

●アイヌと米人の交流

アイヌの好評なるは、監督者にとりて頗る面目を施す次第に候。十月より本月に入りて各日曜日午後はその同情者、若くは愛好者より、その私宅にて饗応の引続に候。是程米人、殊にその婦人より愛好せらるゝ者は、固《もと》より人種学地にありて比類なく候。かくて北海雪深き処、茅屋小屋の炉火に粟稗あぶり（勿論日本流の生活をなせるアイヌは多けれど）つゝありしものが、聖路易にアメリカ食卓に列りてナイフ・フーク《フォーク》を用ゐ、苫の上に踞坐《きょざ》せしものが、米国最新の流行に従ひ数寄を凝せしパーラーのソフアーに身を倚せて、その豊かなる髭髯を撫する様相成候。読者は之をきゝて如何の感を生ずる、米は好待なりと云ふか、然らん。アイヌは米に愛せらるゝだけの或物を彼等の品性に有するなりと云ふか、然らん。米人の好奇心も幾分交りあらんと云ふ乎、それも然らん。而してその同情者、愛好者の多くは、一々彼等の名を呼びて来り、各その好み愛するものと語り、又来る毎にみやげものを齎らすなり。アイヌも今は可なり英語を語り、又解する様なりたれば、それ等のアイヌの友とアイヌの交情に一段の興味を得るものならん。

舌切雀の昔噺にはあらねど、土産物積んで山をなすとは夢語にはあらず、新アイヌ村の場合は米人より贈られし諸種の贈物を合せば、帰村後、一米国勧工場をアイヌ村に設け得べしとは、大胆なる放言に非ざるべく候。その日本人と異りて遙かに交際的に、楽天的に友誼的なるは、その温柔にして礼儀ある、(少なくとも当所のアイヌは)殊にその容貌善く且つエキスプレッション《表情》に富るは、日本人の如くストック《ストイック》流にして喜怒色に現さず、常に真面目に厳粛に沈着なると翻対して、米人殊にその婦人の愛好に投ずるに因なるべし。

半年余の間共に在りて我アイヌに対する感想は、多少彼等の米人等が抱けるものと異なれど、余が始《ママ》めてアイヌ村に旅行して数日の滞在と同行に、アイヌの殊にその善性の婦人より受けし極めて強く、且つ一種新なる感想は、今米人及び米婦人等が聖路易新アイヌ村に彼等を見て受けつゝある感象と同一のものたるべし。余は前信に紹介せしマッギー部長の一女友の讃語の、この点に於て過らざるを見るなり。

●アイヌと「文明」

勿論、基督教の感化は新アイヌ村のアイヌの性情、及び品性に多少の光明を与へたるべけれど、非信者の多くもその善性好情なるを見るときは、その人種的特質の一として彼等が斯の如く人より愛好せらるゝ、或物を有するなるべし。ある人種学者は之れ被征服者たるの表証にして、進歩的ならず、野心なく大望なく競争心なく、屈従静伏の結果なりと云へり、或は然らん。されどマッギー部長は十一月十一日夜、市内南部自修倶楽部に、アイヌに関する講演の時『彼等は基督教感化に超然として、而も基督教的精神に最も類似する道徳を修得せり』と賞称しき。若し之をアイヌの人種的特質として、尚彼等の中に狡猾詐詭のものを発見する時は、その多くの場合に於て彼等が日本人と接して得たる悪感化なるやも知れず。不正の日本商人が当初、彼等の無智無学とその柔性温情に乗じて、あらゆる不正の手段を施し、土地獣皮その他の家財を強得せし等、最もその責を分たざるべからず、下等の日本人労働者と交りつゝ得たる悪感化も亦大なるべし。

アイヌに関するオーソリチー《オーソリティー》と認めらるゝ在北海のバチラー氏が、アイヌ人種廃滅の原因の一として指摘せる酔酒癖に関しても、彼等は固より粟稗より造れる泥酒を有せしも、それに勝りて好み、一旦得ば止むるを知らざる日本酒を紹介せしものは誰ぞや。彼等の弱点に乗じて相当の金銭を払ふ代りに酒を与へ、その酔に乗じてアイヌ物産を殆んど半ば奪取するを常とせるは日本人にあらずや。アメリカ印度人《インディアン》に麦酒《ビール》、ホイスキー《ウィスキー》等を紹介せしは米人なると同一なり。アイヌに梅毒ありと聞きて驚かざりし米国の人種学者は、余に告げて米人と交際せざる前はアメリカ印度人に梅毒無かりしと云ひき。

かくて、所謂劣等人種は文明人種と接するによりて、その恩澤《おんたく》の外に多の悪穂を附植せられ、遂にその民族の廃滅の起因を惹起すに至る、これ一種の人種学者が人種学の立脚地よりして「文明」なるものに抗議する所以の一なり。

〔日付なし〕

【註釈】

（1）四大節の一つで、天皇誕生の祝日。明治天皇の誕生日を祝い、十一月三日にはセントルイス万国博覧会内でも「天長節」が祝われた（本書【解説】参照）。

（2）手島精一（てじま せいいち 一八四九―一九一八）。明治から大正期にかけて活躍した文部官僚・工業教育家。日本の内国勧業博覧会や海外の博覧会の日本出品に深く関わり、日本の産業近代化に貢献した。手島は沼津藩士・田邊直之丞の次男として生まれたが、十二歳の時に同藩士手島源太の養子となる。明治三（一八七〇）年に渡米し、ペンシルベニア州のラフェット大学で建築学及び物理学を学ぶ。また、岩倉使節団の通訳として欧米の近代産業について調査。明治七（一八七四）年末に帰国し、翌年から東京開成学校監事となる。九年には同校製作学教場事務取締を兼勤し、同年フィラデルフィア万国博覧会に出品事務担当として参加。明治十一（一八八一）年にはパリ万博に随行し、工業教育の重要性を痛感。帰国後奔走して、十四年に東京職工学校（東京工業大学の前身）を設立する。東京教育博物館長（二十二年迄）を経て、二十三年に東京職工学校長就任。手島はその生涯において、日本の工業教育や子女の職業教育に尽力した。

（3）伏見宮貞愛親王（ふしみのみや さだなるしんのう 一八五八―一九二三）。伏見宮邦家親王の第十四子。明治（一八七三）六年に陸軍幼年学校入学、八年に陸軍中尉任官。三十七年陸軍大尉となり、大正四（一九一五）年元帥府に列した。日露戦争に際しては、第一師団長として出征し戦功をたてた。セントルイス万国博覧会を一九〇四年秋に来訪したように、天皇の名代として度々外遊した。

（4）ヘレン・ミラー・グールド（Helen Miller Gould 一八六八―一九三八）。ニューヨーク市マンハッタン生まれの慈善事業家。一八九八年の米西戦争開始時には十万ドルを寄附した。父は資本家・銀行家として巨万の富を築いたジェイ・グールド。一九一三年にフィンリー・ジョンソン・シェパードと結婚した。

第十七信

●昨秋の北海道旅行とバチラー氏

北海道に旅行してアイヌ村を見、その古老と語り、人種学者所謂「廃滅すべき悲運を有する」憐むべき様を見るものは、之を恤《あわれ》み悲むと同時に、一方に於て日本が啻に彼等の善と益を図る遅く、且少なかりしに比して多くの悪徳を植え、此の温柔の遺民を賊せし甚だしき跡を見るのみならず。他方に於て外国の宣教師が殆んど一生を献げて、この世界に最も少く知られたる人種学上の疑問たる民族の為に尽瘁《じんすい》し、その言語を研究して文典を編み、辞典を纂し、聖書、祈祷書、讃美歌を翻訳し、多くの教育慈善の途と方法を設け、多くの科学上の価値ある書物を出版せるを見ては、深く深く愧《は》ぢざるを得ざるなり。況んや此等の事業は多く日本政府、及び一部の同志者がこの遺民の為に図るに至りしより遠き以前に初められありしに於ておや。アイヌの或者と語りて日本人の詐猾に及びし時、余は屢わが顔をあげ能はざりし、ア、これ我等の一大恥辱にあらざるなきか。

人は多く初代人種を見て獰猛野蛮なりとし之を遇する犬猫の如くす、犬猫の如く待遇せられては人も犬猫の如く言動すべし。過夏スター教授と中央アフリカのピグミーのテントを横ぎりし時、教授は余に語りて此等の初代人種を待つに紳士の如せよ、さすれば、彼等も紳士の如く汝に言動せんと。先秋北海道にバチラー氏とアイヌ村を訪ひし時にも、之を遇するに前述と同一の主義を以てすべき様語られき。勿論、人種に依てその固有の性情に差異あるべけれども、如何なる野蛮獰猛の種族にても「愛」のみは解するを得るなり、又解し得て充分に之をアップリシエート《感謝》し得るなり。アイヌの場合、最もその然るを見る。勿論、彼等は初めより他の初代人種と比して大なる差あるは事実也。

●「新アイヌ村」近信（其二）

人種学地に来訪する科学者並びに見物人が、「初代人種」なる語の下に獰猛野蛮の変貌を描き来るものは、新アイヌ村に足を踏み入ると共に、好顔美髯、恭敬温順なる君子然たるアイヌ老人若くば若者を見て、その全く想像外なるに覚えず「好顔の男子に非ずや、彼の黒き美はしき曲れる頭髪を見ずや、その恭しげなる髭髯をみずや、恰も聖書人物の如し」と大声に呼ぶ婦人をきくは、日に幾十度なるを知らず。そのスイートなる音声、及び温柔なるエキスプレッシヨンを有し、頗る愛情の深厚なるアイヌ婦を見る場合も亦然り。かくて彼等は此に一種云ふべからざる感象を受け、期せずして幾度も来訪し、来訪する毎に中心より出づる友愛の念の表証として、何物か贈物を齎らすなり。されど日本人より見れば、斯く彼等の礼儀あり温柔にして異性なるに似ず、清潔の念を欠くは不思議なり。アイヌ村に旅行せる記者、学者等は皆その旅行記に之を云ひ、その家に入り其に接する毎に、一種不快の悪臭を感ずるはアイヌを知る者の知る所也。之は入浴、洗濯、掃拭する殆んど稀なるが故なり。勿論この点に関しても世界全類中、清潔に於て第一流と公評せらるゝ日本の立場よりすると、米人のそれよりすると多少異なるものもあるべし。そはアイヌと同臭の米人、若くは米婦人を見るあれば也。

扨《さて》、この不潔の習慣は日常衛生に於ても大に関する所あるも、殊に疾病の場合に於ては危害あり、これアイヌ種族廃滅の原因の一に数へ得べし。新アイヌ村にも一病者あり。(1) 数個の聯合病なれど、その悪しき眼疾は数ケ月に亘りて癒ず、日本医の言ふ所によれば、彼にして忠告するが如く清潔にせば、その全癒に要する三分の一にて恢復し得べきにと嘆ぜり。この点に関して、余は彼等の監督者として多く言ふを憚る、又当惑を感ずる事屢なりき。而も多くの人種学者、見物者によりて彼等は人種学地に於て最も清潔なりと称せらる、これ又その好評あり、愛好せらるゝ一理由たるなり。勿論、之は比較的の賞語にして、他の初代人種に比して清潔なりとの意たるや明なりと雖、日本人の眼よりせば殆んど了解に苦むなり。マキム監督が先日茲に来訪したる時、「この村のアイヌは北海道のそれより清潔なり」と監督者に告げぬ。そはマキム氏は自ら北海道に訪ひて、アイヌ村の真状を知れるを以てなり。余は監督者として村の衛生に注意するの義務あり、能ふ限り万事を清くせんとせしも、之は困難なる業なりき、そはある意味に於て彼等の意に背けばなり。

●アイヌ愛好者からの招待

十一月十一日夜、余はマッギー部長の求に応じてサンゲア老夫妻とその幼女を携へて、聖路易市内南方自修倶楽部に行きぬ。部長は倶楽部より博覧会人種学地における各初代人種につきて、講演をなす様嘱せられし也、而して部長は多くの人種中唯アイヌのみを要せられき。百二、三十人の部員(多くは年若き婦人)は、この有名の人類学者が己が学室の器物につき話すかの如く、自由自在に世界の各人種に就て述べ来りて、初代人種に及ぼし遂にアイヌに関して最上の讃語を与へたり。ある意味に於て監督者にとりては、博士の一種の媚言《びげん》を用ひつゝあるに非ずやと思はるゝ程なりき。サンゲア老人は聴衆の前にアイヌの風俗、習慣を実物を用ゐて解明し、一同の感興頗る大なりき。講演後アイヌは、列席の婦人より親情最も温き握手をうけき、この夜はマッギー部長の令嬢も父君に伴はれて来りき。

十一月十二日、アイヌの二人の子供はその母親と共に、市内西部プレヌビテリアン《ママ》教会日曜学校のレセプションに招待せられて列席しき。百五十余人の小童小女の文学的音楽的演芸あり。アイヌの小児はエスキモーの小児と共に当日の主賓なりき。プログラム終りてアイスクリーム、及び種々のカンデーの饗応をうけ、厚情溢るゝ接待を受けき紀念として聖書画を贈られ、母なる人にも紀念の贈物ありき。去らんとする時、主賓一同は正面に立ちしに、当日の司会者なる日曜学校々長サウスウド《サウスウッド》夫人は、生徒一同を集めて三度グッドバイを呼びぬ。これ米国小年小女がその生涯に初めての経験にして、異種族の小賓客を接待し得たる興味と快楽は永くその生涯の紀念なるべしとは、その饗応生たりしウエスタイン夫人は余に語りき。然り、招かれし小賓客も永く友邦の小年小女の好待を忘れざるべく候。

又アイヌに深く同情し愛好する、このウエスタイン夫人は彼等一同を次の日曜日（十一月二十日）午後その私宅に招待せんと欲すと、余に求められき、之はアイヌが受けし第九回の招待に候。福なる哉、極東の遺民、太平洋の対岸に大博覧会に来集せる万国民の好評をうけ、多くの友人知己をつくり同情者を得、各所に招聘せらる。群の一人が今後尚米国に滞留したしとの希望を発表せしも奇しむに足らざるべく候。

されど此らの招待のうち最も彼らの喜びしは、聖路易市クレートン部落(2)(西方約五哩)の一豪家の別墅に招かれし時なりき。その家嬢はアイヌの愛好者にしてその友なり、常に来り彼らと語る、過る日曜日午後、自ら妹君と共に自家の馬車にて来り迎へ、その別荘に伴ひ両親婢僕と共に心をこめて、極東の珍客に接せられき。その附属の果樹園、蔬菜《そさい》園、葡萄畑、牧場とその各種の家畜を見、是等に多くの興味を有する彼等は頗るこの午後を楽み、その家の階上階下の室を案内せられて後、音楽室にて音楽の饗応、ポーチにてアイスクリーム等の饗応をうけぬ。家は高燥なる丘上にありて眺望絶佳、ミシシピー《ミシシッピ》バレー肥土遠く限界のゆるす限り見渡すべし、その地形樹木等の頗る北海道に似たれば、アイヌ等は尚心地よく感ぜしなるべし。夕陽暮煙西に沈みし頃、満荷の野菜ジヤム、ジエリー等をみやげとして一同帰村しぬ。

又、彼等がうけし招待の中、最も彼らの心を動かせしは、市内一法律家に招かれ、その家に行き市内を見物して後、その唖女の教育を受けつゝある、天主教の「シスター」によりて唖生の為に設けられたる、コンベント(3)に行きし時にありき。全院のシスター等は勿論、六、七十もある唖生一同は満心の喜楽を傾けて、極東よりの珍客をうけぬ。院長たる老シスターが、余が日本人たるを唖生に紹介せし時に、一同立ちて会釈し、日露戦争に関して我等の同情は、最も熱く日本の上にあり全勝を望むと、院長の通訳を以て余に告げぬ。渡米後、余は多くの日本に同情する男女に会しき、されどこの時、唖生が熱心なる表情を以て手真似にて右の同情を表せしこの時程、深く我心をうちしは無かりき、アイヌはその後再びこの尼院を訪ひき。

斯の如く、アイヌは普通の博覧会見物人によりて歓待、愛好せらるゝと同時に、彼らの紹介せられて毎日曜日列席する昇天教会における好評も頗る著しきものあり。啻に牧師は屢来訪せられしのみならず、その会員の多くも常に親切に見舞はれ、その度毎に贈物を齎らすなり。而してこの好意は、余が十一月十六日牧師ウインチエスター博士に嘱せられて、市内マルチン夫人の宅に開かれし婦人補助会に出席し、日本伝道事業に関し一場の談話をなせし時にあり。彼等は云ふ、アイヌは啻に忠実に礼拝に列するのみならず、教会内における静粛敬虔なる挙作は我らの教訓なりき、故に彼等がこの地を去る前に聊《いささ》か紀念の物を贈らんと欲す、何物が彼等に最も適するや助言せられよと。かくてアイヌは、唯単に博覧会内に於て好評善遇を得るのみならず、教会よりも斯の如き賞認を得たるは、まことにこの遺種族の名誉あると共に、心霊上の父なるバチラー長老の満足せらるゝ所なるべく候。

昨早朝、新アイヌ村に母女三人の来訪者ありき、夏以来の友人なり。曰く、「我らはバージニアより昨日再び博覧会に還り来れり、而して今朝博覧会に入りて第一に訪ね来りしは勿論（この勿論を強声して）このアイヌ村なり」と、之は単に一例に過ぎず候。畢竟ずる《ママ》に「人」は幾千万点の美器好具に比して最も興味あるものなり。而して、その「人」が曾て見し事なき異風、異語、異俗のものにして、且その性やさしく交り易く親み易く、愛すべきものなる時は殊に然り、アイヌの場合は即ち其に候。かつてアイヌをその家庭に招待して午食《ごしょく》を与へし市内の母女二人は、彼等の帰国近きにありと伝承して、米国のみやげ物を齎らして態々《わざわざ》告別に来りて、アイヌの茅屋の炉辺に彼等と語り、後去らんとするや監督者を顧みて母なる人は告げぬ、「われらは米国にこのアイヌの婦人の如き、純情の婦人を見んと欲す」と。

（十一月十九日）

●病眼所映

▲人類学部属する模範アメリカインデアン学校を訪ねし日本人は、皆その家政科に族するインデアンの乙女を見て、その日本女性に酷似せるに打たれざるものは稀なり。その黒き長き直くなる髪、その黄褐色の顔色、その褐色の眼光、及びその非表情的なる容貌等、類似の点なり。余は屢米人によりてアメリカ・インデアンの一人と誤認せられしよりも、インデアン乙女のある者は日本女性に非ざるかと、日本人を驚かせし方多からん。其等の乙女が日本のバザーに買物に行し時、米人によりて日本女性に非ざる乎と尋ねられし事ありと云ふをも聞けり。アメリカ印度人の起因に関する人種学説中、彼等は土着ならず他よりこの大陸に移住せしものなりとの説を取るもの、中に（一）ベーリング海峡を経て北東亜細亜より来れりとするもの（二）支那人とするもの（三）欧州より来れりとするもの（四）イスラエル十二族裔とするもの（之は虚構）の外に（五）日本人なりとの説を取るもの最も多しとなり、右の現象と思ひ合はすべし。

▲人種学者は日本人の一特質として、その顔面の無表情的Expressionlessなるを挙ぐ。されど之は日本人に限らず、アメリカ印度人、フイリピン人、支那人、朝鮮人、エスキモーも然り。欧米人種の表情的なるはその眼の形状異ると、眼光の異ると、顔面の凸凹多きによる。顔は人心の表情せらる丶所、

而して顔面中その眼は表情の中心なり、アイヌの顔の頗るエキスプレッシヨンに富み、その眼に火あるは日本人に比して、人種学者及米婦人に喜ばる、即ち高架索形の顔相眼光を有するが故なり。
▲日本人の無表情的なるは人種的の特質なり、されど余は幾世紀期のストック流修養鍛錬、喜怒色に表はさざるを勉め、且つ学びし結果の如何程まで影響せしを知らず。欧州人種には顔は表情の舞台なり、日本人の心に泣き胸に喜ぶ、表情的の人種には日本人の喜憂の度を量る能はず。偶《たまたま》多年欧米に住みて多少表情を自然的になす者あらば、日本人は彼を称してハイカラと呼ぶ。
▲日本人は又一層、非発情的の国民Non-demonstrativeと呼ばる、即ち不自然に制情し、若くは匿情するが故なり。而して屢皮相《ひそう》の観察をなす旅行家によりて、日本人は無人情、若くば愛なき国民なりと過り伝へらる。谿谷《けいこく》深き所、何処よりか鶯の声をきく、幽雅掬《きく》すべし之れ日本人の愛なり。紅日濃淡薔薇乱咲蝶之に戯る、之れ欧米人の愛なり。影も形も見えざるが故に、鶯の声は美ならずとする能はず、去れどその情愛の明に表はれざるによりて、若くは表はさざるによりて、谿の細道辿る樵夫《しょうふ》に、折角の初声も聞きずてにせらる。
▲日本が当博覧会に於て、諸外国出品中、独乙の次位と公認せられ、今は全く世界の最大強国の一に数へらるゝに至りしを見て、過去五十年間に日本は一足飛にこの位置に躍り上りし如く信ずる米人多し。されどこれ大なる誤なり、如何なる人種も一足飛に野蛮未開、若くは半開より最上の文明に登躍する能はず、物質的にも、心理的にもぞは《ママ》許されざる事なり。文明の低等、劣等にある者に、俄《にわか》に文明を附植せんとする結果は、その人種の廃滅を来す多し。アメリカ印度人、及他の初代人種の場合之

なり。アイヌにもこの傾向あるやも知れず、蓋し之を受るの素養無ければなり。日本人の場合は泰西文明を受くる前に、数十世紀東洋文明の素養ありたり、日本の国歩の急進は世界の驚嘆也。

▲日本が世界に第一流と認めらるゝは（一）清潔（二）手芸、特に刺繍（三）有礼懇篤。

▲何事も平民的に、若くはデモグラチック《デモクラティック》なるは米国風なり。有名なる大学の一分科の教頭なる一科学者も、市中に梨の立食してその品位を損せざるなり。一婦人教師なりとて余が紹介されし時、彼女は林檎を食ひつゝありき。美装正容の婦人の弁当の立食は、少も珍らしからざるなり、之れも所謂平民的なるにや。日本人は米国人に教ゆべき多くを有するなり。敢て拝米者を戒む。

▲博覧会場の美は多趣多類なり、大建築の美、フエスチバール《ママ》ホール大円塔の美、泉池の美、庭園の美、夜園総イルミネーションの美等その或るものなり。庭園の美に至りては、総ての草花、灌木、青芝より成る、而してその花園の百花、色と香を競ふ間に芋、蓮、紫蘇、亦大根の誇りがにその処を占むるあり。田舎百姓の貴顕淑女の間を闊歩するに似たり、日本にては迚《とて》も許されざるなり。之も平民主義の具体的に表はれし一例か、野菜も米国にては日本にて得べからざる特権を占め能ふ。

▲米国の庭園は線と円より成る、即ち線と円と色の配合なり。或は六角となり半円となり、線円相抱き相携へ相合す、言はゞ人工的卓巾、又は絨氈にみる花模様の如し、自然ならず、時としては文字描かれ、徽章すら現さる。

▲米国の庭園は油画の如し、近きに見るべからず、全体の意匠は遠きよりか、若くば高きより見ざるべからず、博覧会の花園美は美也、されど工的の美なり。花それ自身自然は美なり、この自然美を総

合して人工化す、風韻無く雅致無く詩趣を欠く。

▲博覧会庭園の全搆を見んとせば、「フエリース大車輪」に乗りて三百呎の高点よりか、若くば日々飛揚しつゝある風船に乗るか、又は近日競争中の空中飛行船を借らざるべからず。而してその高所より見下せば、ただ大博覧会内の此処彼処に意匠せる、花毛氈の敷かるゝを見るのみ。

▲かゝる工的若くば円線的の庭園の中にありて、小さき乍《なが》らも一山水をなし、一小自然を現出せる日本庭園の、多衆の愛好をひきつゝある怪むに足らざる也。米国の庭園は、この主義に漸く入りつゝありとの事なり。

▲米国の園には青芝と花なき色草は、主要の位置を占む。

▲秋月澄みし美術館丘の夜に、泉瀑庭園の萩薄は、日本旅客をして古郷の仲秋をしのばしめき。

▲各国政府は博覧会にその固有の建築と装飾と、庭園を以て代表せられあれば、見物人は之等を歴訪して一種の世界旅行をなすを得べし。フエスチバル館の東丘に聳立せる青銅塔を有する独逸館は、十七世紀より十八世紀にかけてフレデリック《フリードリヒ》三世(4)、その皇后の為に建設せる、カーロッテンバーグ《シャルロッテンブルク》城を摸せるものにして、巍然《ぎぜん》たる風姿封建古武士の慨あり。薄桃色の大理石にて、装はれ各種の塑像と立像にて飾られたる仏蘭西館は、交際場裡の花たる若き婦人を思はしめ、質素淡朴、何等風雅無きの煉瓦屋英国館は、厳粛なる英国紳士の風を止め。白大理石の伊太利館は、女性詩人の姿なり。柿色瓦の瑞典館は、田舎の農夫の如く。朱塗の門に金色はめし細き木偶を彫める支那館は、雛人形の如く。「紀元千六百年」と前面に刻せる古色を帯びたる和蘭館は、亡国の士の如し。都市の景色画を館の周囲に

描きたる白耳義館は、田舎娘の厚化粧したるが如く。その他、キユバ《キューバ》、グワテマラ《グァテマラ》、暹羅《シャム》、墺地利《オーストリア》、亜然丁《アルゼンチン》、墨西哥《メキシコ》、ブラジル等、各其固有の建築にて現はる、されど其何れを好むかと訊ねられなば、余は英国館と答へんと欲す。

〔日付なし〕

【註釈】

（1）第十九信に「猟夫クトロゲは夏以来断へず病床にあり」とあるので、ここではクトロゲを指していると考えられる。

（2）ミズーリ州セントルイス郡の郡庁所在地クレイトン(Clayton)。ただし、セントルイス市は独立市なので含まれない。

（3）女子修道会。この時に彼らが訪れたのは、セントルイス市南部でカロンデレットの聖ヨゼフ修道会のシスター達により運営されていた「聖ヨセフろう学校（St. Joseph Institute for the Deaf）」である可能性が高い。このろう学校は、一八三六年にフランスから米国へやってきた六人のシスター達がセントルイスに設立した、耳の不自由な子どものための教育施設で、現在も運営されている。

（4）プロイセン王フリードリヒ一世(Friedrich I・一六五七—一七一三)を指す。ブランデンブルク選帝侯としては、フリードリヒ三世（在位一六八八—一七一三)。一七〇一年に、初代プロイセン王フリードリヒ一世となる。シャルロッテンブルク宮殿は、后ゾフィー・シャルロッテの夏の宮殿として一六九九年にベルリンに建てられた。

第十八信

●伏見宮来訪

一日の終に夕照の美あるが如く、この驚くべき大博覧会の閉会期に近きて、日本天皇を代表せる伏見宮の来訪と、近日再選せられたる合衆国大統領ルーズベルトの来会は、光栄の歴史もて飾られし博覧会が生涯の夕栄なりき。名もなく位もなく何ものも無き一日本人すら、単に日本人なるの故を以て大に歓迎せらる今の米国に、この博覧会に対して、日本国皇帝を代表せる勅使たるの伏見宮が、ワシントン府を始め到処《いたるところ》に歓迎せられしは少しも怪むに足らざるなり。当市一新聞紙は「伏見宮はセントルスキ《ママ》を占領せり」と叫べり、げに十一月十九日午後東方より当市ユニオン停車場に着せり。フランシス総裁、ローラ市長を始め数万の群集、これを擁し歓呼して迎へしを始めとし、五日間の滞在中、市長宅、及び総裁の饗宴、博覧会婦人事務官のレセプション、駐米日本公使の饗宴等、セントルイスは上下に熱湧せり。その歓迎の如何にも熱心にして、日本に対する友誼同情の之によりて反映せるは、他列国の臣民をして羨ましめしなるべく、日本人をして心底よりの一種の快感を覚へしめ、その日本人たるを忘れ喜狂せし程なりき。勅使も亦この歓迎を頗る喜ばれ、又博覧会の壮大の華麗に深く打たれしもの丶如くなりき。

十一月二十一日朝、在聖路易日本人一同は日本政府館に会して勅使一行を迎へぬ。勅使は事務官長よりの歓迎の辞を受けて、「此度は天皇陛下より博覧会へ往く様仰付られ、此に来りしに諸氏のこの歓迎を謝す」と答へられ、一同は茶菓を金閣館にて賜はりぬ。二十二日フヒリッピン博覧会よりの帰途、馬車わがアイヌ村のすぐ後横りし時、茅葺の小屋を見て同乗者と評せられつゝあると見受ぬ。かくて勅使は充分の成功を此に終へ、日米の交誼の深さと厚さに量るべからざる寄興をなして後、二十四日再び東部へ向け去られぬ。この日カナダの総理大臣夫妻博覧会に来れり。

●ルーズベルト大統領来訪

越へて二日（二十六日）聖路易市再び熱湧せり、米国大統領ルーズベルト氏博覧会を見んとて、その婦人令嬢を伴ひて来りたればなり。自用汽車はこの日未明何人も知らざる間に、会場内運輸館側に停車せり、朝九時総裁フランシスは公の訪問をなして後、一行各館を見物せり。到る処群集は大統領を迎へて歓呼するに、氏は帽をあげてその「名高き」微笑をもて之に応ぜり、此間に一種名状すべからざる米国民及び米国政府の趣味を存するを見る。アイヌ一同も大統領一行のその村の背後を、フイ《フィ》ツピン《リピン》村への途上に横ぎる時見るを得たりき。

二十七日の日曜日朝、大統領一行は、市内第二プレスビテリアン教会に列席し、牧師ニコル博士の説教を聞ゝ、博覧会々計トムソン氏宅にて午食。午後は市の公園及び邸宅街に馬車を馳り、夕は総裁フランシス宅の饗応をうけぬ。二十八日朝、運輸館を横りしに、大統領は既にその影を止めざりき。昨夜半、人の眠れる間に東部へ帰りし也。博覧会夕照最後の光栄ば、十二月一日閉会における、フランシス日を守る時にあるべし。而して茲に、此の米国の光栄たり名誉たり誇たりし「ルイジアナ購入紀念博覧会」は全くその終りを告ぐべく候。

●博覧会所感

読者よ、之は余の最後の通信にあらざるべし。余は尚此地を去る前に一、二を送らんと欲す、されど茲に一の告白すべきものあり。他ならず、余は到着日より今に至るまで幾度か筆をしてこの博覧会其自身を描かんとせり、而してその度毎に果す能はざりき。そは博覧会の美と大とは余が憐れなる筆に遙かに過ぐればなり。余の貧しき形容詞は之を描くに足らざれはな《ママ》り、その建築及び庭園の意匠と結構、その各種専門の出品は我乏しき智力の批判以上にあればなり。かゝる博覧会は一度あり再びまたある能はざるものなるべし、故に之を見得しものは大なる特権を得しものなり。之を見ざりしものは大なる損失ならん、余は幸にして開会以前より場内にあるを得たり、而して我得しものは幾何ぞ。勿論われに一定の職務あり、見物に余り時間を費す能はざりしも、帰朝の後何を見し乎と人に問はれて唯茫然たる空をつかむが如き答の外、なす能はざる多くの米国の見物人の如くならんことを恐る。あまり大なり、あまり多きなり、聖路易医学校長は一誌上に論じて曰へり、心身共に健康なるものにても、この博覧会を見終らんとせば少なく六週間を要す。心も身もよわきものは其の以下にて博覧会を見終らんと企つべからず、脳に故障を有するものは殊更なり、蓋し刺激して脳力を費す極めて大なればなりと。然り、之は過言に非ざるなり、一週間若くは十日の滞留にては、唯漠たる概観の多復べからざる也。

一館のみにても（例へば教育館、若くは工　館《ママ》）数日、数週間を要すべし。余の殆んど満足に見得しものは唯美術館のみなり。而して、之に三ケ月余（日に一二時間）を費して尚余が研究せんと欲するに、閉会の期は二日の後に迫れるにあらずや。勿論、病人なる余は多くの注意を払ふに費されず、さなきた《ママ》に群集、雑踏、喧騒と我職務上より生ずる多くの心労は、過労の我神経をに一層過激ならしめたれば、一時間以上の注意と研究を許さゞりしなり。余は到底、この博覧会の美と大を描く能はざるべし、されど此に在りて之を見て与へられし深き印感と、インスピレーションは他日の健康回復後の我生涯に、ある種の形をとりて現はれ来るなるべしと信ず。然りかゝる感想は、単に極東よりの一旅行者の有する処なるのみならず、当国知名の士の此に来りし者によりても、極めてあらはさるゝものなり。過日、総選挙にて副大臣に挙げらし《ママ》フエヤバーン氏(1)も之を言ひき。

然り而して、かゝる一大教育機関、一大世界大学、一大博物館、世界の第八不思議たる偉観、六年半の長日月の経営と、一億万円を価するものが僅かに七ヶ月成立の後に、悉皆粉砕せられんとするは如何に惜むべき痛むべきにあらざるか。之れ一度この大博覧会を訪ひしものゝ、等しく感ずる所なり。大統領ルーズベルト氏は十一月二十六日夜「チロリーン《チロリアン》アルプス」にて設けられし饗宴の席上に、総裁フランシスの歓迎の辞に答へしうちに、この感想を洩せり。

「各館を廻りてその内に陳列されし出品を見、その列国友邦の此に代表せられしものによりて成遂せられしものを見し時、余は唯一の遺憾、最も強く遺憾に感ぜしは、この博覧会の永存せざる事なり、即ち此等の壮美の各館をわれらの子孫に残して、この国の偉人の永久なる紀念となす能はざる事なり」

而して如何にこの博覧会が苦心経営の間に生じ来りしかは、総裁フランシスの大統領に告げし語にて察せらる。

「当博覧会の事業は六年半以前より開始せり、第一に要せしものはこの紀念博覧会を営むに於て、当国民の興味を起すにありき、次にワシントン政府の協賛を得るにありき。最後に之を完全せしむる為に列国の協賛を得るにありき、而して博覧会は七ヶ月に開始せられたり」

この大博覧会の成効は主として「政治家にして事務家にして懇篤なる紳士」たる、第二クリーブランド内閣の内務卿たる、前のミゾリー州知事たる、今の博覧会々長たるフランシス氏の日夜倦まず、撓まざる建労に帰せざるべからず。大統領の勧告あり、聖路易各新聞の総勧あり、市民希望の遂に容られて、十二月一日閉会日は総裁「フランシス日」と定められしは、その当を得たるものなり。フランシス氏はセントルイスの一市民なり、而して市民の愛好厚く人望一身に集まる、ある人が預言者は古里に尊まれずとは、フ氏の場合には当らずと云ひしは真也。

＊＊＊

余は屢思ひき、この博覧会は一大世界大学也。科学、工芸、美術、農林発明等、各種最新最美のもの悉く茲に集まる、各国の人種共に集まる、七ヶ月博覧会の研究は、三年の大学科程よりも更に多くの脳力を費さゞるべからざるのみならず、又多くの体力をも要するなり。そは会場の規模頗る大に、日本の小都会よりも遙かに広大なればなり。而して余は又思ひぬ、誰もこの大学を卒業し得る者はあらざるべし、博覧会に関係せるものは期中滞留せしとするも、一定の職務を有すれば見物研究に時間を多く献ぐる能はず、外来の見物人は多費の故に長日月の滞留を許されざるなり。而してこの大学は既に閉られんとす、余は勿論落第者の一人たり。

＊＊＊

博覧会初以来、最も印心的なりしは宗教的集合にして、何となく物足らず感じ居りし我に満足を与へしものは、十一月二十四日の聯合サンクスギビング祭り(2)のフエスチバルホールに行はれしものなりき。感謝祭を行ふべきは大統領の特別の訓示なりき、博覧会事務官は聖路易市各教会牧師中より挙げられし委員によりて、一切のプログラムは進捗せられたり。

この日朝十時、総裁及び各事務官、各牧師、列国事務官は西部饗応館に会しフエスチバルホールに列行して、十一時半一同プラットホームに現れし時は、市内各教会よりの会員、各都市よりの見物人等四千余人堂の上下にあふれありき。先づ大パイプオルガンの独奏あり、次で総裁フランシスは開会を告げ、大統領の告示を朗読して後、当日の司会者に選ばれしセントルイス天主教会大監督クレノン氏を紹介したり。博覧会歌「西部の讃歌」は五百人の博覧会コーラスによりて合唱せられて後、祈祷あり、「詩百篇」の讃歌は会衆一同によりて歌はれき、荘厳実に言外にあり。感謝祈祷之に次ぎ、ユダヤ教会のラビ、ハリソン、聖馬可《マルコ》ルーテル教会のローズ博士、聖約翰《ヨハネ》メソジスト教会のリー牧師、第二バプテスト教会のボイド博士のアドレツス《アドレス（演説）》あり、国歌「アメリカ」歌はれ祝祈の後、オルガンのポストリユード《後奏曲》ありき。

この集会は、この博覧会の如く会衆の一方に於てコスモポリタンたると同時に、信條に於ても総合的なりき、即ち、あらゆる新教派と天主教に加ふるにユダヤ教を交へたればなり。即ち一年の恩恵を謝するに於て、言語、人種、風俗の異るも等しく神の子たるものが感謝を表せんとて、信條の異同を問はず、一堂に会して主を讃美せる荘厳偉観は、列席せるもの終生忘るゝ能はざる所たるべし。余が此に来り生来初めて見し最も印感的の集会なりき。この会合の如何に著しかりしかは、左の一新聞の言に明也。

「全能者に過去一年の恩寵を感謝せんとして、新教、旧教、ユダヤ教各国民、各信條のもの昨朝フエスチバルホールに会して、厳粛なる讃美を共にしたきり、これ実に当国の宗教的集会の歴史に初めて見し各派共同の集会なりき。……この偉観は実にインスパイアリングにして、次週に閉会せらるべきこの大博覧会の肯当の終告なりき。……これ実に各派信條の異り相容れざりしものが、互に一層近親せる一時期を画するものなりき、即ち神学と信條に於て相異せる各派の有力なる代表者が、一堂に会して共に父なる神を拝したればなり」

当日の第一の演説者たりしユダヤ人ラビ、ハリソン氏も叫びて曰へり。

「この自由土に於て、キリスト信者とユダヤ人が等しく人間にして、共に聖書と普遍の神を恭ふ事を知るは、決して小事にはあらざる也。今ここプラットホームの上には、この市の新教及び旧教の有力なる代表者を見る、即ち獅子と小羊を共に見る。されど小羊は獅子の腹内に在らざるなり。昔はこの二団体互に相抗争分裂せし時ありき、而して両者共に無導のユダヤ人を蹂躙しき、されどかゝる状態は少くともこの国にては過ぎ去れり」

フエスチバルホールに感謝会の終る事、模範小児市街の模範遊戯園にては、博覧会在留の四十五種族の各国小児に「サンクスギビングデイジナー《サンクスギビングデー・ディナー》」の饗応(3)は行はれつゝありき。感謝日の特食たる七面鳥の肉を持ち馴れざるナイフや、フオークをとりてヒリッピンの諸族と、中亜弗利加のピグミーと相対座し、日本極北のアイヌのエスキモーの小供と相隣りて食せるなど、実に何処にも見るべからざる光景ありき。総裁夫人を初め他の貴婦人等、多くこの席に給仕せられき。総裁も臨場して云へり、開設以来幾百度か開かれし饗宴中、この日の饗応ほど興味あり美はしきものは無かりきと。

〔日付なし〕

【註釈】

（1）チャールズ・ウォレン・フェアバンクス（Charles Warren Fairbanks 一八五二―一九一八）。米国の政治家。一九〇四年に、セオドア・ルーズベルトにより次期大統領選の共和党・副大統領候補に選出された。一九〇五年から一九〇九年まで、第二十六代合衆国副大統領を務めた。

（2）感謝祭（Thanksgiving Day）。米国では毎年十一月の第四木曜日が感謝祭の祝日で、七面鳥料理がメイン・ディッシュとして出されることが伝統。その由来は、一六二〇年にメイフラワー号で英国から米国・マサチューセッツにたどり着いた清教徒が、米国先住民から分け与えられた食料と授かった知恵で一年目の厳しい冬を越し、翌年無事に収穫物に恵まれ神に感謝したという史実に基づく。清教徒たちは助けてくれた米国先住民を招き、七面鳥や収穫物でもてなしたという。

（3）一九〇四年十一月二十四日（感謝祭当日）に、モデル・シティ内の模範遊戯園で博覧会内に暮らす子どもたちの為に「サンクスギビング・ディナー」が催されたことが地元新聞でも報じられている。

第十九信

●マツギー夫人と総裁フランシス夫人

長く日本戦時病院に尽瘁して多くの感謝と彰功を得て、ワシントン府への帰途に当博覧会に来訪せる、ドクトル・アンタ・ニエーカム・マツギー(1)に、到着の翌日その夫人《ママ》たる当人類学部長マツギー博士より、その事務所にて紹介せられき。日本にて受けし動章、及びあらゆる徽章はその胸にさげられありき。日本における尽瘁を謝せし時、夫人は満面に薄紅を浮べて喜び、「多くの経験を得て来ました」と語られき。気品、学識共に高き婦人、博覧会に会見せし幾万の米婦人中、稀に見る所なり。越へて数日夫人は部長と同行、我アイヌ村にに来訪せられき。

昨二十九日午後、寒風アイヌ村の胡桃の枝を払ふ時、総裁フランシス夫人は、馬車をフヒリッピン丘下矢尖湖畔にすて、護兵一人をつれて最後の訪問に我アイヌ村に来られき。アイヌ一同の恭しく会釈せるを受けて、余に語りて曰ふ、「か丶る篤礼の種族は実に稀に見る所なり、前回に初めて見し時、強く之を感じき。愉快げにして親切げなる言貌挙作、す《ママ》愛べきを見る」と。多謝す、総裁夫人過分の讃辞は、この日本遺民の深く謝する所なり。

●「新アイヌ村」近信（其三）

されど、か丶る此程の讃辞は、日々無数の来訪者によりて与へられつ丶あるなり、開会当初より彼等は人種学地における見物人の寵族なりき、時を経るに従ひて彼等は多くの友人同情者を得き。此頃に至りて多少皆英語を解し、且語り得るに至りたれば、尚更に愛敬あるなるべし。長き間二人の小供は最も好評あり、来訪者の寵愛一にこの二人のアイヌの幼女に集まりしが、後半よりは弥蔵の年若き「花嫁」（之は見物の好みて呼ぶ所）シラケは「アイヌ村の女皇」にして、その無数の友人愛好者に接するに日々忙はしかりき。甚しきは一群の彼女と語る所、他の一群二群は彼女を後に待つ丶あること屢なりき。諸種の贈物紀念物のこの「女皇」に与へられしもの、彼女の行李にあふる、これ全く米婦人と異り、羞かしげに静かに穏かに心も容もスイートなる所、彼女の冠を得し所以なり。

女皇に次ざ《ママ》て好評にして多くの友人、殊に婦人の友を有するは五郎なり。彼は所謂、抜目無き男なり、怜悧にして群中多くよく英語を解し、且語る、彼は純然たる商人風なり。而して、如何に見物人を遇すべきを知る、殊に年若き見物人を遇すべきを知る、如何にして彼等を喜ばすべきを知る、好奇心に富める米女の彼を好む怪むに足らざるなり。その彼がアイヌ小屋の軒下に小さき店を出して、渡米前少も知らざりしアイヌ細工を、覚束なげにいつにても二人三人、若くは四五人の米婦人の彼の席を与へられて、面白げに之を見、彼と語るを見ざる事稀なり。彼女の一女友の母なる人、ある時余に告げて、昨夕家女のヒリツピン丘より帰途、遅れて日は全く落ち、暗く寂し《マ》なく《マ》り初めし時、矢尖湖畔にて五郎に会し、彼は彼女を電車まで送り届けしと。五郎は最も同化的気質に富む。最も交際的也、最も多く人を知り、人と交る。彼は米国風を知り、米国風を好む。帰朝の後には、或はアイヌのハイカラと呼ばれん。五郎の妻を伴ひ来らざりしは、彼の米婦人間に愛好せらる丶、一理由なるやも知れずと苦言せし人ありき、余は知らず。

弥蔵に至りては全く五郎と反す。彼は群中最年少のものなれど、最も教育あるものなり。見世物的の人物にあらず、一種の威容あり、気品を保つ。アイヌ流に頭髪髭髯を長くせし処、屢々聖書人物画の一に似たりと評せらる。彼は非交際的なり、非商人的なり。五郎の如く見物人の機嫌をとらず、軽忽なる米女の彼に語らんとて来るものも、僅か一問一語にして、その後を試むるを得ず、五郎の店に至る。そは弥蔵は、心中一種の軽蔑を此ら浮華の婦人に抱けばなり、而して時として彼の容貌挙動にあらはるればなり。五郎と弥蔵は、我アイヌ村における好個の翻対なり。一は軽く親しみ易く、他は重く近き難し。

サンゲア老人は半白の鬚髯古老の風あり、見物人は多く彼を呼ぶに『族長』(ペトリアーク)を以てす。その老妻サンツクツクノは最も少く、アイヌ女の美質を毀損せられしものなり。猟夫クトロゲは夏以来断へず病床にあり、その妻シユトラテツクも多く人目をひかず。幼女キンは頗る怜悧、多く英語を語り解す、三歳のキクは久しく見物人の寵愛を専にしき。

されど概して云へば、アイヌ程学者の間にも見物人の間にも、好評ある者は他にあらざる也。先に、人類学部がスター教授によりて開きし三週間の人類学講習会の後、その試験論文に各種族中己が愛好し、且つ最も興味を感ぜしを第一撰とせしめしに、会に列りし十分の九は皆アイヌを挙げしにて知る

（余は初めこの講習会に列りし、時試験をうくる志無かりき、されど列席せし唯一の日本人とし少々激する所あり、後答案をシカゴ大学に提出せしにて同人類学部教頭スター教授より自筆の免状を得たり。されど余はアイヌを第一に挙げざりき）。而して日々来り見るもの、屢訪ね来る彼等の友、彼等の愛好者、若くは同情者は必ず何物か贈物を齎らすなり。病めりと聞きては毛布若くは毛枕を与へ、興奮食料を贈り、果実は毎日断ゆること無く、幼女等が受けし人形玩具は帰村の後、アメリカバザーをその村に開き得る程なり。日本におけるアイヌの状を知る読者は、殆んど之を解するに苦しむなるべし、されど余は、彼等の厚待寵好の状を充分に描く能はざるなり、実にこれ一種の驚嘆なり、一種の不思議の如し、而も事実なり。

而して余は、その監督者自らも見物人に弄はるゝピグミーや、泥酔して巡査の労を幾度か煩はすパタゴニヤ人の監督者に比して、遙かに遙かに幸なるを覚ゆるなり。かく博覧会内に於て好評あるアイヌは、教会内に於ても好評頗る高し。彼等が初めてタットル監督より昇天教会に紹介せられて後、八ヶ月間一度も誰一人も出席せざる事あらず。教会内に与へられし席にありても静粛恭敬なれば、初代人種に似ずと多くの人々の賞嘆を博せしなり。而してこの感想は屢牧師、若くば会員のある者によりて余に示されしが、公にあらはれしは過ぐる日曜、教会の婦人補助会に招かれて、日曜伝道に関して短き一場の話せし時、同会はアイヌの忠実なる列席を賞認して、何か紀念物を贈りたし、何が適当なるかと我意見を徴せられしによりて知られき。而して之は十一月二十七日朝、教会礼拝の後、牧師ウインチエスター博士が会衆に告げて

「夏以来より極東よりの兄姉のこの教会に断へず列席し、その忠実恭敬は久しく我教会員内に、敬虔の念を奮興せしむる一動力なりき、之を賞認して我教会の王女会、及び会衆の或者は紀念の贈物を呈せんとす」

と。彼等は各チヤンセル《チャンセル》に出で、之を受けぬ。一女は感激極りて泣きぬ。之れぞ真に彼等の誉なり、バチラ長老はその信仰の愛児愛孫のこの光栄を充分誇り得べし。余は切に望む、彼が博覧会七ヶ月の滞在は彼等の品性、気風、信仰に何等の毀損を与へられず、即ち当米国及び米国民の或者の間に存する、好ましからざる気風傾向に染らず、返て善かつ美なる者を齎らし、その所見所感によりて同族の開発啓導に資する多からん事を。

●博覧会閉会間近

明日は博覧会最終の日なり(2)。七ヶ月米国の光栄たりし、世界の驚嘆たりし空前絶後のこの大博覧会は、「総裁フランシス日」を営みてその終を告げんとす。我新アイヌ村も此処セントルイスに閉ぢて、村民皆歓喜の中に旧アイヌ村に向ひて出立するも近きにあるべし。われらの一行は多分十二月七日当地を出立ち、十二日バンクーバーを出航するなるべし。

（十一月三十日、夕陽博覧会西門外の空林にその余光を止むるとき）

【註釈】

（1）アニータ・ニューカム・マギー（Anita Newcomb McGee）。第三信の註釈（4）参照。

（2）博覧会最終日は一九〇四年十二月一日（木曜日）。「フランシスの日（David R. Francis Day）」である。

第二十信

●最終の音楽美

オルガン王ギルマン氏の去りて後、フエスチバルホールの大パイプオルガンは尚多くの有名なるオーガニスト（米国内の）によりて演奏せらつゝありしが、博覧会閉会前に至りて音楽部は、特に三回の独奏を英国のオーガニストにして、今はピッツバーグのカーネギー・ライブラリーの音楽部主任たるエドウイン・エイチ・レメーア氏[1]を招聘せり。氏の音楽上の位置は、音楽家の所謂「かのギルマン氏逝くの後は、オルガン王の位は当に氏の頭上に落つると公認せられ」あるものにして、前のカーネギー・ライブラリーの音楽部長フレデリク・アーチヤー氏[2]の死後、その後任者たり得るものは氏を擱《おい》て他に求むる能はずとて、アンドリユー・カーネギー氏[3]自ら特に氏を招聘《しょうへい》せしなり。氏はオルガンに置ける「バデリユースキイ[4]」と呼ばれ、現存の世界第一流の音楽家の一人也。されば、この三回の独奏は、実に博覧会における音楽饗応の最終美なり。一音楽批評家が「若し幸にして、この三回の独奏を聞くを得るの人は、今将に消え去らんとするこの世界大博覧会の、最も心昂り神飛ぶ回想の一を得るものなり」と云ひしも実に理なり。レ氏のメソッドは、唯ブリ、アント（壮麗）の一語にて尽すを得べし。そのオーガンにおける運指の迅速なる、他に比肩すべきもの無く、その奏法極めて鮮明にして爽快に、楽鑠と踏板における技工は、実に大家のそれにして、その最急調曲を奏するに当ては、氏はオーガニストとして驚くべき修得の人たるを示す。啻にそのテクニックの美に於てのみならず、その誌的の興感と驚くべき音調の配整によりて、聴者を喜ばする頗る大なりとなり。

レ氏は千八百六十五年英国ワイトのアルイに生まれ、その音楽上の初課は四十年間以上、ベントノルの聖三一教会のオーガニストたりし、その父より受けぬ。その技驚くべき進歩を示すに於て、ロンドンのフヒンスベリー《フィンズベリー》の聖約翰教会[(5)]のオーガニストに任ぜられ、茲に毎週の独奏に幾万の賞嘆家を集はしめたり、後六年間セフヒールド《セフィールド》の教会に聘せられぬ。この間少くとも三百回の独奏をなしたり。ロンドンに帰りて後は、スローン街の聖三一教会のオーガニスト兼クワイヤ〔聖歌隊〕主任となりぬ。氏の訓練の下に、この教会の唱歌隊は著しき発達をなして、ドボラックの[(6)]『スタバツト・マター《スターバト・マーテル》』、ブラームス《ブラームス》の独逸の鎮魂祭歌《レクイエム》*の如き難曲をも歌ふに至れりとなり。

レ氏は次に、大望あるオーガニストの「メッカ」たる、倫敦の聖マーガレットの楽者の地位を占むるに至れり。此に五年間その「土曜独奏」をなし、この教会をして倫敦に於ける音楽上比類なきに至らしめたり。氏の訓練の下に此のクワイヤは、更に難曲にして余り多く人に知られざるソグネルの『パーシフハル』[(7)]をも唱ふるに至り、コンサート・オーガニストとして氏の名英国に響き亘りぬ。カーネギー・ライブラリーの大アーチャー死後、同館理事員はレ氏をして、その後を襲はしむるに至りぬ。氏は渡米以来、米国及び加奈太の各都市を歴訪し、昨年は南方ウエールのシドリー市顧問より招聘を受て、その市堂における大パイプオルガンに十八回の独奏をなしたり。氏は大博覧会より去後、再び四ヶ月間帰英すと云へり。

十一月十八日音楽部は午後フエスチバルホールに於て、その二十四回のオーケストラシムフホニー《シンフォニー》を催しぬ、而して之は最後のものなりしなり。この日、米国作曲家として名あるミス・ヘレン・クーレン、及び米国有名のバイオリニストなるセオドル・ビーリング《ママ》氏(8)プログラムの一部を演じき、蓋し開会以来この八十二人の音楽家より成れる、管弦合奏の最美最壮の演奏の一なりしならん。余は幾度かこのシムフホニーを聞き、多くの名あるソロイストを見き、されど余は久しくバイオリンソロに飢えき。されど、此最終の演奏会に於て、余はスピーリング氏をみ、その絶妙の技、泣神の音をきくを得て、わが久飢初て此に飽されぬ。その如何に聴者を驚喜せしめしかは、所定の曲をその人のわざならざるが如き技能をもて奏し終りしに、拍手は堂に充ちて奏者の再演を催して止まず、氏は満面の笑を浮べて来り謝せしも尚きかず、拍手は三度氏を堂後より引出して再奏せしめしにても知るべし。氏のプログラムは二回ありしが、二回とも然りき。ス氏は千八百七十一年九月五日セントルイスに生る。音楽教育を伯林《ベルリン》に受け、その妙技は屢ソロイストとして彼地に現はれ、又ヨハネスブラムス《ヨハネス・ブラームス》、バルツ《バルト》、マツクスブルツク《マックス・ブルッフ》等の大家と伍するの栄を得たり。九十二年帰米、四年間セオドルマヌ《セオドア・トマス》のシカゴオーケストラのバイオリニストたりき。

●総裁フランシス日

博覧会最終の日は遂に来れり。而してこの閉会日はこの博覧会の首脳となり、之を経営し運渉し、心労苦慮の間に驚くべき元気を以て、大なる成功の間に閉ぢんとするに至らしめし「プレシデント《プレジデント》・

フランシス日」なり。之れ氏の功労を賞認して、最後の一日を氏に献ぜし所以なり。

閉会式日におけるセントルイス購入紀念碑下の大広場は、無数の群集を以て充されたり。十時半博覧会事務官、外国事務官、ミゾリー州知事、セントルイス市長は、総裁を擁して碑基の壇上にあらはれぬ。閉会式祈祷は先日大統領来市の時、日曜礼拝に参会せられし市内第一長老教会の牧師ニコル博士によりて捧げられぬ。

総裁の閉会演説は開会式の時の如く、雄大壮麗ならざりしも、その博覧会経営の苦心談を聞くに至つて、十七万の群集は全く静まりぬ。総裁曰く

「六年の間、余は毎日六時間以上十四時間、この博覧会の事務に鞅掌《おうしょう》したりき、……初め博覧会解説の議あるや、余はトムソン（会計）を訪ひ先づ之に語りしに、勿論この事業は経済の成功を期し難く、若も収支相償はざる時は、我ら両人にて之を負担せん頗る可しと、斯の如くにして余はこの覚悟を以てこの事業を運渉し来れり、……初めに先づ要せしはセントルイス市の賛同を得るにありき、次にミゾリー州、次にルイジアナ購入地方の各州、次に合衆国各州、次に合衆国政府の協賛を得、最後に列国の賛成を得るにありき。斯の如くにして、この博覧会は七ヶ月以前此に開かるゝに至りぬ。……余はかゝる博覧会は恐らくは再び開かる事無からんと思ふ、そは多大の犠牲を要したればなり……仮令《たとへ》再び設けらるゝ事ありとも、余は再びそのプレシデントたるを欲せず、その経営運渉に関する心労、配慮、苦心甚だしければなり。これ実に余が

畢生《ひっせい》の事業なりき」

この紀念演説終りて後、市長ロラ氏(9)、州知事コッケル氏(10)、及び博覧会々社支配人総代の演説あり、皆総裁フ氏を讃し、その元気その技倆、実に模範的米国人なりと云へり。かくてその功労を賞認する為に、会社より銀器一箱を呈するや碑下に集へる幾万の男女一声に歓呼して、フ氏の名を叫び帽を挙ぐるあり、手巾をふるあり、その熱心その歓喜はフ氏の功蹟の生ける立証なりけり。氏は初め辞せしも遂に其を受けて、余は博覧会開会以来幾百回の演説をなせしも、この時初めて余は出すべき語を有せざる也と云へり。同一の彰功贈物は会計トムソン氏にも呈せられぬ。

この集会は実にフ氏の功蹟を認め之を賞し、之を感謝する好適のものなり。フ氏が無私献己長日月の奉仕は、此に最も強く最も温く、その市民、州民、国民及び列国民の前に公に認められ、而してその声誉の極絶に上れり。最後の一日、今数時の後、夜半十二時を期して会場内の総イルミネーションを消光すると同時に、この光栄ありし大博覧会は歴史とならんとす。さしもに広き大会場、西も東も南も北も押合ひ詰合ふ群集は、開会式のそれよりも勝れり、その数実に十八万以上。我等が人種学地にありても、この日は原人種を見る最後の日にて、この日一度去らば彼等は各その故国に海を渡り山を越えて、地球の両面の端々に帰るべく、帰らば又再び彼等を見るのポソシビリチー《可能性》あらざるべければ、平生相睦み相親める同情の友人は、続々アイヌ村にも来れり。その多くは最後の会見告別にみやげを齎らし、又ある者は別れを惜み手を握て離さず、その眼に涙ある婦人も多かり、アイヌも亦泣きぬ。

曾て彼等を自宅に招きし多くの友人は、皆交々来り告別しき。美しからずや、ア、誰か人情は紙よりも薄しと云ふ、見よや矢尖湖畔胡桃の木陰に、極東の遺民を愛して米人別を惜み、米女泣く。われは、幾多この種の光景の目撃者として感深かりき。

＊＊＊

翌十二月二日朝、会場門外に出でんとして大池の辺を過る。而して見ずや、きのふ《昨日》迄世界の驚嘆たりしこの庭園、六、七時間の後既に池の水は涸らされ、アスハルトを敷つめし場道は、既に破壊せられて出品物運出のトラック敷かれつゝあるに非ずや。美衣軽装花の如く、蝶の如き米女の影は花壇に消えて、鶴嘴《つるはし》を手にせる荒くれ男、既に破壊に着手しつゝあるに非ずや。きのふ迄ミシシツピー河畔に米人の企業を出現せし博覧会の光栄も、一夜の後、けふは粉砕震崩せられつゝあるにあらずや。あらし一度来りて、満枝の紅白一朝にして亡せたるの観あり。昨の群集また見るべからず、寂莫荒涼《じゃくばくこうりょう》ルイジアナ記念碑空しく立つ所、一種悲愁の感を禁ぜざらしめき。固より初めより定まれる事乍《なが》ら、此の光景、大建築、永く保つ能はざるは惜みても尚余りある事なりけり。

●博覧会概観

余は終に、この大博覧会の壮大美麗を描く能はざりき、我筆我智は、この「世界の第八の不思議」を写すに余りに拙《つたな》く、余りに乏しかりければなり。されど今や、半歳《とし》住み慣れしミシシツピー河畔を去らんとするに当りて、我は二、三の評語をこの絶筆に残すを禁ずる能はざるなり。

一、この大博覧会は米国的なりき、徹頭徹尾米人的なりき。即ち今の世に最も企業心に富める米人の創意になれるものにて、その計画の破天荒にしてその規模の絶大に、その結構の斬新なる、米人が企業のポシビリチーを示し、また米人とは如何なる人民なりしやを最も見事に明に、最具体的に表証したり。

二、この大博覧会が一私立会社（ルイジアナ購入博覧会社）の事業たりし事は、人の余りに注意せざりし事にして、最も注意すべき事なり。その一億万円以上を費せしと云ふ内に、合衆国政府より借り受けしは僅かに九百万円余にして、之れすら閉会に先ち悉《ことごとく》皆、大蔵卿に返済し終れり、一民業としては実に驚嘆すべきにあらずや。

三、その総裁むしろ社会の人物技倆の活動は、この大博覧会の驚くべきに劣らず驚くべくありき。ある国に於ては総裁若くば酋長と云へば、寧ろ名誉の空位を有するに過ぎずして、その人物自ら活動するに非ず、されど此にありては全く然らず。プレシデントは博覧会の首脳なり、一切の博覧会の四肢五感、皆彼によりて運転す、この博覧会の成効は即ちプレシデントの成効なりし也。

四、又その功果の点より云はゞ、世界の各国民をして更に相親近せしことにあり。そは現世界のあらゆる文明国は、その代表者とその政府館と出品とを有せしのみならず、未開、半開、野蛮及び原始的の人種すら多く此に集合したればなり、換言せば、この博覧会は現時の世界を現出したる一小世界をなしたるなり。而して、此に集れるもの互に相見相知りて親近せるのみならず、彼我の習慣、風俗、挙動の相違より、互に学ぶ所少からず。又、その工芸、工業の発達に関して比較研究し、更に一段世界文明と人道の為に、寄与するの好機を作りたる事なり。
五、世界人類の四海同胞たるの意義を明にし、之を現実するに於て一段の進歩を与へたり。この点に於て人類学部の創設は、その目的及びその成効に於て、博覧会の歴史に特筆すべき事なり。地球の各端にあるものらが言語風俗の相違を忘れて、単に人たるの故を以て相知り相愛するの美はしき状態を現出せしは、過ぐる通信によりて告げしが如し、即ち人道に於る最も著しき貢献なりき。
六、科学の発達に貢献せしこと頗る大なるものありき。そは最新科学の発明に係る、各種工業、工芸、若くば器械は、皆一々実地に運転活動せられつゝありしのみならず、之に伴ふ専門家の講演ありたればなり、而して万国学芸大会はこの種の頂点に達せるものなりき。
七、最後に最も著しかりし事業は、この博覧会は啻に今に世界が文明に於て、如何なるものなるやを実際に明示せるのみならず、現時世界の各方面に生存せる最劣等の人種より、最高等の人種を単に智力の点に於てのみならず、その体格の点に於ても、生活の点に於ても、社交的道徳の点に於ても、その宗教の点に於ても、進化発達の状態を実物を以て示せる事なりき。且つ之に考古学部の出品を加へて、遠く石器時代より二十世紀文明に至る迄の、文化の発展をたづね得しむるなりき。

●博覧会雑見⑾

▲余は多くの天主教のプリースト《司祭》を見たれども、其の品位の我心を射しものは稀なりき。されど、そのシスターの或者には、その顔透明全く俗気を脱し慾気を去り、慈愛、信仰、希望、平和、同情の極

めて美はしく表彰されしを見き、修養、黙想、祈念の結果なるべし。我はこの種の黒衣白帽の婦人前に立つて、恥かしく思ひし事屢。

▲当博覧会は余りに大に過ぎ、余りに多きに過ぎぬ。之を悉く見んとするは、到底不可能の事なり。博覧会に関係して開期より閉期に至るまで、会場内に滞在せしものは多くの見物の機会を得ず、市外より来るものは勿論、市内に住む者と雖《いえども》、費用の点よりして、又時間の点よりして、永く滞遊見物する能はず、故に己が専門、若くば特に興味を感ずる部門の外、この大博覧会の総てを見尽せし者は恐らく一人もあらざるべし。

▲日本語にして既に英語と化して印刷物、又は会話に用ゐらるゝもの多し、例へば

Shimose Powder（下瀬火薬[12]）
Jujitsu（柔術）
Banzai（万歳）
Geisha-girl（芸者）
Kimono（着物）
Jinrikisha（人力車）
Samurai（武士）
Takamine（高峯博士[13]発見の薬剤）

▲「黒木」[14]「東郷」[15]の名は少年少女にてもよく知る。
▲幸に日露戦争は連戦連勝の故を以て、客土にありても心頗る強く気昂る。市内新聞紙、毎日戦画を掲げて戦線の進行変転を示し、屢陸海軍将校の肖像をかゝげて讃語を添ふるを見、又日本の一号活字よりも更に大なる活字にて、「日本軍遼陽を陥る」など電報通信の見出しを記するを見るなど心地悪からず、若し位置転倒したらんには、我等海外にあるもの、心細さ如何にぞや。
▲大決勝のありし場合には屢号外を出せり、会場内群集の中を「号外々々日本軍勝利の号外」など高声に叫ぶ新聞売子をみる。而して我ら日本人を見ては進み来り、「君は君の軍隊の勝利を読まざるべからず」と迫る。
▲米人の日本贔屓、日本人贔屓実に甚し、従て日本品頗る歓迎愛用せらる。
▲余が入りし多くの家庭、何処にても日本品の二三、若くば多くを室内に飾らざるものは少し。
▲博覧会内にありて日本品中最も多く用ゐられしは、
一、日傘（模様附の小供用）。二、提灯。三、信玄袋。四、根付銭入れ。五、羽毛製塵掃。六、紙製玩具紳縮自在の象鼻。七、日本絹の婦人夏上衣。八、人力車。九、日本流の晝花火。
一は夏中年若き婦人の多く得意然として用ひしもの、而して屢、見物案内の人力車に乗りて之をかざせるあり。実に一奇観なり、衣装と少しもつり合はさる也、米国人は物づきの極なり。又日傘売の小供が場内の要所に立ちて、高声に「日本の日傘、見物歩行には好適の品、さあ〳〵一本召され」と婦人に迫る、価を問へば一本五十銭（一円！）。

二は博覧会の晩期に際して、何事か夜間の催しある時、光輝燦然《こうきさんぜん》不夜城の観あらしむる、各館総イルミネーションの外に、日本の祭礼に行はる、と同様に、高所より垂されし幾條の綱に幾百個の紅提灯を打垂したり。美術館丘に立てる客士の日本人をして、我を忘れて一時故国に在るの思あらしむ。

三及び四は、米国人が多く銭入小鞄用になせるものなり。

五及び六は、余は初め日本品なりと知らざりき。「セントルイス日」の夜パイク（興行区）に至りしに、幾万の士女右側は行くもの左側は来るもの、押し合ひ詰め合ひ歩むも呼吸するもなし難き程雑踏せるが、その雑踏をして更に騒がせんとて、年若き（中には年老けしも）男女か各手に羽箒をもちて向ひ来る男（己れ女なれば）女（己れ男なれば）の鼻、若くば耳を不意に撫するなり、不意の攻撃に敵は思はず叫び一歩退く、その問攻者は喜び笑ひて、その影群中に没す。六に至りては感興更に甚だしきもの如し、二人語りつ来る若き男の左右より、若き女が不意に縮みある紙製象鼻を吹きて耳頬に迫る、驚き顧るその様みて笑ひ興ず、而して之は一哩より長き全区の到所に行はれしなり、余は生来初めて斯る夜間の雑踏と、無礼講の甚だしきを見き、而して玩戯の用具の日本製のものなりしには更に一驚。

七は恐らく以前より多く婦人によりて用ひられつ、ありしものならんも、博覧会に殊に目立ちしものなり。

八"Fair Japan"がパイクに持ち来りしものならん、十数輌もありき。曳くものは日本人の外に米人もあり、皆会場の案内車にて時間によりて賃銭を求むるなり。日本人のひくをみし時は、日本人として一種快からざる感ありしが、米人の曳くを見るに至りてはその格好風体、実に奇観、読者に見せたきものなりき。されど此に一の特書すべき珍事あり、そは此度の如き博覧会にあらずばあるべからざる事なり、即ち「日本」の人力車を「メキシコ」人がひきて、「独乙」の婦人をのせ「アイヌ」村を見物に来りしことなり。余はこの時恰《あたか》も村にあり頗る興味を感じたりき。

九は日本人によりて用ひられしものなれども、頗る米人及び諸外国人の注意をひきぬ、即ち天長節のときは、百一発、伏見宮来会の時は十一発打上げをなしぬ（日本丘下の広場にて）

▲さなきだに日本人の好評なるに、日本皇帝の勅使にして且皇族たるの故により、加ふるに現戦役に一方の大将たりし武官たるの故により、伏見宮殿下の歓迎せられし事は傍に見る日本人をして、実に心地よく思はしめき。滞市の四日間、聖路易は上下を挙げてその同情好待を傾注しき、夜会饗宴セプ《マ》シヨ《マ》ン〔レセプション〕等、殿下も頗る忙しかりしならん。市内の一新聞紙はその短評に「日本人は聖路易を占領したり、而してその攻軍の首領たる伏見宮は、我らをして征服せられし露国人を羨まざるを得ざらしむる程の天晴れなる男なり」と、げに殿下の風彩とその外交的挙作に慣れたるは、頗る聖路易人の気に入し也。

▲如何に米人が熱心に殿下を歓迎し、若くはその風貌の一瞥を得んと務めたるかは、ユニオン停車場より旅館にあてられしバツキムハム《バッキンガム》倶楽部の間、群集を以て充たされたるにても知るべく、その博覧会内馬車を東西に駆る路の左右に見物人の山をなせるにても知るべし。「伏見宮を見しや」との問は、

到る処個人間に語られたり。或は答へて「余はこの午後見たり」と誇りがに云ふ、而もその云ふ処をたどれば、実は殿下に非ずしてその随行者の一人を殿下と見ちがへありしなりけり。
▲米人の日本戦勝を誇り喜ぶ事、恰もその子の功名を喜び誇るに似たり、又その心組にても誇るの風みゆ。甲曰く「日本の将校は我ウエストポイント（陸軍士官学校）に教育を受けしもの多し」、乙之をうけて「アナポリス（海軍兵学校）にありし提督もありと云ふ。而して今回の如き海陸の見事なる戦術は、米国の陸海軍教育に負ふ所あり」と誇るもの丶如し。丙この時異議を挿みて曰ふ、「否々、彼等は今立派なる陸軍士官学校及海軍兵学校を有す、戦地にある将校は皆此に養成せられしもの、而してその兵器、爆薬等も彼等の発明に係るもの多し」と互に争ふ、之は新アイヌ村の柏の木陰に屢見る現象也。
▲「何故に君は帰国して、君の国の為に戦はざる乎」とは屢うくる質問なり。
▲「若し日本政府許さば、余等の同級生の多くは義勇兵として六時間以内（この数語を強声して）に日本に向て出発すべし」と一大学生は余に語りぬ。
▲されど日本人が米国にありて珍らしがられ、若くは愛好せられて、家庭より家庭に招待せられし時代は、既に去れるもの丶如し。蓋し日本人は既に此に珍らしからざればなり。且つ其等招主の意味に於て寵愛するには、余りに大きく成りたればなり。即ち愛寵の時代は去りて、今は賞嘆の時代なり、やがて敬服の時代は来るべし。
▲「東洋のヤンキー」とは米人の日本を呼ぶ通用語なり、即ち日本人は米人の如く進歩的企業的なる

の意なり、されど或はそれにも勝る或物を来るべき数世紀の間に見るならん。「英国が地球上の蕞爾《さいじ》たる一小島国より日没を見ざるに到りし経過は、今日々日本のとりつゝある歩武なり」と、ある有力有名の学者の数日前公会の席に語るを聞きたり、日本人は最早、愛犬や愛猫の如く珍愛せらるべからざるなり。

▲ヒリツピン人は以前の日本人が、米国における如き地位にあるもの丶如し、米人の注意と興味は西米戦争後頗る強くこの南島人の上にありき、而して当博覧会開設後、多数の島人兵士の米国の公衆に紹介せられてよりは更に然り、その政府撰抜の留学生等最も米人の注意を惹けり、或は多少支那、朝鮮の留学生の日本におけると類するやも知らず。

〔日付なし〕

【註釈】

（1）エドウィン・ヘンリー・ルメア(Edwin Henry Lemare 一八六五―一九三四)。イギリスのオルガン奏者。フレデリック・アーチャーの後を受けて、一九〇二年から一九〇五年までピッツバーグにある「カーネギー・ミュージック・ホール」のオルガン奏者をつとめた。王立音楽アカデミー名誉会員。

（2）フレデリック・アーチャー（Frederic Archer 一八三八―一九〇一)。イギリスの指揮者、オルガン奏者。一八九五年から一九〇一年まで、ピッツバーグにある「カーネギー・ミュージック・ホール」の音楽ディレクターとオルガン奏者をつとめた。稲垣は「カーネギー・ライブラリー」と記しているが、正確には「カーネギー・ミュージック・

ホール」である。

（3）アンドリュー・カーネギー（Andrew Carnegie　一八三五―一九一九）。米国の実業家、篤志家。一八四八年にスコットランドから両親と移民し、後にカーネギー鉄鋼会社を起業し成功を収めた。大学、平和・科学に関する研究機関などの創設に多大な寄附を行った。「カーネギー・ライブラリー」とは彼の寄付金で建てられた図書館の総称である。

（4）詳細不明。ポーランド人ピアニスト・作曲家のイグナツィ・ヤン・パデレフスキ（Ignacy Jan Paderewski・一八六〇―一九四一）を指すか。

（5）ロンドン北東部フィンズベリー・パーク近くの聖ヨハネ福音教会（St John the Evangelist, Brownswood Park）を指す（LAHEE 1902）

（6）アントニン・ドヴォルザークを指すか。

（7）リヒャルト・ワーグナーの『パルジファル（Parsifal）』。

（8）米国人バイオリニスト、セオドア・スピアリング（Theodore Spearing）を指すか。

（9）当時のセントルイス市長は、ロラ・ウェルズ（Rolla Wells　一八五六―一九四四）。一九〇一年四月九日から一九〇九年四月十三日まで二期にわたり、第三十代セントルイス市長を務めた。

（10）ミズリー州知事のアレクサンダー・M・ドッケリー。

（11）原本には括弧書きで（病眼所映其三）と付せられているが省略した。

（12）「下瀬火薬」とは、下瀬雅允（しもせ　まさちか　一八五九―一九一一）によって発明された火薬を指す。明治二十六（一八九三）年に下瀬火薬が海軍に採用され、三十二（一八九九）年海軍下瀬火薬製造所長となった。

（13）高峰譲吉（たかみね　じょうきち　一八五四―一九二二）。明治・大正期の応用科学者、実業家。タカジャスターゼ・アドレナリンの発見者で、三共株式会社（現在は第一製薬と経営統合し「第一三共株式会社」）の創始者。加賀藩典医の長子として生まれ、明治維新後に大阪医学校、大阪舎蜜学校、七尾語学所で学ぶ。明治十二（一八七九）年に工部大学校応用化学科（現・東京大学工学部）を主席で卒業。英国に三年間留学した後、農商務省に入省。明治十七（一八八四）年にニューオリンズ万国博覧会へ派遣された際、リン肥料に目をつけて、帰国後に財界人の力を得て、東京人造肥料会社を設立する。明治二十三（一八九〇）年に渡米し、米国人女性と結婚。高峰は米国で苦労を重ねながらも、消化剤「タカジャスターゼ」を創精し、医薬品として世界で販売した。また、アドレナリンの結晶化に世界で初めて成功、医学の発展に貢献した。セントルイス万国博覧会閉幕後には、日本政府館の「鳳凰殿」をニューヨーク郊外に移築し、日米親善の場として活用した。他にも、「ニッポン・クラブ」、「ジャパン・ソサエティー」、「日米協会」創設の発起人となり、日米間の交流発展に尽くした。晩年には、理化学研究所設立の必要性を訴え、設立の契機をつくった。

(14) 黒木為楨（くろき ためもと　一八四四―一九二三）。明治後期の陸軍軍人。日露戦争では、陸軍大将として第一軍司令官となり、鴨緑江会戦で勝利。クロパトキン率いるロシア満州軍に善戦し、世界にその名を知らしめた。黒木は鹿児島藩士の三男。戊辰戦争に参戦し、明治四（一八七一）年四月に上京。御新兵隊に入隊し大尉となる。その後、順調に昇進し、明治二十六（一八九三）年十一月に中将となる。日清戦争には第六師団長として出征し、戦功をあげて男爵位を授けられた。戦後に軍功で伯爵となり、晩年は枢密顧問官を任じられた。

(15) 東郷平八郎（とうごう へいはちろう　一八四八―一九三四）。明治期から昭和前期にかけての海軍軍人。日露戦争では連合艦隊司令長官を務めた。日本海海戦において、当時「無敵艦隊」と恐れられたロシアのバルチック艦隊を破り、国内外で大きな注目と賞讃を浴びた。東郷は薩摩藩士の四男として生まれ、十七歳で薩英戦争に参加。維新戦争にも従軍し、幕府海軍と戦った。明治四（一八七一）年から英国留学し、商船学校等で教育を受けた。明治十一（一八七八）年に帰国し、海軍中尉に任ぜられた。明治十九（一八八六）年に巡洋艦大和の艦長となるが、健康を損ない病気療養に入る。快癒のあと巡洋艦浪速の艦長となり、ハワイ政変時には邦人保護のために現地に赴いた。日清戦争中の明治二十八（一八九五）年に常備艦隊司令官となり、澎湖島占領戦に参加。戦後に海軍大学校長、佐世保鎮守府・常備艦隊・舞鶴鎮守府の各司令官を歴任し、日露戦争前の明治三十六（一九〇三）年に連合艦隊司令長となる。明治三十八（一九〇五）年に海軍軍令部長となり、その二年後に伯爵位を授けられた。大正二（一九一三）年に元帥となり、大正三年から七年間にわたり東宮御学問所総裁を務めた。功績により、死去前日に侯爵となった。

第二十一信　帰朝の途上

▲告別

十二月七日、一行遂にセントルイスを出立するに決す。その前夜、新アイヌ村の一同は人類学部事務館に行き、マッギー部長を訪ひ部長と同行して博覧会総裁フランシス氏に告別せんとて、その事務館本部に行く。総裁は常に多務多忙の人なり、控室に待つこと十数分、やがて室僕の案内に応じて部長は一群を率ひ総裁の室内に入る。この部屋は博覧会開会以来列国の貴賓のうけられし処、羅馬《ローマ》法皇の名代も、支那の太子も、伏見宮も、而して数日前には大統領ルーズベルト氏も、此に入りし歴史的の室なり。而も前夜及び前々夜、此に来りしアフリカン・ピグミーや、パタゴニアンと同じく、今極東の遺民も総裁に受けられんとす、米国ならでは見るべからざる現象也。

マッギー部長はサンゲア老人より順次に一群を紹介するや、総裁はその丈長き身の上半を少しく前に屈げ、元気の横溢せるその顔に黒縁の鼻掛眼鏡を通じて、その輝ける両眼をもて、此等の遺民を熟視しつゝ、一々彼等をうけて親しく握手せり。而してその手は列国の貴賓をうけし同じ手なり。余は一種の感興を以て、この稀有にして、復《また》あるまじき光景の見証者として傍に立てり。されど余の外にも尚博覧会秘書、及び他の事務員とあまたの新聞記者もその席にありき。マッギー部長は最上の讃語を以て、アイヌを総裁に推薦せり、曰く「彼等は啻に博覧会場内におけるのみならず、世界における最も恭敬なる人民なり」。曰く「その小児すら礼儀あるは、我等の子女の亀鑑(きかん)なり」。曰く「彼等は博覧会における注意の集注点の一なりき」と。この時総裁は通訳者を以て彼等に告げて云ふ、「卿等遠く極東より此に来りて会期の間、博覧会のアットラクションたり、その成功を助くるに大に力ありしは余の謝する処なり」と。且《かつ》問て曰ふ「卿等はここに在りて食物に不足せざりし乎」、サンゲア老人一同に代りて答ふ「供給常に我等の需要以上にありき」、「卿等は寝るに心地よき場所を得たりしや」、「然り」。「卿等は博覧会を見物するよき機会を有せしや」、「然り時ある毎につとめたり」、「余は卿等に望む、卿等が故国に帰るの後、此にみし世界現時の文明に鑑みて、同族開発に務めんことを」、「然り閣下、われ等はこの博覧会の滞留を以て、われらの長く忘るべからざる幸福なりとす。而して、此にてうけし好遇優待はわれらの将に誇りて、故国の同族に語らんとする所、われ等は閣下等の厚意を深く謝するもの也」。「別に臨み、卿等に贈るべき小品あり。幸に聖路易(1)土産物として何等かの用に立つを望む」とて総裁は老人よりキクに至るまで、各々手づからその贈物を与へられき。かくて後、余の手を握りて安着の報を望むと言はれき。

一行総裁の室を去りて後、帰途再びマッギー部長の室に上る。部長曰く「卿等は滞留中、温順恭敬よく人の賞嘆に値しき。故に当学部は賞金として契約以外十二月より一月半ばまで、即ち帰朝の時までの一ヶ月半の俸給を与ふべし」と(契約は三月より十一月まで往復旅費、滞在費の外、男女各一ヶ月日本金三十五円)一同歓喜す。部長は尚語を次ぎて云ふ「卿等に幸に海陸共に無事帰朝せんことを望む」と。サンゲア老人一同に代りて謝辞に並せて告辞を述べぬ。賞金は即時に部長の手より金貨にて授けられぬ。これ実に人類学部における破格の事なり、他の孰《いず》れの部族もか丶る賞認とその表証をうけしものはあらざる也。真に極東遺民の誇《ほこり》にして誉《ほまれ》なり。

▲聖路易出立

出立の事決するや、昇天教会牧師ウインチエスター博士十二月五日の夕、余をその家に招かれ、温き饗応の後、バチラー長老に与ふべきアイヌに関する賞認状を余に渡されき。その語鄭重を極め、彼等の教会における篤敬の挙作を賞し、同時にバ長老の事業の大にして美はしきを賞せるものなり（後段に写《うつし》出す）。

十二月七日午後一時十五分、博覧会中央門辺のウオーバッシユ〔Wabash〕停車場を出立せんとす。別《わかれ》を人類学部事務局にマッギー博士に告げ、階を下らんとする時『聖路易リパブリック』の婦人記者ミス・フアンに会ふ。「今より去らんとする乎」、「然り」、「一事を君に願ふ、帰朝の後、餘りに多く聖路易を悪くな言ひ給ひぞ、さよなら」。余は笑つて、「大に言ふ処あるべし、さよなら」と答へて別る。読者よ、読者はこの婦人記者の別離の一語に、何物が伏在《ふくざい》するかを知るならん。

停車場に至りて、バンクーバー迄一行を送り届けんとする、人類学部秘書ハーバート氏と会す。マツギー部長の速記者ミセス・フホード《フォード》、ハーバート夫人その他アイヌの同情者二、三見送らる。万事予定の如く運び、列車は午後一時十五分、極東に帰るべき一行をのせて西北の方指して急走し、数分の後に天下の偉観たりし高堂大屋は、我等の目にかくれ終りぬ。

▲ロッキー山中

日は太平原の地平線に沈みし、暗紫色の黄昏景を車窓に賞せる後、明くれば十二月七日朝八時、ミネソタ州の首府セント・ポール市着、乗換の為下車す。奇寒身にしむを覚えき。馬車にてミネアポリスにゆく、此処よりスーパシフヒツク線《スー・パシフィック・ライン》(2)をとらんが為なり。此両市は各人口四十万余、米国西北部の双児市にして、東方シカゴ及ミルワーキー《ミルウォーキー》と、西方太平洋海岸の間における経済及び生産上の要府たり。ミネアポリスは世界における大麦の最大市場にして、又材木の供給所、四千人の学生を有するミネソタ大学の在る所也。此にて朝食す。セントルイス・ウォーバシュ停車場を去りて、既に六百哩以上走り来りしなり。九時四十五分に至りてミネアポリス出発、沿道北ダゴタ州の大農原を過ぐ、みわたす限り視線を遮るもの無し、皆麦園なり。

十二月八日、さ《覚》むれば窓外満目の雪原、われらは今朝四時四十分ポータル停車場(3)より以西、すでに合衆国を出で加奈多に入りしなり。十時三十分ムースジョー(4)着、再び乗換す。此処は汽車の分岐点にして繁忙の市、此辺は一般に牧畜業職なり。人口二万二千人、地は海抜千七百二十五呎にあり、汽車は此処より漸次に高地にかゝり、まゝ湖水畔低渓をゆくことあり。此よりレギナ(5)高原の東境に至る略二百哩の間、一株の樹木を見ず即無樹の地なり。亭午《ていご》に至りて日光、純白無汚の大雪原に反映して、その色その美筆舌《ひつぜつ》に絶す。平原雪国にのみ見るを得るの景なり、われはこの小さきものを覆に石狩の平原に見しが、固より之に比すべくもあらず。

十二月九日。窓紗《そうさ》を撤すれば旭光ロツキーの山色に映じて、高山の朝七色の照合反映の美言ふべからず、我嘗て見し山色の最佳なるもの也。即ち、北極に見ると云ふグレサー（氷河）の美、山肩無数垂氷の美、松杉雪衣の美、山腹に凍れる懸瀑の美に至りては函根、木曽、吉野、高野の諸山色を合して尚比するに足らず、その景は偉大なり、荘厳なり、マッシブ《壮大》〔massive〕なり、放磊《ほうらい》なり、而して精細ならず美小ならずタイニー《極小》〔tiny〕ならず、これ我愛する所以なり。

車は山間を縫ふて四千二百呎以上の高地を走りつゝあり、ロツキー山中最高の線路は五千二百九十六呎なり。この工事、この設計をなせるもの、頭脳もエナジーも思ひやらるゝに非ずや。即ちミネアポリスを去りてより、千二百三十二哩のジ・ガップ[6]よりロッキー山に入りしなり。此は二個の殆んど垂直なる懸崖《けんがい》にして、ボウ河之より出づ、汽車は即ち山間この河と相提携して走るなり。山と水、水と山、山ある処水その麓をめぐる、旅は道連、人生に友情のうれしき所以なり。汽車の走るに従ひ山容異る、或者は峻厳屹立、或は樹を衣て雪之を蔽へるあり。形によりて名異なる、鳩山、風山、三人姉妹山、泉瀑山（九八七五呎）、大会堂山、城山、ステバノ山の如し。汽車の走るに従ひ此らの山岳と、その渓谷隠見出没す送迎の辺なし。

十二月九日朝七時四十五分、ラガン[7]を過ぐ。今迄伴なりしボウ河（弓河）に別かる、この停車場は四千九百三十呎の高きにあり、右の方を仰ぎ見れば、円《まる》き雪を載きて聳《そび》ゆるヘクトア《ヘクター》山を見るべく、此に始めて大グレシア（氷河）の一を見る。次でスチーブン《スティーブン》停車場に到る、これロツキー山中高地にあるものにして、実に海面を抜く事五千二百九十六呎なり。汽車はかゝる高地に螺状に上下するなり、而して此は分水にして水流は分れて、一は太平洋に流れ、他はハドソン湾に下る。此より下路に就く、汽車のこの絶景の間を急下する処、車後の観光台（オブザベーション　プラットフォーム）に依るに快言ふべからず、夏時満山緑の景を思ひやらる。

午前八時二十五分フヒールド《フィールド》（海抜四千五十呎）着、朝食の為三十分停車す。此に加奈多太平鉄道会社の設備に係る、山間のホテルの一あり、スチーブン館[8]と云ふ。清洒《せいしゃ》愛すべし、此より遠からざるスチーブン山より命名したる也。夏時避暑休養にはこの上なき場所と云へり。ロッキー山中四千呎の高点、満地の雪凍りて白き炭の如く、空気乾燥、心地頗るよし、我愛する札幌の夕景を思ひ出てぬ、ミネアポリスを去る千三百三哩、バンクーバーを去る五百九哩。

十時四十七分、ゴルデン《ゴールデン》を過ぐ。山腹緑樹茂り、山頭高く氷冠を被りて立てる、ロッキーの美峯セルカークス此より見るべく、コロンビア河また視線に入り来る。沿岸の風色、木曽、吉野、両河を抱合して只足らざる或物を加へたるの景、まことに賞すべし。午後二時八分「ロージヤ経路」を過ぐ、即ち千八百六十三年、曾て人跡の到らざりし中央ロッキーのこの経路を発見せる少佐エ《A》・ビ《B》・ロージヤ[9]氏の名をとりしもの也。車道再び上る、その経路の頂点は即ちセルカーク山頂なり、海抜四千三百呎。

再び下り初めて二時二十五分、氷河館[10]着。午食の為三十分停車時間あり、此に又会社設備の氷河旅館ありし、同車のものと此に午食す。駅長の好意により車掌に紹介せられて、ハーバート氏と余は機関車に乗り、ロッキーの山色を見る機関車にて観光するは生来始めての経験なり。況んや、それがロッキーを横断するものに於ておや。二人は交々、或は右に、或は左にその位置を転じて山峯谿谷を見る。余は此に在りて初めて、山間山腹螺下の状を詳に知るを得たり。この時、恰も雪降り初め、白花粉々山谷に飛舞し、汽車この間を急下し、快絶、既にして暮色四園をとめて風物暗澹たるに至りて我室にかへる。

十二月十日、朝エール駅にてさむ《覚》、六時五十分なり。海抜僅かに二百呎、バンクーバーを去る僅かに百三哩、ミネアポリスより千七百九哩、窓より窺へば朝霧天使の衣の如くゆるやかに山嶺をつゝみ、旭光フレサー河畔(11)の青苔を射る、風色緩和ロッキーの豪宕の大景と好個の翻対なり。恰も勇士の冒険談の後、乙女の愛の囁きを耳にするの感あり。雪またこゝに見るべからずして、青緑樹草にのこる、沿岸苔むせる岩々、檜柏茂れる山々、青き水の色、山色水流濃緑淡青の配合錯交せる間に、白き懸瀑、白き朝雲の点綴せる曾て見ざる山水画なり。函根の潤遠く及ばず、吉野の流、木曽の水、又多く譲る所あり。この河鮭多く日本漁夫多くこの辺に住すと云ふ、世界の大鮭河なり。嘗て美術館内カナダ部に青山緑水の畔、巌上に竿を垂るゝの美書をみき、今にして初めてこのフレサー河景なりしを知りき。

午前八時五十分ミツシヨンジヤク《ミッション・ジャンクション》(11)駅に着、シヤトル、タコマ、サンフランシスコ方面へ行くものは此より乗換す。即ち、桑港《サンフランシスコ》まで千九十三哩也、ミネアポリスより千七百六十九哩也、バンクーバーへ僅かに四十三哩、かくて十時四十分バンクーバー着。此より十二日出航のこの鉄道と同一会社に属する汽船ターター(12)にて、帰国の途に就かんとす。十二月六日聖路易を去りてより五日夜、米加両国を横ぎりて二千四百十二哩を走りし也。

▲太平洋上

十二月十二日正午出帆すべかりしタータ一号は、東洋の積荷多大なりし為、翌朝迄延引《えんいん》せり。余等は既に十一日夕より上船せり、此まで一行を見送り来りしハーバート秘書は、その使命を全ふして、十二日午後二時聖路易へ復帰の途につけり。

十三日船室に眠さむれば、暁の夢の間に晩港《バンクーバー》を出でしにや、船は既にビクトリアへの狭路ビユゲットサウンド(13)の島嶼《とうしょ》散布絶景せるの間を快走しつゝありき。正午過ぎ、英領コロンビヤの主府ビクトリア港外に数分碇泊の後、岬頭一転太平洋に出づるや、船は多少の動揺を初め、わが頭は重く感じ来り甲板を辞し去りぬ。

此度の行、わが使命を果さんとするに、病を有する我身にとりては(保養の積にてこの位置をとりしが)実は容易のものにあらざりき。そは人の知らざる多くの心労、配慮、不快の事多かりければ也。されど不思議にも滞聖八ヶ月燃《や》くが如きミゾラの炎天にも、湿霧深く閉すミシシッピーのインデアンサンマー《サマー》にも、余は一日も臥床すること無かりき。却て山に海に強健なる生活を送り来りしアイヌ等は、老人を除きて前後悉《ことごと》く病に臥せりき。之は一は強き責任感の常に我念頭をさらざるあり、強き精神は弱き病身を活動せしめしならんも、閉会式後の翌日よりこの張りつめし心の多少ゆるみてか、稍《やや》疲労を覚ゆる様なりぬ。五日四夜のロッキー横断の車中には、余は打たれたるもゝ如くなりき、而して一行の船に入るやこの弛みは益《ますます》加はり来りぬ。そは此に至りて、我責任の九分は既に終りたるを感じたれば也。同時に八ヶ月身心の疲労は一時に出て来り、我頭は再び悪くなりぬ。さなきだに余は航海者として極めて劣等の者なるに、脳患が之に加へて船病を大に助くるあり、余は既にこの夕より長く食堂に出づる能はざりき、冬の航海に海も荒くあらしにも屢《しばしば》会ひたればなり。

船長エバンス氏も船医も共に日本人負贔にして日々我室に来り見舞はれ、余を慰励して「ミストル《ミスター》ジャパン、起き出でずんばあるべからず」、「ミストルジャパン、今日も尚床にありや」など言ふされど、殆んど二週日の間、余はかゝる状にてありき。船病外の純粋の脳病人となりて服薬しぬ。太洋の好天、甲板上小春日の感ある時は、青ざめてやつれし面を海風に吹かしめし事あるも、洋上の天候変幻急速にして夕には又病に悩みき。人は海上保養といふ、然り善航愛洋の人には之に勝れる保養はあらざるべし。煩はしき世事や家事や公事と一切離れて新鮮なる太洋の空気を呼吸し、食ふに美味あり、遊ぶに器具あり、楽むに音楽あり、読むに清軽の文学あり、浴するに新しき温湯あり、語るに航友となりし外国の紳士淑女あり、何ものか此快に勝るものあらん。その肉よく肥えて心勇む怪むに足らず。されど〳〵病の中の最も不快なるもの、一なる船病に苦みて、船室に此らの特権を葬むるものは憐れにも愚ならずや。余もいつかは船病を卒業することもあるへ《ママ》し。

かゝる中にクリスマスは来れり。十二月二十四日食堂入口に船長の告示あり「明日午前十一時音楽堂に於て礼拝を行ふ（但し天気の許す限り）…船長」と。余は生来初めて太洋上にクリスマスを迎へんとするなり、余はこの日だけにても健在ならんことを願へり。二十四日は好天なりき。明日司式し、説教せんとするカナダ聖公会に属するレベレンド・ロビンス氏と甲板に会す。氏曰ふ「明日は卿も勇気を出して列式せらるべし」と、答へて云ふ「然か願ひつゝあり」、氏曰ふ「余も生来初めて船中の司式説教をなすなり、船によわき余はその務めを果し得るやを危ぶむ」と。氏は、東京見物に来られしものにして、芝のキング長老[14]をも訪ねんとすと云へり。

クリスマスは来れり。昨夜より天候急変、朝来波荒く風加はりて船の動くこと甚だし、礼拝の時近からんとするに当りて、遂に大あらしとなれり。余は失望してベッドにありき、勇を皷《こ》して一旦起き出で、衣を着けしも心地頗る悪しくなりて又倒れぬ。十時は既に鳴れるに風雨ます〳〵烈しからんとす、余は殆んど断念し終れり。この時、清美なるピアノの音クリスマス・カロル《キャロル》我耳に入る。この日の奏楽者の試奏しつゝあるものなるべし、音楽に一種の秘力あり、人に勇気を与へ慰籍を与ふると共に、ある場合に凛乎たる決断を与ふ。余はこの音をきゝて覚ゑずベツトよりはね起きたり、再び身を整へて起ちしも船の動くと共に我よわれる脚は、身の中心を保つ能はず容易く倒れんとす。辛ふじて欄によりて式室にのぼれば、室の中央ピアノの後に一卓あり、米国の星条旗にて蔽ふ、上に一巻の聖書おかる、傍に五葉松、檜葉《ひば》などの植木鉢飾らる。この時、堂には誰も尚出であらざりき、ただ楽器によれるものは一等機関士なりき。船員は皆一種の妙技を有す、この機関士は音楽家なりき。軈て号鐘鳴りぬ、船長始め非役の船員十数名と余の外に、一人の乗客列席せしに、ロビンス長老教服を着て出で来る。余は斯るサービスを見し事なし、外には怒濤澎湃《どとうほうはい》両舷を打つて凄きあり、内には楽しきクリスマス・カロルのピアノより出で来るあり。船の動揺甚しければ、歌うたふ間も詩篇を誦ずる間も直立する能はず、身を前後左右に動かし、その中心を保たざるべからず、海上生活に慣れし船員は平気なれど、司会者には多少難業のごとく見ゑたり。勿論、余は立つ能はず室隅のソーレアー[15]に身を寄せしまゝなりき。ロビンス氏は、世界が如何に救主の降世に対して準備せしかを畧説し、式の終りしは正午なりき。皆去りて後余は尚起ち得ず、在りし処に在りしに、ロビンス氏来りて「余は我日本の友の式の始終に列せられしを喜ぶ」と云ひき。あらし益々強し、余は我室に帰りて後、またクリスマスデインナー《ディナー》にも列し能はざりき。

太平洋上ねむれぬ夜々もいつしか多く過ぎて、十二月三十日夜わが故国の第一見を、大浪奔躍して船体の烈しく上下する為に、燈台の変色光の上りつ下りつ、隠れつ見えつする金華山の光に見き。

十二月三十一日午前十一時前、犬吠岬を過る。日露戦争に関し熱心なる日本贔屓なる、船長エバンス氏（英人）は、余が乗船の時より「旅順は落ちたるべきか、今ははや陥ざるべからず」と、我を見る毎に語り来りしが、この朝甲板に氏と同行散歩せるとき、「横濱に上陸するまで待つ能はず、我らはその陥落を犬吠岬の燈台主に慥《たしか》めんと欲す」と告げき。この時、船長は指令橋に望遠鏡をとりて立つ、助手は例規の信号をなしつゝあり、船は燈台と相距る一哩の処を走りつゝあり、船の信号終りの後"Have you taken Port Auther?"と問ひき。暫くして燈台に信号上れり、船長は聽て橋を下り来れり、無言にして笑まず。且静なり。橋下に返答を待ち兼ねありし我らはその顔色を見て、直に燈台守の与へし答のネゲチブ《ネガティブ》なるを察しぬ。旅順は尚落ちざるが《ママ》。然り答は不満足のものなりし、されど旅順の尚落ちざるの故にあらず、燈台守は船の問を読む能はざりしなり。失望せる甲板上の船客船員一群は、左舷《さげん》によりて大海原を眺めつゝありき。

余はこの時、右舷《うげん》犬吠岬沿岸の荒波砕くる様を遙見しつゝありしに、後より走り来る履音に顧れば、船長は慌たゞしく我に来よと招くなり。その走ると共に走りて左舷に到りしに、船長は今しもわが船の側を過りつゝある三人の漁夫を乗せたる一小漁船を指し、その漁夫に旅順落ちしや否やを尋ねよと求むるり。余はその熱心に感じて、両舷を叩く大波の音に負けざる声たて、「旅順をとりしや」と一声叫びしに、漁舟にありし一漁夫は言下に応じて、「とりし〳〵」とて三尺余もあるマグロを高くさし上げたり。旅順なる語の聞えざりしか、はた辺浜の漁夫その名を知らず唯「とりしか」と尋ねられて、とりし誇りの獲物をかゝげし也。その我声に応じて挙げし声と、手の勢の勇ましかりしに余は覚えず噴笑したり。船長員乗客の傍にありしもの初めはこの喜劇を解する能はず、余が噴笑するを見て不審をその顔に表し居たりしが、余が説明を得て後一同笑へり、大に笑へり。余は長き航海の疲も、病苦も、この時の笑によりて一時に皆忘れ終りしが如く感じき。斯の如くにして、船長が折角の苦心も再び見事に破れぬ。されど彼の漁夫が「とりし」と誇りて掲げしマグロは、軈て東洋の永久砲台占領の吉兆となるべかりし。

船はその夜、観音崎外に淀泊す。四千里余太平洋を横断し来りて、今この年の末日の末時に故国の港外に夜を明からんとす、そは横濱港水雷布設の故に、夜間は入港する能はざりければなり。

▲一行帰郷

明くれば千九百五年一月一日、一天美はしく晴れて新年の旭光、富士の白雪に反映す。余は各所より各時に富岳の美をみたり、されどこの景ほど美はしく、且嬉しく感ぜしことはあらず。既に富士を見る、我は実に我故国にあるなり。午前八時、海軍省より案内船に水先を指導されて入港し、十一時一行皆検疫を終る。船長の宿題は、この時初めて検疫官によりて解決せられたり。曰く「露国太平洋艦隊全滅、旅順の命且《かつ》夕に迫る」と。然り船長は陥落の号外をみて雀踊する迄に、この時ただ二十時間を余せるのみなりき。十二時一行無事上陸、初めて故国の土を踏む、弱れる病脚なほ力を感じき。

この時博覧会にありしフヒリッピン兵士と、二個の軍楽隊及びそのあらゆる種族をシヤートル《シアトル》より乗せて、我等より一日早く出でし伊予丸(16)は入港せり。我アイヌは英船に乗り、フヒリッピンは日本船にて帰る、面白きは世の出来事ならずや。

一行は上陸せり。彼等のうち航海の初、二、三日は船病にかゝりしものありしも、その後頗る健全、渡米の八ヶ月に肉肥え色澤《しきたく》よく、上陸して後は勇踊天にも昇る心地、若者の一人曰ふ、「聖路易にありて後は横濱の町の如きは小さく狭し」と。

されど我つとめは尚終らざる也、我はこのよわれる疲れし身心をもて、尚一行を北海道まで送らざるべからず、上陸して尚わが心全くあらず、余は翌日の午後までは旅舎に休臥《きゅうが》せるの外何事もなす能はざりき。

二日夕一行上京す。五日朝、一行と共に北海道に向ふ。七日夕札幌着、バチラー長老及び友人、又在札幌の二、三のアイヌに迎へらる。着後、長老はミス・フユース《ヒューース》(17)の姉妹と他に二人の米紳士、及びその土人の前にて一行を歓迎せられ、土語にて彼らに挨拶あり。クトロゲ之に答ふ。後、余も彼等が滞米中の好評好成績を誉め、無事の帰朝を祝し、我つとめの此に終りて、彼等と公の関係を絶えしを告げぬ、クトロゲ之に答ふる所ありき。バ長老は実に彼等一行の無事にして、且つ多大の好評と同情と富とを齎《もた》らして帰朝せるを頗る喜ばれき。余自らも、病身にあまる任務を幸に茲に終へ得しを喜び、初めて我心安かりき。翌日、博覧会総裁と、人類学部長に無事帰朝の報告をなす。斯くて、アイヌ及び余との博覧会の関係全く絶えたり。

・・・

余はこの通信を終るに当り、聖路易昇天教会のレクトアなるウインチエスター博士が、アイヌに関しバチラー長老に与へし賞認状をかゝげんと欲す。そは、これバチラー長老の栄にして、又アイヌ一行の誉なれば也。

〈ウィンチエスター長老のバチラー長老に与ふる書〉

貴下の善良なる民の初めて合衆国に来るや、我祭司の職掌と司牧の下に委ねられ候。彼等の中三人は監督者と共に二度聖餐式(19)に列し候。彼等は小生一個にとりては大なる愉快なりしと共に、又我教会を利せることはまことに顕著にして、その恭敬は我教会員にとりてよき模範にて有之候。小生は我等は彼等の為に一種の祝福を齎らしたるものと思考仕候……(この間記者に関する記事あり略す)。

小生の此等の事を申上ぐるは、貴下の愛の仕業が此等のよきアイヌの代表者のうちに生動せるを貴下に知らしめ度微衷《びちゅう》に過ぎず候。彼等はその家に来り訪ひしすべての見物者と、外国人によき印象を与へ申候。

今や此等の善良なる民は此等の祈祷と祝福の中に、その故国に還らんとす、小生はわれらが勉めて彼等の為に図りし事は、彼等のよく承認する所と信じて疑はず候。帰朝の後には定めし彼等はわれらの博覧会と教会に関して貴下に告ぐる所あらんと存じ候。

敬具

千九百四年十二月五日聖路易市ケーツ街五五六七番
基督の教会における貴下の誠忠なる
ゼームス《ジェームス》、アール、ウインチエスター
昇天教会牧師

キリストに在る我が親愛なる
バチラー長老　梧下

その民異郷に好評を得、己れまたこの種の賞認を得、バチラー長老が献身尽瘁の労、此にその酬の一を得しと謂ふべき也。今やその半生の大業にして二十有余年苦心のアイヌ語字典、及び文典八百頁の大冊のもの、北海道庁出版の労をとりつゝありと聞けるに於ておや。余は屢、日本政府がこの英国の一宣教師の、多年のこの遺民に関する伝道教育、慈善事業と、また幾多の著書の日本のみならず世界の人種学者に与ふる所多かりしを、ある方法に於て賞認すべきに非ざる乎と思ひき（よし当人の志にあらざるべきも）。スター教授の来朝するや、バチラー長老の所謂「この事成らば我業大成す」との字典、文典の尚出版せらるゝに至らざるを惜みて、帰米後、彼地にての出版を企てき。されど、今は我国に於て之に着手せられつゝあり、事成るの日は世界を利する大なるものあるを疑はず、これ実に氏が献身生涯の好紀念也、然り貴き紀念也。

（大尾）

【註釈】

（1）『セントルイス・リパブリック』（一九〇四年十二月六日）によると、フランシスは「アイヌ・グループ」のセントルイス出立に際し、男性には黒い布製の帽子、女性には金の鎖が付いた薔薇の刺繍入りシルク製ハンドバック、子どもにはスリッパを贈った。

（2）英語名は「Minneapolis, St. Paul and Sault Ste. Marie Railroad」。カナダ太平洋鉄道（CP）の子会社。ミネアポリス／セント・ポールからカナダのムースジョーまで運行し、カナダ太平洋鉄道に繋ぐ路線など数線を運行していた。一九六一年にCP傘下の子会社と合併し、スー・ライン鉄道となる。

（3）米国ノース・ダコタ州のポータル（Portal）。
（4）カナダ・サスカチュワン州のムースジョー（Moose Jaw）。
（5）レジャイナ（Regina）は、カナダ・サスカチュワン州の州都。
（6）現地で「Bow River Gap」「Gap」と呼ばれる地名を指すか（FROMHOLD 2010）。
（7）英語名Laggan。現在のルイーズ湖（Lake Louise）にあった集落を指す地名。
（8）一八八六年にカナダ太平洋鉄道社によって「フィールド」に建てられたホテル。英語名は「Mount Stephen House」。当時敷設されていた急勾配の難所「ビック・ヒル」では食堂車をひいて登れないため、乗客はスティーブン館のレストランで食事をした。ホテルはスティーブン山が背後に聳える風光明媚な場所にあり、夏の避暑地としてヨーロッパの富裕層にも人気が高かった。一九一八年にYMCAとなるも、一九五〇年にホテルは休業。一九六三年に取り壊された。
（9）アルバート・B・ロジャーズ（Albert Bowman Rogers　一八二九―一八八九）。米国の測量技師。一八八一年にカナダ太平洋鉄道に雇われ、セルカーク山脈（Selkirk Mountains）を越えるルート「ロジャーズ峠（Rogers Pass）」を見つけた。
（10）一八八六年にカナダ太平洋鉄道社によって、現在のイルシルワト氷河近くに建てられたホテル。英語名は「Glacier House」。スティーブン館と同じ理由で食堂車をつけて登れない区間であったため、乗客の食事休憩の場所となっていた。
（11）カナダのブリティッシュ・コロンビア州中南部を流れるフレーザー川（Fraser River）を指す。全長約一四〇〇キロメートル。世界でも有数のサケの遡上を誇る。
（12）現在のカナダ太平洋鉄道「ミッション・シティ駅」にあたる。

(13)「タータ－（Tartar）号」は、カナダ太平洋汽船会社（Canadian Pacific Steamship Co.）が当時運航していた汽船。一八八三年に英国グラスゴー・ホワイトインチで造船された。重さは４４２５トン（LAMB 1940）。

(14)米国ワシントン州の「ピュージェット湾（Puget Sound）」を指すか。そうなると、汽船はバンクーバーからシアトル沿岸まで南下し、そこからビクトリアへ向かったことになる。しかし、汽船は十三日早朝にバンクーバーを出航して昼にビクトリアへ到着しており、当時の蒸気船の速度を考慮すると、その航路をとった可能性は低い。従って、ビクトリア市近郊の「ファンデフカ海峡」周辺を指していると考えた方が、ここでは自然だろう。

(15)英国聖公会福音宣布教会所属の宣教師Ａ・Ｆ・キング（Armine Francis King　一八五六－一九一八）。香蘭女学校の設立に尽力したことでも知られる。

(16)ソファーを指すか。

(17)日本郵船の貨客船。三菱長崎造船所で一八九九年に起工事。一九〇一年に竣工して、米国シアトル航路に就航していた。

(18)ミス・ヒュースについては、近森聖美氏による本書収録の「特別寄稿」を参照のこと。

(19)日本聖公会北海道教区・聖ミカエル教会ホームページには「毎週日曜日に行われる主日礼拝では、日本聖公会が発行する「祈祷書」を用いて聖餐式（ミサともいいます）をささげることを基本としています」とある。ウェインチェスターの書には「アイヌ・グループ」の内三名が聖餐式に二回参加したとあるが、「聖路易通信」第十一信では、ほぼ毎日曜日に「アイヌ・グループ」が昇天教会のミサに列しているとある。

《本書収録の通信記事・出典一覧》

第一信　『基督教週報』第九巻　第十五号　七頁〜十頁（明治三十七年六月十日発行）
第二信　『基督教週報』第九巻　第十九号　七頁〜九頁（明治三十七年七月八日発行）
第三信　『基督教週報』第九巻　第二十一号　七頁〜九頁（明治三十七年七月二十二日発行）
第四信（上）『基督教週報』第九巻　第二十二号　九頁（明治三十七年七月二十九日発行）
第四信（下）『基督教週報』第九巻　第二十三号　七頁〜八頁（明治三十七年八月五日発行）
第五信（一）＊『基督教週報』第十一巻　第六号　七頁〜八頁（明治三十八年四月七日発行）
第五信（二）＊『基督教週報』第十一巻　第七号　九頁〜十頁（明治三十八年四月十四日発行）
第五信（三）＊『基督教週報』第十一巻　第八号　九頁〜十頁（明治三十八年四月二十一日発行）
第六信（一）『基督教週報』第九巻　第二十四号　九頁（明治三十七年八月十二日発行）
第六信（二）『基督教週報』第九巻　第二十五号　十頁〜十一頁（明治三十七年八月十九日発行）
第六信（三）『基督教週報』第九巻　第二十六号　九頁〜十頁（明治三十七年八月二十六日発行）
第六信（四）『基督教週報』第十巻　第一号　六頁〜七頁（明治三十七年九月二日発行）
第七信　『基督教週報』第十巻　第三号　九頁〜十一頁（明治三十七年九月十六日発行）
第八信　『基督教週報』第十巻　第四号　九頁〜十一頁（明治三十七年九月二十三日発行）
第九信（一）『基督教週報』第十巻　第七号　六頁〜八頁（明治三十七年十月十四日発行）
第九信（二）『基督教週報』第十巻　第九号　八頁〜九頁（明治三十七年十月二十八日発行）
第十信（一）『基督教週報』第十巻　第十号　八頁〜九頁（明治三十七年十一月四日発行）

第十信（二）『基督教週報』第十巻　第十一号　九頁〜十頁（明治三十七年十一月十一日発行）
第十信（三）『基督教週報』第十巻　第十二号　八頁〜十頁（明治三十七年十一月十八日発行）
第十一信『基督教週報』第十巻　第十三号　九頁〜十一頁（明治三十七年十一月二十五日発行）
第十二信（一）『基督教週報』第十巻　第十四号　八頁〜十頁（明治三十七年十二月二日発行）
第十二信（二）『基督教週報』第十巻　第十五号　八頁〜十頁（明治三十七年十二月九日発行）
第十二信（三）『基督教週報』第十巻　第十六号　七頁〜八頁（明治三十七年十二月十六日発行）
第十三信（一）『基督教週報』第十巻　第十九号　六頁〜七頁（明治三十八年一月六日発行）
第十三信（二）『基督教週報』第十巻　第二十号　七頁〜九頁（明治三十八年一月十三日発行）
第十三信（三）『基督教週報』第十巻　第二十一号　十頁〜十一頁（明治三十八年一月二十日発行）
第十三信（四）『基督教週報』第十巻　第二十二号　十一頁〜十三頁（明治三十八年一月二十七日発行）
第十四信『基督教週報』第十巻　第二十三号　九頁〜十頁（明治三十八年二月三日発行）
第十五信『基督教週報』第十巻　第二十四号　八頁〜十頁（明治三十八年二月十日発行）
第十六信『基督教週報』第十巻　第二十五号　六頁〜八頁（明治三十八年二月十七日発行）
第十七信（一）『基督教週報』第十巻　第二十六号　八頁〜九頁（明治三十八年二月二十四日発行）
第十七信（二）『基督教週報』第十一巻　第一号　七頁〜九頁（明治三十八年三月三日発行）
第十七信（三）『基督教週報』第十一巻　第二号　八頁〜十頁（明治三十八年三月十日発行）
第十八信（一）『基督教週報』第十一巻　第三号　十頁〜十一頁（明治三十八年三月十七日発行）
第十八信（二）『基督教週報』第十一巻　第四号　七頁〜九頁（明治三十八年三月二十四日発行）
第十九信『基督教週報』第十一巻　第五号　八頁〜十頁（明治三十八年三月三十一日発行）

第二十信（一）『基督教週報』第十一巻　第九号　八頁〜九頁（明治三十八年四月二十八日発行）
第二十信（二）『基督教週報』第十一巻　第十号　八頁〜九頁（明治三十八年五月五日発行）
第二十信（三）『基督教週報』第十一巻　第十一号　九頁〜十一頁（明治三十八年五月十二日発行）
第二十信（四）『基督教週報』第十一巻　第十二号　八頁〜九頁（明治三十八年五月十九日発行）
第二十一信（一）『基督教週報』第十一巻　第十三号　八頁〜十頁（明治三十八年五月二十六日発行）
第二十一信（二）『基督教週報』第十一巻　第十四号　九頁〜十一頁（明治三十八年六月二日発行）
第二十一信（三）『基督教週報』第十一巻　第十五号　九頁〜十頁（明治三十八年六月九日発行）
第二十一信（四）『基督教週報』第十一巻　第十六号　十頁〜十一頁（明治三十八年六月十六日発行）

＊第四信は郵便延着のため掲載が明治三十八年四月となったが、内容は明治三十七年六月のもので第四信に続くため、第五信とした。

解説

聖路易《セントルイス》万国博覧会に於ける稲垣陽一郎と「アイヌ・グループ」

Yoichiro Inagaki and "the Ainu Group" at the Louisiana Purchase Exposition

田辺陽子

はじめに

今から一世紀以上も前に開催されたセントルイス万国博覧会について、現代の我々が知る術は限られている。特に、北海道から参加したアイヌの参加者九名（平村サンゲア・サントゥクノ・きん一家、平村クトロゲ・シュトラテク・キク一家、大沢弥蔵・シラケ夫妻、辺泥五郎。通称「アイヌ・グループ」）については、彼らをスカウトするため来日した米国の人類学者フレデリック・スターや、当時の博覧会関係者が残した資料、辺泥五郎氏のように参加者自身が残した資料、そして当時を知る人物の回想録が重要な鍵となる。その意味において、「アイヌ・グループ」の監督兼通訳として渡米した稲垣陽一郎が記した「聖路易通信」は良質の歴史資料といえるだろう。当時、アイヌは米国において「謎に包まれた民族」と考えられており、セントルイス万国博覧会・人類学部は彼らの参加を強く望んだ。その結果として前述の「アイヌ・グループ」が渡米することになったのだが、人類学部の敷地内に再現した人工的居住空間に暮らす先住民の生活を来場者に「見せる」という展示手法は、当時趨勢であった社会進化論、そして帝国主義的な「支配・被支配」構造に基づく差別的なものであった。来場者による先住民参加者への横暴、侮蔑、好奇の視線については、稲垣も通信記事に詳細を綴っている。後世において悪名高いこの先住民族の「展示」は、セントルイス万国博覧会における負の遺産の一つであると言えよう。その一方で、「聖路易通信」にはアイヌの人々が単に珍しい被写体、又は展示対象として存在していたわけではなく、異なる文化背景を持つ人々が出会う接触領域(1)である万国博覧会において、彼らが現地の米国人来場者や近隣の先住民、日本人の博覧会関係者などと接触・交流し、得難い体験をしていたことも綴られている。そこで本解説では、今まで断片的に知られてきた「アイヌ・グループ」と稲垣陽一郎の八ヶ月に及ぶ米国滞在を「聖路易通信」や当時の新聞記事、博覧会の報告書等から明らかにし、米国における彼らの異文化体験を紐解きたいと考える。

聖路易への旅路

出航までの道のり・東京

「アイヌ・グループ」の旅は、北の玄関口・札幌駅から始まった。出発日は一九〇四年三月七日。日本出国までの詳細についてはスター(1904a, 1904b)に詳しいが、札幌駅には英国聖公会宣教協会(以下「CMS」と略記)の宣教師ジョン・バチェラー、アメリカン・ボードの宣教師ベル、北海道庁水産課の藤村信吉、札幌農学校教授の宮部金吾、石川某が見送りに集まっていた。「アイヌ・グループ」、フレデリック・スター、助手ゴンサレス、稲垣陽一郎の一行は人々に別れを告げると、まず札幌から列車で室蘭まで向かい、マルイチ旅館で青森行きの連絡船を待つことにした。待機中に一度、日露戦争に従軍する兵士六百名程を乗せた連絡船がやってきたが、軍関係者でない一行は乗船を許されなかったという。その後、彼らは同日夜にやってきた連絡船「田子浦丸」に乗船し、函館を経由して三月八日の夜九時頃に青森港に入港した。函館から乗客が多数乗船したため船内は混雑し、辺泥五郎と「アイヌ・グループ」の女性二人は船酔いで苦しんだようだ。それから一行は青森と仙台に数日滞在して所用を済ませ、列車で三十六時間かけて東京に到着した。三月十二日の早朝のことだった。

東京駅に着いた一行を出迎えたのは、スターと親交のあったアーネスト・クレメント[2]が学院長を務める東京学院[3]の山田ヨシゾウ[4]である。山田に案内されて、スターとゴンサレスは東京駅からクレメントの学院がある市ヶ谷までの道程（約四キロメートル）を人力車で、「アイヌ・グループ」と稲垣は少なくとも最初は徒歩で同じ市ヶ谷まで向かった、とスターのフィールド・ノートには記されている(STARR 1904b)。大学教授であるスターが特別扱いされていることは否めないが、「アイヌ・グループ」と別行動をとった理由は宿泊場所が異なっていたことも関係している。スターとゴンサレスは陸軍士官学校に隣接する牛込区市ヶ谷左内坂町二九（現在の市ヶ谷左内坂付近）のクレメント邸に宿泊し、アイヌの一行は「牛込區市ヶ谷田町一丁目二番地代々村わか方」に宿泊するよう手配されていたのである（『東京朝日新聞』一九〇四年三月十六日朝刊）。当時の地図を調べてみると、この宿は同じ市ヶ谷にあるので東京学院までは徒歩圏内の距離である。

スターの来日を資金面で支えていたのはセントルイス万国博覧会・人類学部門の責任者ウィリアム・ジョン・マギーだが、日本滞在中には園田北海道庁長官、農商務省の手島精一、帝国大学教授の坪井正五郎、外務省官僚など日米の関係者、そしてジョン・バチェラーが実務面で彼を助けている。同時に忘れてはならないことは、横浜や東京、北海道に至るまでの道中でスターと交流した在留外国人（多くは宣教師）が多数いたことである。クレメント以外にも、横浜のヘンリー・ルーミス（アメリカン・バイブル・ソサエティ）、東京のマキム監督とタッカー師（米国聖公会）、オズボーン女史とケイト夫妻（ユニバーサリスト）、イーストレイク教授、青森のハリス師（アメリカ・オランダ改革派教会）、大阪のモズレー師（南メソジスト監督教会）など二十名近くに上っている（STARR 1904b）。バチェラーの協力なしに「アイヌ・グループ」を探し出すことは困難であったはずだが、スターの任務を陰で支えた在留外国人がいたことにも留意する必要があるだろう。

上京後の「アイヌ・グループ」については詳らかでない点も多いが、セントルイス行きの一行が到着した日の夕刻に東京学院のレセプションに招待されたことが分かっている。東京学院はバプテスト派の男子校で、毎週土曜日に集会を行うのが学院の通例となっていた。一九〇三年十二月時点の統計では中等科に三十名、高等科に四名の学生が在籍していた（AMERICAN BAPTIST FOREIGN MISSION SOCIETY 1905）。学院の集会場に現れたアイヌの一行は和装姿で、スター（1904a）によれば、それは一ヶ月分の給料を前借りして彼らが初めて購入したものだったという。集会は祈祷と讃美歌で厳かに開始され、学生代表によるゲスト歓迎の挨拶に対して、まず弥蔵が返礼を述べた。それから、生徒が日本語で讃美歌を歌い、続いて五郎がアイヌ語で讃美歌を披露した。途中でクトロゲも挨拶を求められたのだが、緊張のため上手くいかず弥蔵が代わりに務めている。その後に演説者として演台に立ったのは、東京学院の卒業生でメソジスト系の大学[5]に通っている男子学生であった。彼の日本語演説はスターに向けたものだったのだが、英語に訳された内容からは学院の生徒が「アイヌ・グループ」の旅の安寧を真摯に祈っており、スターに彼らの後見を依頼していたことが窺える。特に男子学生が、アイヌの人々に対する日本人の過去の行いには誤りがあったと、一部において非を認める発言をしていることは興味深い。生徒たちの「アイヌ・グループ」への関心と同情に対してスターは短く感謝の意を伝え、最後は皆で讃美歌を歌って集会は終わりを告げた。集会後には紅茶とケーキが出され、ゲストであるアイヌの一行はこの機会を満喫したようである。一行が帰る際に生徒たちは提灯を持って見送ってくれ、スターはこの夜のレセプションは大成功だったと記している（1904a）。

東京学院の葉書（編者所蔵）

　このほか、「アイヌ・グループ」は三月十四日午後にも築地の立教女学校[6]から招待を受けている。これは、東京学院でのレセプションに感動した稲垣が米国聖公会のマキム監督（現「主教」）、タッカー師らに働きかけ、（稲垣の）母校・立教学校の姉妹校にあたる立教女学校でも同様の集まりを企画したためと推測できる。しかし、女生徒一六〇名が何時間待っても「アイヌ・グループ」は姿を現さず、予定していた集まりは中止されてしまう。実は、シラケが風邪をひいてしまい一行は身動きがとれなかったのだが、この集まりは後日改めて行われることとなった。この後日談については、一九〇四年三月二十五日発行の『基督教週報』に記事（「アイヌの米國行」(7)）が残されている。特筆すべきは、クトロゲ、弥蔵、五郎の三人が、立教女学校での集会においてアイヌの風習に関する談話を行ったことである。談話で用いられた言語は日本語と推測されるが、讃美歌はアイヌ語で歌われた。猟師であるクトロゲは狩猟や熊送りの儀式について、弥蔵は農耕牧畜と彫り物について、五郎はアイヌの文身《いれずみ》や文化風習についてと分野別に談話を担当している。ちなみに、スター（1904a）は「アイヌ・グループ」が立教女学校を訪れた日付を三月十五日としているが、『基督教週報』の記事では十六日となっている。スターは両日とも「アイヌ・グループ」とは行動を別にしており立教女学校の集会（再訪時）にも参加していないため（STARR 1904b）、日付を勘違いした可能性も考えられるだろう。例えば、スターは十五日午前中には赤坂葵町三丁目にあった大倉喜八郎邸を訪れ、彼の所蔵コレクション（現在の大倉集古館）を鑑賞している。いずれにせよ現時点では関係資料が限られているため、立教女学校訪問日を確定することはできない。

東京ではミッション・スクールや教会訪問のほかに、長年音通不信であったサンゲアの息子トゥペレキが現れるという予想外の出来事も起こった。きっかけは一九〇四年三月十六日発行の『東京朝日新聞（朝刊）』に掲載された記事「アイヌ男女八名の出京（聖路易博覧會行）」(8)である。この記事には一行の名前や東京での宿泊先のほか、上京後に行方不明となっていたサンゲアの息子トゥペレキについて、また「何れも日本服を着し妻は毛髪を垂れ口邊には例の入墨をなし両耳には大なる金輪を掛け又娘は赤前垂を掛け居り日本語も多少解せるよしなる」と日本人記者が見たグループの様子が短く記されている。この『東京朝日新聞』の記事から推測するに、平取出身のトゥペレキは宣教師バチェラーに感化されて一〇年程前（一八九四年頃）に聖公会信徒となったと考えられる。ただ、情報の精度という意味においては、幾つか首を傾げたくなる部分が見られる。例えば、宣教師ジョン・バチェラーが息子を英国に連れて行ったとサンゲア夫妻は思い、落胆していると記事にはある。しかし、バチェラーは札幌在住であり、サンゲア夫妻がそのような発言をするのは腑に落ちない。また、トゥペレキが上京したのは一九〇三年頃のことであるので（FREY 2007）、一〇年前に上京して行方不明というのも事実とは齟齬がある。

　トゥペレキは、聖公会が函館・谷地頭で運営していたアイヌ子弟のための養成学校《トレーニング・スクール》（後述参照）に一八九五年頃から在籍しており（CMS ARCHIVE G1 J/1895/199）、在学中に釧路・春採のアイヌ学校で短期間ローマ字の指導補佐をするほど成績も優秀であった（中村 一九九一）。一八九七年に養成学校を卒業し、同じく聖公会によって運営されていた更に上級の教育機関「函館トレーニング・インスティチューション」へ進学している（CMS ARCHIVE G1 J/1898/211）。しかし、北海道地方部監督ファイソンが一九〇〇年に記したCMS本部への報告書（CMS ARCHIVE G1 J/1900/249）によると、トゥペレキは漢字の読解力が不足しており、授業についていくのが難しかったようだ。彼は三年間養成機関に在籍した後、聖公会北海道地方部の伝道師補佐[9]として札幌や釧路で働いていたが、一九〇三年九月に聖公会を去っている。（CMS ARCHIVE G1 J/1903/61）。その後は、プロテスタントの宗教団体・

大せい屋の写真（近森聖美氏所蔵）

救世軍で働くために東京へ出たまま消息不明となっていた（FREY 2007）。新聞記事を読んだトゥペレキが宿を訪ねてきたのは十六日夜で、彼は東京の際物雑誌社で働いているとのことだった。面会に来たトゥペレキは和装で髭も剃っており、スターは彼を洞察力に長け、白人と日本人について多少知識を持っていると評している（STARR 1904a）。トゥペレキが現れた主な理由は、「アイヌ・グループ」に同行してセントルイスへ行くための許可をスターから得ることだった。しかしながら、渡米予定日が迫っており、パスポートを作成する時間や書類も整っていなかったため、彼の哀願は叶えられなかった。

米国行が叶わずトゥペレキの失望は大きかったはずだが、三月二十一日には「アイヌ父子の對面」と題された続報記事が『東京朝日新聞（朝刊）』に掲載された。この記事によれば、行方不明であったトゥペレキが大倉喜八郎邸に暮らす代議士の書生となっていたことが判明し、サンゲアが赤坂の大倉邸を訪ねて涙の親子対面を果たしたという。この親子対面はスターが記した逸話とは全く異なっており、今となっては真偽は不明である。ただ、スター（1904a）はトゥペレキとの面会について詳しく書いており、翌十七日に「アイヌ・グループ」は稲垣に伴われて横浜へ向かっているので、サンゲアが大倉邸まで赴く時間があったのか疑問である。いずれにせよ、「アイヌ・グループ」と稲垣は東京のトゥペレキに別れを告げ、検疫や医師による渡航前診察など必要な検査を受けるため横浜へ向かった。そして、そのまま横浜の「大せい屋」に宿泊した（STARR 1904b）。一方、スターとゴンサレスは彼らと別行動をとり、市ヶ谷のクレメント邸に出発前日まで滞在している。米国への旅立ちは、いよいよ翌日に迫っていた。

太平洋横断

現代であれば、東京（成田国際空港）からセントルイス（ランバート・セントルイス国際空港）までは、乗り換え時間を含めても航空機で十数時間の旅である。しかし、二十世紀初頭においては、まず北米大陸の港まで太平洋航路を結ぶ定期客船で航海し、そこから鉄道に乗り換えてセントルイスを目指すのが一般的であった。作家・星新一の父で実業家の星一[10]（一八七三―一九五一）が博覧会参加者向けに発行した旅の指南書『米国聖路易万国博覧会渡航案内』（一九〇三）によると、当時の日米航路は二つあった。一つは、横浜からハワイを経てサンフランシスコへ向かうルート、もう一つは同じく横浜からカナダのビクトリアを経由する最短ルートである。前者は太平洋汽船会社又は東洋汽船会社が運航しており、後者は郵船会社（最終目的地シアトル）とカナダ太平洋汽船会社（最終目的地バンクーバー）が運航していた。一行が乗船したのは、後者のルートを辿るカナダ太平洋汽船会社の定期客船

「エンプレス・オブ・ジャパン号」であった。しかし、定期客船と言っても船体が三〇〇三トンと小さいため、船酔いに苦しむ乗客が多数出たようである。とは言え、一九〇四年三月二十六日発行の『ジャパン・ウィークリー・メイル』によれば、スターとゴンサレスは一等船室を確保しているので例外だったかもしれない。稲垣には二等船室が与えられた可能性もあるが、「アイヌ・グループ」に三等船室があてがわれたことはスターの著書（1904a）から窺える。「アイヌ・グループ」は日本人乗客が多数を占めていた船内で「珍重」され、殊に幼女二人は可愛がられた。当時きんは六歳、キクは二歳である。

　太平洋横断中に「アイヌ・グループ」メンバーの多くは船酔いで難儀したが、サンゲアとクトロゲはものともせず、二等室客の親睦会でアイヌの踊りを披露している。また、横浜を出港して十日目の三月二十八日には、日露戦争中の日本海軍恤兵部への寄附金を募るために開かれた「慈善夜会」に儀式用の正装で出席した。この夜会は一等船客が開催した音楽や文学を中心とした船内プログラムで、百名を超える紳士淑女が集まった。スターはこの慈善夜会でアイヌの風俗習慣を紹介し、彼らがコーカソイドであるという持論を「人類学者としての見地から」熱く語った。ユカラについても解説し、続いてサンゲアとクトロゲが実際に聴衆の前でユカラを謡い喝采を浴びている。二人はスターの講演を大変喜んだと稲垣は記している。

　そして、この夜会の翌日。太平洋を横断する十日以上の長い航海を経て、「アイヌ・グループ」は船から北米大陸を初めて目にする。通信には「船は一日平均三百四十哩余《あまり》を走りて、十三日目の夕月、太平洋の波間より昇れる頃、初めてバンクバー《ママ》島を左方に眺め、夜半ビクトリア港に碇泊」とあるが、彼らの出発は三月十八日昼なので稲垣がこの時見たのは十二回目の夕月であろう。スター（1904a）によれば、日没の後で陸地が見えてきたが、靄が低くこめていて丘陵線がおぼろげに見えるだけであった。三等船室からデッキに呼ばれた「アイヌ・グループ」は、初めは目にしているものが何なのか理解できない様子だったという。彼らはそれが陸地であると分かると低い声で泣きはじめ、最初にサンゲア、それからクトロゲが岸に向かって厳かに坐ると、感謝の気持ちを込めてアイヌの作法で拝礼をした。

バンクーバー到着

ビクトリアを経由して彼らがバンクーバーに到着したのは、三月三十日午後のことであった。バンクーバー埠頭の米国移民局で医師による検査を受け、「アイヌ・グループ」と稲垣には米国入国管理官から査証が発行された。その後、現地の「日本領事森川氏夫妻書記生吉江氏ら」が一行を訪問し、キクときんに贈物を送ったという。当時のバンクーバー領事・森川季四朗は、日本人移民子弟のための教育の必要性を訴え、一九〇六年に日本の国民学校に準じた「バンクーバー共立国民学校」を創設した人物である（飯野　二〇〇二）。領事館の書記生についてはスターも自著で記しているが、興味深いことに、その印象や記載内容は稲垣のものとは全く異なっている。スターによると、にこやかだった書記生の一人が、お腹を空かせたキクにシュトラテクが授乳をしているところを見ると急変し、厳しく叱責したとある。スターはこの書記生の威圧的な態度について、「日本人は、我々がアイヌを日本人の祖先と勘違いするのではないか、又は日本文化がアイヌから生じたと考えるのではないかと、すっかり怯えている」(1904a: 98)と分析している。恐らく書記生は、人前で授乳する行為を「非文明的」とみなして激怒したのだろう。その頃の北米西海岸地域では、増え続ける東洋系移民への警戒心が高まっており、一九〇七年九月にはバンクーバーで日本人移民排斥暴動が起こっている(菊池　一九九二)。「黄禍論」が渦巻きつつある北米西海岸において、日本領事館では白人社会における東洋人蔑視や移民排斥の動きに苦心していた。書記生の行動からは、「アイヌ・グループ」の一挙手一投足が在米邦人に対する白人の蔑視を助長するのではないかと危惧する様子が伝わってくる。

一行は、翌三十一日午前中に税関審査を終えると、束の間のバンクーバー観光を楽しんだ。審査官メイヨー氏が招待してくれたドック・ショーを鑑賞(シラケは犬の数と様々な鳴き声に驚き号泣)後、現在もバンクーバー市民の憩いの場となっている広大なスタンレー・パークを訪れ、午後のひと時を過ごしている(STARR 1904a)。その夕方には、市内の日本メソジスト教会で開かれたレセプションにも招待されているので多忙な一日であったことだろう。彼らが集会に招かれた詳しい経緯は不明だが、招待客の一人であるバンクーバー芸術歴史科学協会の会長エドワード・オドラム(Edward Odlum 一八五〇―一九三五)、又はレセプションの責任者であるメソジスト派教会の牧師・鏑木五郎(一八五四頃―一九二六)が何らかの形で関わっていたと推測される。オドラムは一八八六年から八九年まで日本に滞在しており、メソジスト派のミッショナリーとして東洋英和学校(現在の麻布中・高等学校)で教鞭をとっていた(ION 1972)。スターの著書(1904a)によると、彼は『蝦夷地一周ひとり旅』(一でアイヌの人々と再び再会できたことを喜んでいたそうである。オドラムから日本とアイヌに関する情報を得ようとしたのか、スターは日本へ出港前の一九〇四年一月下旬の数日間に、オドラムに面会しようとバンクーバー市内を探し回っている（STARR 1904b: 39）。興味深いことに、王立オンタリオ博物館には「Odlum, E.」という人物が一八八八年に色丹島、択捉島、北海道東海岸のアイヌ・コタンで収集したとされるアイヌ民族資料五十五点が収蔵されている（煎本　一九九五）。収集年の一八八八年がオドラムの日本滞在期間と合致すること、彼がオンタリオ州タラモア出身であること、そしてオドラムと蝦夷に関するスターの記述から、この人物と前述のオドラムが同一人物である可能性は非常に高いと考えられる。一方、鏑木五郎はレセプションを取り仕切っていた責任者で、シカゴのノースウェスタン大学を卒業後、抜群の英語力と指導力をもってバンクーバー日本人移民社会の中心的存在となっていた。鏑木は慣れない風習や言語に戸惑う日本人移民に手を差し伸べ、キリスト教への帰依による白人社会への適応を促す伝道活動を続けていた（飯野　二〇〇二）。オドラムも鏑木も、日本から海を越えてやって来たアイヌの一行に強い関心を抱いていたに違いない。

レセプションの主な参加者はカナダに移民した日本人だったが、国籍以外にも「アイヌ・グループ」と集会参加者を結ぶ共通点――「キリスト教」――があった。稲垣は『基督教週報』の読者を想定して執筆しているので、記事に多少の誇張や大げさな言い回しがあることは否めないが、レセプションで讃美歌を歌う「アイヌ・グループ」を見て、稲垣だけでなく参加者が大きな感銘を受けたことは想像に難くない。「アイヌ・グループ」は彼らの関心に応えるように、レセプションで伝統的なアイヌの暮らしや風習、文化について談話を行っている。これは、東京のミッション・スクールで行った談話と同じ内容だと想定できるが、稲垣はバンクーバーの集会でこの三人が「日本語で」談話したと明確に記しており、ここから弥蔵と五郎のみならず、伝統的なアイヌ・コタンに暮らしていたクトロゲの日本語能力が、聴衆の前で談話を行うのに問題がないほど高かったと推測することができる。弥蔵か五郎がクトロゲのアイヌ語を日本語に通訳したという可能性も否めないが、札幌を出発して以降、彼らは集会等で談話を行う機会が幾度かあったため、人前に立つことにも次第に慣れていったのではないだろうか。

北太平洋鉄道

「アイヌ・グループ」一行はバンクーバーで多くの邦人と交流した後、四月一日朝に汽車で南下し、米国入りした。そして同日夕方五時半にシアトルに到着し、翌二日夕方にノーザン・パシフィック鉄道で一路セントルイスを目指した。ワシントン州、アイダホ州、モンタナ州を横切り、ビリングス駅でバーリントン線（シカゴ・バーリントン・アンド・クインシー鉄道）に乗り換えるというルートで、昼間であればロッキー山脈など米国北西部の雄大な景色が車窓に広がっていたはずである。列車移動中には、途中駅で停車するたび「アイヌ・グループ」を一目見ようと集まってきた群集に囲まれたという。

乗換駅のビリングス（モンタナ州）南には、現在も米国先住民のクロウ（アプサロケ）族の居留地二百エーカーが広がっている。この当時の彼らの居留地は、一八八六年に連邦政府との間で結ばれたフォート・ララミー条約により八百エーカーあったので（CROW NATION EXECUTIVE BRANCH）、稲垣が列車から見た「穴屋」というのはクロウ族の「ティピー（円錐型の移動式住居）」を指している可能性が高い。稲垣が車窓から見た米国北西部の景色は壮大だが、バッファローが草原から消えてしまった挿話など、北海道開拓期に乱獲され絶滅の危機に瀕したエゾ鹿を想起させ物悲しい。特に、停車駅で邂逅した米国先住民の人々との話は胸に迫るものがある。恐らく、クトロゲ達に握手を求めた米国先住民男性たちとの出来事はシアトルからビリングス駅までに起こっており、米国先住民女性との出来事はビリングス駅でのことであろう。米国先住民女性がアイヌの婦人らに何を伝えたかったのかは知る由もないが、一行が日本の先住民族であると分かった上で言葉は通じなくとも伝えたい思いがあったと推測される。ただ、こうした光景を見た稲垣は両者を日本とア

セントルイス駅に到着した「アイヌ・グループ」についての記事（The St. Louis Republic, April 7, 1904 (The State Historical Society of Missouri, Newspaper collection)）

メリカにおける「衰滅の遺民」と表して憐れんでいるが、その現状を変わらないものとして受け入れている。当時趨勢であった社会進化論的な考えに基づき、先住民族を自然淘汰される存在、つまり「滅びゆく民族」とみなしていたことが窺える。

四月四日にビリングス駅を出発した後、汽車はワイオミング州、サウス・ダコタ州、ネブラスカ州を疾走した。そしてミズーリ州セント・ジョセフで換車した後、カンザスシティを通って西進し、四月六日の午後二時に最終目的地セントルイス・ユニオン駅に到着した。シアトルを出発してから車中三泊の長旅である。彼らの到着を首を長くして駅で待っていたのは、博覧会人類学部の秘書・ハーバートと新聞記者たちであった。「アイヌ・グループ」到着の記事は、翌日の現地新聞紙を早速飾っている。ハーバートは疲れ果てていたに違いない一行を馬車に乗せると、博覧会人類学部の敷地内に建てられた模範《モデル》インディアン学校《スクール》に案内した（268頁の写真参照）。白老で購入したチセの材料が完成するまでの仮住まいとして、この学校の一角が「アイヌ・グループ」に割り当てられた。彼らはここに五月中旬まで暮らすこととなった。

日本から一緒に付き添ったスターは、「アイヌ・グループ」を博覧会人類学部門の総責任者マギーに引き合わせると、その役目を終えてシカゴ大学へすぐに戻ることになった。日本への旅で大学を長らく不在にしており、一日も早く講義に戻らねばならなかったためである。スターとの別れに際し「アイヌ・グループ」はひどく悲しみ、クトロゲは友好と感謝の意を込めて、スターに木彫りのお盆を贈っている（STARR 1904a）。アイヌの参加者を見つけてセントルイスまで連れてくることは、マギーからスターに託された特別な任務であったが、彼はそれを上手く成し遂げたといえるだろう。アイヌがコーカソイドであるという自らの理論を裏付けるため、北海道でアイヌの風習や文化について学び、民族資料の収集を行う必要性が彼自身にはあったのである。日本から帰国して約五か月後に、スターは旅の記録をまとめて一冊の本として販売している（後述参照）。任務だけで終わらせず、機を逃さず本の出版も行ったスターは抜け目のない「優秀な」学者だといえるだろう。

セントルイス万国博覧会におけるアイヌ・グループ

セントルイス到着

セントルイス到着の翌日―四月七日―に、稲垣はマギーのオフィスを再び訪ねた。その目的は「アイヌ・グループ」を連れて、現地の教会の日曜礼拝に出席する許可を得ることであった。稲垣は東京のマキム監督からミズーリ州の米聖公会主教であるダニエル・シルベスター・タットル宛ての紹介状を預かっていたので、マギーから正式に礼拝への参加許可を得ることができた。タットルは、一九〇三年から米聖公会の第十三代総裁主教を務める人望厚い聖職者である（EPISCOPAL DIOCESE OF MISSOURI 2015）。セントルイス市内の高級住宅地・ヴァンダベンタープレイスに居を構えており、

『セントルイス・リパブリック』に掲載されたアイヌの参加者の挿絵（The St. Louis Republic, April 24 1904, SUPPLEMENTAL MAGAZINE. The State Historical Society of Missouri, Newspaper collection）

彼を訪ねた稲垣は博覧会会場であるフォレスト・パークに一番近い「昇天教会」を勧められる。そして、今度は昇天教会の牧師ジェームス・リド・ウィンチェスターをタットルに同伴して訪ね、（残念ながら不在であったが）要領良く「アイヌ・グループ」と一緒に日曜礼拝に参加する手はずを整えることができた。そして三日後の四月十日に「アイヌ・グループ」を連れて昇天教会の日曜礼拝に初めて出席したのであった。

昇天教会は一八八八年秋に、セントルイス市内ユニオン日曜学校に出席していた聖公会信徒によって結成され、現在のケイツ通りとグッドフェロー通りの交差点付近にあった（WAYMAN 1978）。博覧会会場は、今のフォレスト・パークの西側からワシントン大学とコンコーディア神学校付近に広がっていたが、昇天教会までの距離は約二マイル（三・二キロメートル）である。ウィンチェスター牧師は日曜礼拝にやってきた「アイヌ・グループ」のために予め席を用意し、歓迎の意を表してくれたという。彼らの日曜礼拝出席は大きな注目を集め、翌日の地元新聞記事、さらには翌週四月十八日の『セントルイス・スター』紙でも「アイヌ・グループ」の男性三名、女性三名が十日の翌週の日曜礼拝に参加したと伝えている（財部　二〇〇二）。このように昇天教会の日曜礼拝に出席するようになった「アイヌ・グループ」は、博覧会開催前の段階から既に教会信者のアメリカ人と交流を開始していたといえるだろう。

それでは、「アイヌ・グループ」は当時の米国でどのように受け止められたのであろうか。「謎の民族」アイヌに対して米国人が抱いていたステレオ・タイプは様々あったのだが、一九〇四年一月十日発行の『トリビューン』紙には訪日前のスターを取材した興味深い特集記事が組まれている。この時スターは、ロミン・ヒッチコック[11]による和人とアイヌの関係性について引用しながらアイヌの身体的特徴や風習、文化について語っている。それは財部（二〇〇一）が指摘するように、アイヌを「コーカソイド」とするフレデリック・スターの仮説を含め、欧米人研究者などによる当時の「アイヌ観[12]」を大きく反映したものであった。そして、スターの新聞記事は読者に対して一定の影響力があったと考えられる（このほか興味深いことに、アイヌは「笑わない」と当時のアメリカで信じられていたと稲垣は伝えている）。しかし、実際に渡米したアイヌの人々に接した米国人は、丁寧で礼儀正しいアイヌの人々に非常に良い印象を抱いた。アイヌはどんなに恐ろしく、野蛮な人たちなのかと興味津々であった彼らは、その温和な様子に拍子抜けしてしまったようだ。従順なキリスト教徒で、手芸を好む者あり、英語も多少理解する者ありという「文明的」な彼らに、米国人は少なからぬ驚きと親しみを抱いたのだろう。

この点については、稲垣が第二信で触れている「アイヌ・グループ」の記事が参考になる。これは地元紙『セントルイス・リパブリック』の四月二十四日（日曜版付録雑誌）一面に掲載され、アイヌの参加者を「帝の最も風変わりな臣下」と題し彩色画で紹介している（264頁参照）。稲垣は「クトロゲ夫妻とキクの彩色画」としているが、女性の風貌はシュトラテクよりシラケに似ているように見える。左側のコラム欄には、「アイヌ・グループ」が北日本・蝦夷からやって来た先住民族であるということ、彼らの風貌や習慣について、それから幼女キクについての記事などが載っている（彼女の名前はアイヌ語で「菊」を表すとしているが、これは「日本語で」の誤りである）。また、明治政府の同化政策にも言及しており、「最近、日本で通過したある法律がアイヌのこの風習（＝文身《いれずみ》）を禁止したので、より多くの世代が、もう一方の人々（＝和人）と区別がつかなくなるだろう」と論じている。

　幼女キクには生来の愛敬があり、模範インディアン学校を訪れた面々から可愛がられた。その人気ぶりは、博覧会が終わるまでに彼女がすっかり甘やかされてしまうのではないかと記者が危惧するほどであった。コラム欄には、キクがアメリカ人女性から初めてのゴム人形をプレゼントされ、人形にキスして大喜びしたとある。ゴム人形を愛おしむキクの様子はアメリカ人の幼児のそれと変わらず、見る者の目を楽しませた。稲垣が紹介した「若しキクにしてこの国に止まるならば、慧かによきアメリカ婦人となるべし」という現地の新聞記事は、そうした無邪気なキクの様子が好意的に受け止められた結果だという点を付け加えたい。その一方、南米から到着したパタゴニア・テウェルチェ族（Tehuelches）の一行は「アイヌ・グループ」の好評とは対照的に、セントルイス・リパブリックの同一記事で「世界で最も汚い人々」などと酷評された。彼らに対する米国人の言説は「不潔と粗野、意地悪しき」など批判的で、蔑視すべき対象として扱われたことが現地の新聞記事からみてとれる。稲垣も通信内で憤慨しているように、「文明人」により一方的に「野蛮」とされた他国の先住民参加者（アフリカのピグミーなど）は、博覧会において来場者等から極めて不当な扱いを受けることとなった。

セントルイス万国博覧会・人類学部概要

セントルイス万国博覧会は、フランスからのルイジアナ州購入百周年を記念して一九〇四年四月三十一日から同年十二月一日まで開催された。初日の入場者数は約十八万八千人で、過去のフィラデルフィア万博（一八七六年）、シカゴ万博（一八九三年）を上回るものであったという（『東京朝日新聞』一九〇四年六月八日朝刊）。博覧会場内には二十一の政府館や「興行区（パイク）」のほかに、教育、美術、工芸、工業、電気、心芸（リベラル・アーツ）、運輸、農業、山林漁猟、鉱業、機械、園芸、人類学の分野別に建物が建てられた。ただし、「パレス」と呼ばれる十二の豪奢な建築物がフェスティバル・ホールを囲むように建設されたのに対して、人類学部に関しては博覧会事務局が入る建物の一部を共同で使用していた。日本は機械、園芸、人類学の各館以外に出品し、展示スペースと政府館の総敷地面積は約七エーカーもあった（HANSON 1904）。これは日本政府がセントルイス博覧会を日本の近代化と産業技術力を世界に発信する場と捉え、出品に力を注いだことを示唆している。

セントルイス万国博覧会の人類学部館においては各種展示も行われたが、人類学部長マギーが特に力を入れたのは世界各地から当時「未開」とされた未知の諸民族を集め、彼らの日常を入場者に見せ

模範インディアン学校（OFFICIAL CATALOGUE COMPANY 1904: 9）

るという「ヒトの展示」であった。「アイヌ・グループ」の参加が強く望まれた背景には、米国大衆の好奇心を満たすという目的以外に「新たな学問領域として発展しつつあった、米国の人類学・民族学組織と人類学者の存在」（宮武二〇一〇b：五七）が大きく影響していたと考えられる。セントルイス万国博覧会人類学部長マギーやフレデリック・スターは当時の米国人類学における中核人物であり、彼らが「アイヌ・グループ」に抱いていた学術的関心も見逃すことはできない。また「聖路易通信」第五信にあるように、この展示は「地球の両半面の生活状態を示して、之により啻に人智を上達せしむるのみならず、又各国民の間に平和と好意の増進を期せんとする」[13]ことも目指していた。これらの目的に沿って、セントルイス万国博覧会人類学部は、北米、北海道、南米パタゴニア、アフリカからやってきた先住民の人々に伝統的居住空間を再現させ、人類学部敷地内に小さな「村」を多数作らせた。また、人口湖を挟んだ「アイヌ村」の対岸には米国の支配下にあったフィリピン政府による大規模な村が建設され、一一〇〇人を超すフィリピン先住民が暮らした（FERMIN 2004）。

この他に、人類学部敷地内には「模範インディアン学校」も建設された。博覧会公式カタログ（人類学部門）によると、米国内には（一九〇四年当時）で合衆国政府による二五七のインディアン寄宿学校があり、約二万九千人の米国先住民学生が在籍していた。これらの寄宿学校は、「インディアンを殺して人間を救え（Kill the Indian, Save the Man）」という有名な標語を残した軍人リチャード・プラットにより一八八四年に設立された「カーライル・インディアン工業学校」をモデルとして全米に広がり、米国先住民子弟を同化し文明化させることを目的としていた（ADAMS 1995）。寄宿学校においては先住民の言語、文化、世界観、アイデンティティなど全てが否定され、キリスト教的世界観と英語による実学教育が押し付けられた。そして、一九〇四年のセントルイス博覧会では、そうした公教育による米国先住民の「進歩」を一般に知らしめるため「模範インディアン学校」の建設が企画されたのである。学校長はシロッコ・インディアン農業学校長のサミュエル・M・マッコーワン。模範インディアン学校には、オクラホマ州シロッコ、カンザス州ハスケル、ネブラスカ州ジェノアの各学校から一六〇名の米国先住民学生が集められた。また、ここには幼稚園も併設され、アリゾナのサカトンからピマ族の幼稚園児（六歳から七歳）十二名が集められていた。

模範インディアン学校に関しては、『東京朝日新聞（一九〇四年七月二十六日朝刊）』に「亜米利加印度人学校」と題する紹介記事が掲載されている。その一部を以下に抜粋する。

「…此家屋は中央に廣き廊下を設け右方を教育を受けたる印度人とし左方を無教育の印度人とせり第一室は食堂、第二室は臺所、第三室は裁縫所、第四室は大工鍛冶工、第五室は印刷所等に區別し総て文明的と野蠻的と其室を相對し右と左とを比較せしむる工夫とはなれるなり…」

この記事にあるように模範インディアン学校の教室は左右に分かれており、右側の教室では洋装の学生に料理や裁縫等の家政学、鍛冶、土木、塗装等のデモンストレーションを行わせ、左側の教室では部族衣装のままの生徒に手工芸品等を作らせるという工夫が凝らされていた。これは学校訪問者に「文明」と「非文明」を比較対照させるという「視覚装置」であり、米国連邦政府による強制的な同化政策を肯定させる意図が働いていたと考えられる。

「アイヌ村」とチセ新築

「アイヌ・グループ」が博覧会内で暮らした住居は、白老でフレデリック・スターが手配した伝統的なアイヌの家屋（チセ）であった。しかし、「エンプレス・オブ・ジャパン号」に搭載スペースが確保できなかったため、一行は「模範インディアン学校」を仮宿として、別便に積み込んだ資材の到着を長く待たねばならなかった。「聖路易通信」第三信によると、チセの資材が到着したのは五月十三日夕方。そして、通常なら少なくとも二週間はかかるところを、僅か三日でチセを建て終えてしまったという。にわかに信じがたい建築速度だが、自分たちの住居を一刻も早く作りたかったのだろう。風通しを良くするため、玄関・納戸にあたる前室と母屋を分離し、両者を繋ぐ通路に屋根を葺いたとスターは記

チセの前で（アメリカ自然史博物館蔵 Image#313439, American Museum of Natural History Library）

している（1904a）。巻頭の口絵写真8には、この通路部分の前に立つ辺泥五郎が写っている。「アイヌ村」にはチセだけでなく周囲に畑も作られ、北海道から持参した粟や稗、豆、イナキビの種が蒔かれた。人類学部敷地内の「アイヌ村」は、こうして小規模ながらも無事に完成したのであった。

それからチセ新築後の週末（二十一日午後）には、人類学部長マギー、模範インディアン学校長マッコーワンと校長夫人など人類学部関係者や新聞記者など約十五名を招いて新築祝（チセノミ）が行われた。チセノミは、火の神をはじめ、新居での暮らしを守護してくれるアイヌの神々を迎える儀式である（財団法人アイヌ文化振興・研究推進機構　二〇〇三）。この時の様子は現地紙『ポスト・ディスパッチ』に詳細が報じられているが[14]、長老サンゲアが祭司となり儀式が執り行われ、（チセの東にある）神聖な窓に面した屋外に祭壇が設けられた。アイヌの女性達が杵歌を歌いながら臼でイナキビを搗く方法を見せたり、できあがったイナキビ餅と楽しげな踊りを披露するなどして全員で招待客をもてなした。儀式の最後にはサンゲアが（稲垣の通訳で）招待客に謝辞を述べ、儀式の終了は午後四時半頃であった。次いで翌二十二日（日曜日）午後四時からは、稲垣の発案でキリスト教式に則ったアイヌ語と日本語によるチセ落成感謝会が開かれた。

サントゥクノとロレンツァ（アメリカ自然史博物館所蔵 Image#313440, American Museum of Natural History Library）

チセが完成した日の夕方には、「ご近所」に住むパタゴニア先住民・テウェルチェ族の老婦人が新築祝いとしてサントゥクノに肉一片を贈るという出来事も起こった。両者は言葉が通じないため、パタゴニアの老婦人は身振り手振りでサントゥクノに祝いの意味を伝えたという。その返礼として、サントゥクノが二十一日夕方にチセノミで招待客にふるまったイナキビ餅をパタゴニア老婦人に贈答し、彼女と笑顔で握手を交わしたことが記事に記されている。この老婦人というのは、恐らくパタゴニアからやってきたテウェルチェ族の女性ロレンツァである。[15]サントゥクノとロレンツァの友情は、米国人女性ジャーナリスト・ビールズが撮影した写真にも残されている。あまり注目されないことだが、このように人類学部敷地内に暮らした先住民たちは言葉の壁を越えて、少しずつ交流を深めていったのである。

新居を構えた「アイヌ・グループ」の日常は、この頃からにわかに忙しくなってくる。例えば、チセ新築を知り興味を持ったのか、二十三日（月曜日）には日本政府の臨時博覧会副総裁・松平正直男爵が「アイヌ村」を突如訪問している。松平は博覧会開催の前年以降、人類学部の展示企画と「アイヌ・グループ」の渡米に関して外務省から照会を受けており、間接的ではあるものの、セントルイス万国博覧会・人類学部の企画に関わっていた人物である。(16)「アイヌ村」の視察にあたっては、初めて会ったアイヌの人々と会話をしようと試み、満足した様子で去っていったと「聖路易通信」は伝えている。それから五月二十五日には、「アイヌグループ」はひと月以上も暮らしていた「模範インディアン学校」校長マッコーワンから昼食会の招待を受けている。稲垣によれば、校長夫妻と教職員用の食堂で共に食事をとるのは特別の待遇であり、校長が「余は卿等を好み愛す、卿等の行動極めて温厚なればなり」と述べるなど、非常に好意的であった様子が見てとれる。

六月の出来事

六月に入るとすぐ、機械館の南に位置する日本政府館及び庭園の落成式が行われた。その敷地面積は約二千五百坪と各国政府館の中でも広大であった。式には駐米特命全権公使の高平小五郎が臨席し、博覧会日本事務局の副総裁・松平正直、博覧会総裁のフランシスが来賓を出迎えたことが「聖路易通信」に記されている。当日の招待客は約千五百人に上り、中でも米国大統領フランクリン・ルーズベルトの令嬢は主賓として一同に歓待された。庭園内には「本館、事務所、眺望亭、四阿屋二棟、売店、金閣（喫茶店）、台湾館、宇治茶組合商品展示館」（田中 二〇〇七：一〇三）といった建物が配置され、本館は寝殿造り風の折衷様式であった。一九〇四年七月十三日の「東京朝日新聞（朝刊）」は、庭園内の建物について以下のように記している。

「…今少しく庭園に配築せる家屋の装飾其他を紹介すべし、喫茶店としての臺灣館は門の右手にありて純粋なる臺灣風の家屋なり（中略）正面の上部にはフヲルモサ即ち臺灣なる英文を筆太に記し烏龍茶も並び筆太に記されたるを以て田夫野人の外は何人も日本帝國の領地たることを推知し得べし（中略）臺灣館の右手の樹林を隔てゝ喫茶店としての金閣寺あり金閣寺は多くの装飾をなさゞるも池に面し位地尤もよきを以て客の來たるもの臺灣館より多し、門を入りて右手の上丘に事務局あり事務局の右手に添い園内第一に廣大なる建築として見らるゝ賣店あり（中略）園内最高にして正面に位せる所には迎賓館あり此の館内には時代人形を配置せり（中略）其の右手の下部には曾て大阪博覧會へ御料局より出品せる高尚なる建築物二棟あり…」

ここで「迎賓館」としているのは「本館」のことである。落成式に招かれた賓客は園内を自由に散策して仮食堂で立食の饗応を受け、更に台湾館や金閣寺を模した喫茶店で烏龍茶又は緑茶を楽しむことができた。庭園内に台湾館を設けた理由は、引用した新聞記事に「日本帝国の領地たることを推知し得べし」とあるように、台湾が日本の植民地であることを印象づける狙いがあっただろう。ちなみに、日本政府本館、事務所、眺望亭などの建築物は、博覧会閉会後に米国在住の高峰譲吉が購入し、解体してニューヨーク州サリバン郡にある高峰の別荘地に移築された（田中 二〇〇七）。「松楓殿」と名付けられたこの複合建築物は、日米の懸け橋となるべく尽力した高峰の民間外交を支える社交場となった。

稲垣と「アイヌ・グループ」がセントルイスへ渡米した二十世紀前半は、帝国主義の影が一層深まる中で、明治日本が欧米列強に伍する国家となるべく全速力で「近代化」を推し進めていた時期である。しかしながら、一九〇四年時点においても欧米列強との間に結ばれた「不平等条約」の軛から日本は完全に解放されていたわけではなく、こうした国際法上の不均衡な関係を正し、国際的な信頼を得ることは国家的悲願であった（関税自主権の完全回復は一九一一年）。したがって、日本は当時ロシアと交戦中であったにも拘らず、政府館や各館の展示で過去最大の展示面積を確保し戦略的に自国の「近代化」をアピールしたのである。稲垣によれば、日本政府の展示面積は一九〇〇年パリ万博、一八九三年シカゴ万博の三倍であったという。人類が生み出した巨大な式典である万国博覧会は国際政治と表裏一体であり、参加国が国の威信と誇り、国力をかけて競いあう外交の場でもあったと指摘することができる。

日本政府館の落成式（本館前にて）。前列右から松平正直、総裁フランシス、高平小五郎（ミズーリ歴史博物館所蔵 Missouri History Museum, St. Louis. St. Louis World's Fair Albums）

日本政府館落成式から約一週間後の八日には、フィラデルフィアから「自由の鐘」が到着して大規模な式典と移送パレードが行われた。また十四日には、アイヌの幼

模擬遊戯園で遊ぶ子どもたち（ミズーリ歴史博物館所蔵 Missouri History Museum, St. Louis. St. Louis World's Fair Albums）

女二人がモデル・シティ内の「模範小児遊戯園」の開園式に招待されたことが「聖路易通信」に記されている。模範小児遊戯園はニューヨークのハーシュフィールド夫人が設計した四つの建物からなる遊戯施設で、託児所も併設していた。後に博覧会の社会経済審査員により大賞にも選ばれた近代的な施設である。六月十五日発行の『セントルイス・リパブリック』には、博覧会敷地内に暮らす子どもたちが模範小児遊戯園に集まり、五十か国百名名以上の子どもが招待されたと記事にある。この日以外にも、この遊戯園にはアイヌの幼女二人を含めた子ども達が何度も招待され、博覧会閉会近い十一月下旬には「感謝祭」を祝って子ども達に特別ディナーが振る舞われたことが記されている。それから「アイヌ・グループ」は、六月下旬（恐らく定休日の六月二十六日）に博覧会内にある観覧車と「エルサレム」に他の先住民族グループとともに招かれた。この観覧車は一八九三年のシカゴ万国博覧会の呼び物として建設されたのだが、セントルイス万博に際して保管場所のシカゴから資材を輸送して、再度建設されたものである。最大定員数は二千百六十人（三十六台・各定員六十人）で、乗車料金は五十セント（小児料金同一）であった。アイヌの参加者が実際に、七十六メートルの上空から博覧会内を眺めたのかは不明だが、その堂々たる姿を見ただけで驚いたことであろう。

このほか、六月末から開催された全米教育協会の第四十三回年次大会に関連して、二十七日夜に行われた米国先住民学生の催しにアイヌ婦人三人が参加し、杵歌を披露したことが記事から推測される。この年次大会には人類学部長マギーの友人である音楽家ナタリー・カーティスも出席しており、彼女は「アイヌ村」を訪れて杵歌をはじめとするアイヌの歌を譜面に書き起こしている。カーティスは六月二十八日に「インディアンの音楽と教育」と題して講演しているので、その前後に訪問したのであろう。譜面の所在は不明であるが、もし発見されれば大変貴重な資料になることは間違いない。一九〇四年六月の博覧会場ではこのように様々な行事が行われた一方で、大雨や落雷などで不安定な天気が続いていた。人類学部敷地内の展示区域は特に水はけが悪く、不衛生な状態のため病にかかる先住民が多数出たことが記録に残っている。アイヌの参加者の中にも、マラリア等の病気に罹患した者が数名いたことがマギーの六月の報告書に記載されている（TROUTMAN 1997）。ただ、「聖路易通信」に彼らは無事に回復したとあるので大事には至らなかったようだ。

セントルイス万国博覧会の観覧車（米国議会図書館所蔵Library of Congress, LC-USZ62-57681）

「アイヌ・グループ」の好評と米国人

夏（七月初旬）に入ると、「世界中最少の矮人（第五信）」とされた中央アフリカの「ピグミー」代表の男性四名と、同じく中央アフリカ・カサイ川流域から「レッド・アフリカン」と呼ばれるグループがやってきた。この「レッド・アフリカン」グループには、南コンゴの一部地域を治めていたンドンベ王の息子「ルルナ（第九信）」も加わっていた。彼らは人類学部長・マギーの依頼を受けて中央アフリカへ向かった宣教師ヴェルナーに連れられて渡米したが、途中ニューオリンズでヴェルナーが体調を崩し離れ離れとなったため博覧会では心細い思いをしていた。なぜなら来場者は彼らを凶暴で残忍な未開な人々として蔑視と嘲笑の目で眺めたからである。特に尖った歯を持つ「オタ・ベンガ」は「人食い人種（カニバル）」と嘲笑され、残忍な扱いを受けたことが「聖路易通信」第八信・第九信に詳しく記されている。「東京朝日新聞」のセントルイス博覧会特集記事（一九〇四年八月二十三日発行朝刊）で「世界最劣等の野蠻人」と紹介されていることからも、彼らの到着が大きな注目を集めたことがわかる。

一方、「アイヌ・グループ」に対する来場客の人気は日を追うごとに高まっていた。穏やかで礼儀があり、表情豊かな彼らに来場客は心惹かれたのである。アイヌに深く魅せられた人類学部長マギーの友人女性は、「この世が数ふる文明の度、開化の程は我問ふ所に非ず、永へに存するものは霊性の発達なり。而して我身は未だ曾て霊性が此のアイヌの容貌に示されしに勝りて、スイートに且つ純潔なる人間の光を以て輝くを見しこと無之候（第七信）」として、アイヌの人々の精神性を高く評価している。

この頃にはアイヌと親交のある米国人も度々「アイヌ村」を訪問し、特に二人の幼い女児はたくさんの贈り物を受けた。例えば、七月末にはマッコーワン校長と夫人がサンゲアの娘キンに洋服と付属品をプレゼントしているが、これは「模範インディアン学校」の家政科生徒に特別に作らせたものである。また、アイヌの女児を寵愛する米国人夫人が何度も「アイヌ村」を訪問し、人形、果物、おもちゃなどを贈ったという。このように「アイヌ・グループ」は来場客から親しまれたが、当時の米国人の多くは自らを「高等人種」として奢る傾向が強かったようだ。稲垣は第七信で、人類学部敷地やフィリピン村を訪れる人々の先住民に対する傲慢で思いやりのない態度を、以下にように批判している。

中央アフリカから参加者。左から三番目の男性が王子Latuma
（ミズーリ歴史博物館所蔵 Missouri History Museum, St. Louis.St. Louis World's Fair Albums）

「好奇心にとめる米国の士女が、初代人種のテント若くは小屋に来りて、その比較的に無智なるに乗じ、之を出品物視し、玩弄物視し、若くは動物視するを見て憤りし事屢に候。生活の程度低く、或は裸体に、或は羽毛を被り若くは椰子樹の葉を腰にまとひ、炭の如き黒き顔、又は銅の如き赤き面せるも等しく神の子供にあらざる乎、その裏に存する尊き霊を認めざる乎」

この発言から分かることは、稲垣が人類学部敷地内に暮らす先住民を、等しく「神の子」として見ていることである。だからこそ、米国人来場客が先住民を「出品視し、玩弄物視し、若くは動物視」することに憤りを禁じえなかったのだろう。稲垣の記述には「高等人種」や「劣等人種」など、人間社会や諸民族に優劣をつける社会進化論的イデオロギーが散見され、人類学部の野外展示についても「此等初代人種の博覧会に来れるは『見られんが為』、若くは『見せんが為』（第七信）」と理解していたようである。その一方で、西洋文明から「野蛮」と見なされた先住民参加者が「文明」により迫害され、悪影響を受ける事態に大きな矛盾を感じている様子が窺える。七月には「アイヌ村」の畑を来場客に荒らされたり、実りつつあった穀物の穂が摘み取られたり、来場客による窃盗が相次いだ。稲垣の義憤は米国の金銭主義、見物人によるピグミー暴行事件（第八信）、続いて発生した「アイヌ村」での窃盗事件（第九信）など米国社会の負の側面を体験することにより、大きな失望へと変化していった。

更に八月に入ると、バンクーバー・インディアンの「クワキウト族」と「クレヨクレイト族」の店で米国人来場客による窃盗事件が起こり、米国人の掲げる「文明」と道徳上の矛盾について稲垣は煩悶するようになる。稲垣はアイヌの参加者に金銭を渡して写真を撮影しようとする米国人を拒否したり、アイヌの風俗や習慣に関して出鱈目な記事を創作する米国人新聞記者との面会を拒否するなどして、彼の武士道精神と道徳に照らし合わせて心を砕くようになっていく。博覧会来場客の非礼については博覧会の先住民参加者たちも度々異を唱えており、暴力事件に巻き込まれたピグミーはもとより、模範フィリピン学校ではビサイヤン族の最上級生が「蛮族」という呼称への抗議行動として一致団結して学校を休んでいる（第十信）。その主唱者であるラミレは、裁縫、彫刻、手芸において米国女学生と遜色がないことを博覧会事務官宛ての手紙で論じ、米国人客の無礼を訴えた。こうした抗議行動が博覧会事務局の対応にどれほど影響を及ぼしたかは不明だが、先住民族の参加者が当時の社会進化論的思想や白人優越主義を唯々諾々と受け入れていたわけではなく、様々な形で抵抗活動も行っていたことを窺い知ることができる。

キリスト教を精神的核とする西洋列強は、異教徒への福音と未開地の文明化を使命として、十六世紀以降に海外植民地の実効支配を強行してきた。同様に、独立後の米国においても西部開拓が進むにつれ、「未開」とされた米国先住民の迫害と制圧、居留地統治政策が推し進められた。こうした合衆国内の「内国植民地」化は十九世紀末には完遂したとされている（宮下 二〇〇七）。そして、欧米型の富国強兵を目指した明治政府は、富田（一九八九、一九九〇）による北海道旧土人保護法とドーズ法の比較分析が示しているように、アイヌ政策に関して間接的に米国から影響を受けていた可能性が高い。十九世紀から二十世紀にかけての日米先住民政策に関する比較研究は決して多いとは言えないが、上鵜月（一九九〇）による樺太アイヌの強制移住とアメリカ先住民の強制移住についての比較研究、また教育田（二〇〇一、二〇〇二）による日高地方のアイヌとアメリカ先住民の強制移住比較研究、また教育政策に関しては宮下（二〇〇八、二〇〇九）による先住民政策の国境を越えた転用に関する研究、黒岩（二〇〇三）の開拓使仮学校付属土人教育所とアメリカ先住民に対する同化政策比較といった先行研究が存在する。本解説の範囲を超えるが、米国型の先住民政策がどのように他国で摸倣され適応されたのか、また特に万国博覧会が果たした役割について考察を行うことは今後の課題であると考える。

先住民の舞踏と人類学の日

セントルイスに強い日差しが照りつける猛暑の時期に、先住民を対象とした催しが幾つか開催された。まず特筆すべきは七月末に行われた先住民による舞踏の催しである。アイヌの参加者をはじめとして、アフリカ・ピグミー、北米先住民らが舞台に立った。七万五千人の観客が集まったとあるので舞踏の催しは好評だったのだろう。その後、この催しは何度か行われたようで、九月一日発行の『東京朝日新聞』の朝刊記事にも関連記事が掲載されている。記事によると舞踏の催しは八月六日に行われ、アイヌ八名、ブリティッシュ・コロンビア州の先住民七名、コンゴの先住民九名が出演したという。しかしアイヌの踊りに関しては「…茲に最も注意すべきは吾アイヌの踊は他の二人種よりも劣等にして而かも不規律なるのみならず歌なるものもなき為め殆んど見るに堪ざる状態なりし…」と酷評している。この日本人新聞記者はアイヌの踊りについて知識がなかったためだと考えられるが、手を叩いて叫ぶという未知の踊りに腹をかかえて笑いだす米国人もいたという。記者は「アイヌは全く歌なき人種なることアイヌ自身が余に答へたる所なり人類学に志しある人々は大に研究すべき問題なりと信ず」と結んでいる。

次に注目すべきは、「アンソロポロジー・デー（人類学の日）」である。セントルイスでは七月一日から十一月二十三日までオリンピックが開催されていたが、八月十一日、十二日には「人類学の日」と呼ばれる先住民参加者を中心とした運動競技会が行われた。人類学部長マギーと人体測定学部門長サリバンは、当初は科学的調査のため「非西洋人」による運動競技会を企画していたが、博覧会の「文明化」された東洋人（日本人、中国人、東インド人、セイロン人など）はこの競技会への参加を拒否し、結果的に参加者の多くが先住民となった（宮武　二〇一〇b）。八月十一日には人体測定学を専門とするサリバン博士による運動能力測定が行われ、翌十二日に参加者による競技会が行われている。「アイヌ・グループ」からは男性四名（サンゲア、クトロゲ、五郎、弥蔵）が参加し、アーチェリーでサンゲアが二位入賞、槍投げでクトロゲが三位入賞を果たしている（宮武　二〇一〇b）。入賞者には賞金が贈られ、サリバンによって人類学敷地内の競技参加者にも慰労金が贈られた。この競技会翌日にもサリバンが「アイヌ村」を訪問しているが、恐らく研究目的での訪問であったと推測される。アイヌの人々は在米中に種々の研究調査に協力させられており、万国芸術科学会議開催期間中には米国人研究者が多数「アイヌ村」を訪問している。「聖路易通信」第十二信には、人類学部・心理統計学部門長ウッドワース博士によって「身体及び心理の一切の試験を経、又その人種形の塑像も独乙の技工マイヤ氏によりて製作せられ候」とある。ウッドワースの調査に関しては、彼の弟子であったフランク・ギルバート・ブルーナーにより、白人、北米先住民、フィリピン人、アイヌ、ピグミーを対象に聴力テストが行われ、一九〇八年に論文として発表された。[17] アイヌの聴力結果は概して良いとは言えないが、ブルーナーは彼らが英語から日本語に（稲垣によって）訳された検査方法を十分理解していなかった可能性があると指摘している。その他の検査等については現時点では詳細不明である。ドイツ人キャスパー・メイヤーによるアイヌの「塑像」については、宮武（二〇一〇b）や本書収録の近森氏の特別寄稿で触れられているように、シラケ、弥蔵、五郎の胸像三体がアメリカ自然史博物館に保管されている。

フレデリック・スターの新著と人類学講義

八月から九月にかけて、アイヌの人々に「アカデミック」な面から注目が集まる出来事が幾つか起こった。その一つは、フレデリック・スターによる新著『The Ainu Group at the St. Louis Exposition（セントルイス万国博覧会におけるアイヌ・グループ）』がシカゴのオープン・コート社から出版されたことである。博覧会「アイヌ村」では、この新著は一冊一円五十銭（稲垣によれば五十銭は二十五セントに相当）で販売された。スターはアイヌの参加者を探すために、一九〇四年二月中旬から三月中旬にかけて初めて来日し、横浜、東京、青森、室蘭、札幌を経て、沙流川流域のアイヌ・コタンと白老を訪れている。[18] 発売された新著は助手ゴンサレスが撮影した写真三十六点を添えた旅行記で、スターは旅で出会ったアイヌの人々や彼らの伝統的な生活文化について、人類学上の議論を交えながらまとめ

られている。(19)

新著出版に引き続き、スターは九月一日から二十二日(20)（日曜日を除く）まで人類学部内講堂で人類学の集中講座（Field School of Anthropology）を担当した。講義の主なテーマは「アイヌ」や「北米先住民」など博覧会に参加している先住民グループであったが、日本人についての講義もあった。当時、日露戦争の戦況は米国でも連日報道されており米国人学生の関心は高かったようだ。伝統を保ちながらも急速な近代化を成し遂げ、大国ロシアに対して善戦している日本への驚きと共感があったのであろう。スターから直々に講座に招かれた稲垣もシカゴ大学の学生らと並んで講義に出席しており、日本についての講義を記事にしている。稲垣によれば、スターは日本人の頭脳と教育レベルの高さを賞讃し、日本文化を世界一流のものと認めたという。そして、アイヌについては彼らがコーカソイドであるという自論を講義でも展開し、当時趨勢であった進化論の立場から、彼らを「生存競争」において「黄色人種」（つまり和人）に劣勢となった稀有な例であると論じた。ここでスターが「我等白人種は之によりて大に学ぶ所あり、愚なる人種自慢をなさゞる様すべし（第十二信）」と「白人至上主義」に対して警告を発する発言をしていることは特筆に値する。宮武（二〇一〇a）はロバート・オッペンハイムの論文を参照しながら、スターが欧米列強による植民地主義を批判しつつも日本の植民地支配を擁護するという相反する政治的立場をとった点について触れているが、集中講義での発言に見られるように彼は西洋人の驕りに対して批判的であったと言えよう。当時は著名な大学教授であったスターであるが、現在では人類学者としてもほとんど知られていない。しかし一九〇四年の初来日以来、頻繁に日本にやって来ては様々な階層の日本人と交流し、日本文化を研究して「お札博士」と呼ばれるなど日本との縁が非常に深い人物である。本解説では詳細を述べることはできないが、セントルイス万国博覧会以降のスターの東アジア研究については、『お札行脚』等これまでに出版された多数の著書や宮武の論文（二〇一〇a）などを参照頂きたい。

万国学芸大会（国際芸術科学会議）

一九〇四年九月十九日から二十四日には、万国芸術科学会議（International Congress of Arts and Sciences）がセントルイス万国博覧会内で開催された。同会議には日本から動物学者の箕作佳吉、法学者の穂積陳重、細菌学者の北里柴三郎の三博士が出席し（『東京朝日新聞』一九〇四年十月二十日朝刊）、在米中の岡倉覚三（天心）も講演を行った。稲垣が興奮冷めやらぬ様子で「聖路易通信」第十二信に記した岡倉の講演は、九月二十四日午後になされたものである。テーマは「Modern Problems in Painting（絵画における近代の諸問題）」。岡倉は次頁の写真にあるように紋付き袴に草履という正装姿で、日本絵画が直面している「近代化（西洋化）」と「伝統」の相克について流暢な英語で講演した。岡倉は「近代化」を進める日本における伝統的絵画の在り方について、「進歩派」と「保守派」二陣営の見解を以下のように述べている。

「前者は西洋文明を全面的に受入れるのが良いと信じ、後者はある評価を下してから受入れるべきだと考えます。（中略）彼らはアジア諸国の現状を指摘し、日本が国家として存続し得たのは、まさに西洋の優越性を認めたという事実によると言います。（中略）それに対し、保守派の人々は、アジアの文明はそれほど軽蔑すべきではなく、その生命調和の考えは、西洋の科学精神や組織化の能力と同じくらい貴重なものだと確信します」

（岡倉天心　一九八〇：八一）

岡倉天心とコロンビア大学のミュンスターバーグ教授
（ミズーリ歴史博物館所蔵 Missouri History Museum, St. Louis.St. Louis World's Fair Albums）

「保守派」である岡倉は、西洋文明を絶対視する諸外国において日本絵画の伝統や芸術的価値が正しく理解されていない問題点を訴えた。また、安価な物を大量生産する「近代化」が芸術にもたらした弊害についても指摘している。稲垣が通信記事で絶賛しているように、岡倉の示唆に富んだ講演は米国人の聴衆や会議参加者に強い印象を残したに違いない。

人類学敷地内での交流

秋が深まる頃までに、「アイヌ・グループ」

は人類学敷地内に暮らす他の先住民族グループと良好な友好関係を築きあげていた。「博覧会は一小世界なり、結果として、セントルイス市はコスモポリタンとなりつゝあり（第十信）」と稲垣が述べているように、博覧会は世界各地の多種多様な文化が邂逅する場であった。それは人類学敷地内でも同様で、八カ月間「ご近所」に暮らしていた参加者は言葉は通じなくとも交流し、互いの文化や暮らしの知恵を学び合うようになっていた。アイヌとパタゴニア先住民の子どもたちは馴染みの友となり、ココパ族の老婦人とは粟や豆などの雑穀の種を分け合う知己となったのである。「聖路易通信」第十一信には当時の交流の様子が以下のように綴られている。

「博覧会期も今はその半をすぎて、人種学地の異種も互に遊び互に親しむに至れり。パタゴニヤ巨人も隣村コ、パ族『メキシコ』より弓術を学び、後者はまた前者より投網術『荒馬等を猟する』を習ふ。アイヌの一人もピユーエブロー族にゆきて、南京玉細工を習得し来るあり。パタゴニヤの幼女の日毎にアイヌの小供と遊び、コ、パの老婦人アイヌの新婦の許に来り、畑を指し手真似にて帰国の後播くとの意を示して粟豆の種子を求むるあり。勿論、此等各初代族は『コ、パ及パタゴニヤの双方ともその土語の外に西班牙語を解するを除き』言語皆相異なり、一語一句も互に相解する能はず。而も、尚交通相親斯の如し、これ単に人類学上頗る興味ある現象たるのみならず、宗教上の見地よりするも頗る美はしき光景に候。地球の両面の両端より来り、生活、習慣、風俗等一切異るもただ異らざる者は人間の情愛に候。愛は解せらるゝ為に言語の相異を妨げとせず候」

この記述で特に興味深いのは、ニューメキシコ州からやってきたプエブロ族の村にアイヌの一人が通い、ビーズ細工（南京玉細工）を修得したというくだりである。ビーズ細工なので女性の手仕事のように考えられるが、手先が器用なアイヌの男性が習った可能性も否定はできない。ここで注目したいのが、本書に特別寄稿を執筆して下さった近森聖美氏の祖父・辺泥五郎氏がセントルイスから持ち帰ったビーズ工芸品である（口絵写真10参照）。工芸品の長さは約六十センチ程で、カラフルなビーズを用いて幾何学模様や太陽、フルール・ド・リスなどがデザインされている。このビーズ工芸品は、その色とサイズから判断すると二十世紀初頭に北米先住民によって作られたか、その影響下にあったものである可能性が高いという（宮武　二〇〇一）。博覧会に参加した北米先住民の手工芸品は土産品として人気が高かったとあるので（TRENNERT 1993）、北米先住民の誰かが五郎氏に贈ったギフト、又は五郎氏が購入した土産品であったと考えるのが自然だろう。しかし、五郎氏が編み物などの手芸が得意であったことを考慮すると、自らプエブロ族の村に足を運び、ビーズ工芸品を製作した可能性もないとは言えない。様々な憶測を生むビーズ工芸品だが、これこそ五郎氏が博覧会において先住民グループと交友を深めた証であろう。

辺泥五郎氏と谷地頭のアイヌ学校

好奇心が旺盛で博覧会でも活発な交流を行った辺泥五郎氏だが、本書に特別寄稿をしてくださった孫の近森氏によると、ローマ字による英語の読み書きが少なからず可能だったという。五郎氏は私立春採尋常小学校を経て、十八歳の時から札幌のバチェラー邸で働いた。その後、函館・谷地頭のアイヌ学校に進学しているので、彼のローマ字による識字力はそうした学びの成果であるといえる。谷地頭のアイヌ学校は一八九二年（明治二十五）から一九〇五年（明治三十八年）頃まで聖公会により運営されていた寄宿学校である。一八九四年の『The Church Missionary Intelligencer』によれば、一八九三年八月末時点で男女合わせて三十四名が在籍しており、生徒は通常の科目以外に御座や草履の編み方を学んだり作物を育てたりと、実学志向の「準実業学校」であったようだ。しかし、後の報告書では「アイヌ・トレーニング《養成》・スクール《学校》」と名称変更されており、聖公会の伝達活動を補佐するアイヌの人材育成に重きが置かれることとなったようである。校長はＣＭＳ所属の宣教師チャールズ・ネトルシップ、教員は金岩捨次郎である（小川 二〇一五）。この学校は一八九二年に元町の聖公会敷地内に設けられ、その後、一時的な仮校舎時代を経て、翌九三年に谷地頭へ移転したいと考えられる（小川 同）。辺泥五郎氏の在籍期間等について詳細は不明だが、一八九八年十二月に撮影された口絵写真14に五郎が写っており、一九〇〇年四月に行われた学科試験受験者名に名前が確認できることから、その期間に谷地頭のアイヌ学校に在籍していたことは確かである。

五郎氏の学科試験結果は、校長ネトルシップが一九〇〇年五月に英国のCMS本部に宛てた報告書に添付されており、当時の教科内容を知る上で大変興味深い。[21] 試験を受けた男子生徒は五郎も含めて十六名（未受験の生徒七名）、試験科目は聖書・読書・作文・算術・習字の五科目であった（FREY 2007）。また試験はアイヌ語ではなく、日本語で行われた可能性が高いという。[22] 五郎氏の成績を見ると「読書」と「作文」の試験は平均点前後だが、「算術」は（少なくとも当時は）苦手だったようだ。渡米前に聖公会のアイヌ学校でキリスト教についての学びを深め、ローマ字の読み書きや計算などを修得したことは、五郎氏が異国の都市・セントルイスで暮らす際にも大いに役立ったことだろう。

このように、谷地頭のアイヌ学校が道内から集まったアイヌ子弟にアイヌ語と日本語で教育の機会を与え、またアイヌの村々における聖公会の伝道活動を橋渡しするような優秀な生徒―例えば、金成マツや知里ナミ―を輩出したことは特筆に値する。しかしながら、聖公会の伝道活動がアイヌ学校を通して道内に広がるほど周囲の反響も大きく、和人社会の中からアイヌの人々に対する教育の必要性が声高に叫ばれるようになった。その結果、一八九九年に発布された「旧土人保護法」、「私立学校令」及び「文部省訓令第十二号」、また学校運営資金難の影響等を受けて、道内にあった聖公会のアイヌ学校は次々と閉鎖される運命を辿ることになる。[23] 谷地頭のアイヌ学校も、五郎が米国から帰国した年―一九〇五年―頃に閉校したと伝えられている。

天長節

十一月三日はセントルイス在留邦人にとって重要な祝祭日―明治天皇の誕生日を寿ぐ「天長節」―であった。当日午前中には拝賀式、午後からは在留邦人と各国の招待客約二千名を招いて日本政府館及び庭園で饗応が行われた。「聖路易通信」には百一発の花火が打ち上げられたとあるので、大きな話題となったことであろう。稲垣は「アイヌ・グループ」の何名かが博覧会内の日本政府迎賓館で行われた朝の拝賀式に列席したと記しているが、近森聖美氏所蔵の「辺泥五郎アルバム」にはシラケ、五郎、弥蔵の三人が在留邦人に交じって撮影された写真が残されている（次頁及び口絵6、7参照）。これに関連して一九〇四年十一月二十二日の『東京朝日新聞（朝刊）』を見ると、博覧会内で行われた天長節について、以下のように短い記事が掲載されている。

「本年の天長節は尋常一様の天長節にあらずとて當市在留の同胞中にも一大行列等の催しある由なるも未だ確たる準備あるを聞かず先づ今日迄の處にては吾事務局に於て政府館庭園を式場とし當日午前十時より在留同胞は隨意迎賓館内に奉掲しある至尊の御尊影を拜すこと爲し午後二時よりは特別招待状を出だせる内外の淑女紳士を會し君ヶ代を三唱し且つ立食の饗應もある由なり而して當日は吾出品人よりは餘興として福引を催し來會者に種々なる物品を呈する筈なれば當日は定めて盛況なるべし」

この記事から、三人が参加したのは明治天皇の御真影に拝礼する午前中の拝賀式であったことが裏付けられた。本頁の写真をよく見ると、弥蔵と五郎の真ん中に立つ邦人男性が二人の肩に手をかけ、打ち解けた様子である。彼らが米国行の客船の中で、博覧会の日本政府関係者や参加者と顔見知りになっていた可能性は十分考えられるだろう。写真には他の「アイヌ・グループ」のメンバーの姿が見られないので、三人の自由意思で拝賀式に参加したと推測される。

天長節の集合写真。二列目右端からシラケ、五郎、弥蔵（近森聖美氏所蔵）

当時アイヌの人々は「土人」と呼ばれていたが、「大日本帝国憲法」下では等しく明治天皇の「臣民」であった。したがって、彼らが拝賀式に参列しても不思議ではないのだが、アイヌの人々に対する根強い差別や彼らを蔑視の対象と見る在留邦人も存在したと推測できる。第十三信の「アイヌの同族なりやと問はれてよろこばざる日本人多きが如く、アイヌは白人種なりと人種学者の説を聞きてよろこばざる白人多し」という記述が端的にこれを表している。その一方で、米国がセントルイス万国博覧会内に植民地「フィリピン村」を作り出したように、日本も台湾の人々やアイヌという「異民族」を支配下に置くアジアの近代国家であると内外に誇示したい意向もあっただろう。よって矛盾するようであるが、「臣民」であるアイヌの参加者に拝賀式列席を強く期待する邦人や博覧会関係者もいたのではないかと考えられる。いずれにせよ、「辺泥五郎アルバム」に残された天長節の写真は、博覧会の邦人参加者とアイヌの参加者との交流を示唆するものである。

博覧会も閉会間近の十一月十九日には、明治天皇の名代として訪米中の伏見宮貞愛親王がワシントンからセントルイスに到着し、現地で大歓迎を受けた。その歓迎ぶりと熱狂について、稲垣は「五日間の滞在中、市長宅、及び総裁の饗宴、博覧会婦人事務官のレセプシヨン、駐米日本公使の饗宴等、セントルイスは上下に熱湧せり（第十八信）」と記している。日露戦争下の日本にとって米国世論を味方に付けることは外交上重要であったため、陸軍大将でもある伏見宮を天皇名代として派遣することで、好意的な世論形成と日本の近代性を示そうとしたと考えられる（楠本 二〇一〇）。天長節や伏見宮訪米によってセントルイス在留邦人の「臣民意識」は高まり、海外にいることで更に強い団結が生まれたことは想像に難くない。よって、セントルイス万国博覧会における「和人」と「アイヌ・グループ」の関係性は本来不均衡であったと推測されるが、少なくともアイヌの若者三名が天長節を祝う輪の中に加わり、交流した出来事は「天長節の歴史に未曾有の事（第十六信）」であったといえる。

稲垣の「アイヌ・グループ」人物評

それでは、稲垣の目には「アイヌ・グループ」はどのように映っていたのだろうか。アイヌの参加者たちが、その礼儀正しさ、真摯な態度、豊かな表情から博覧会内外で評判が高かったことは前述の通りである。野外展示に参加した先住民グループの中でも飛びぬけて人気が高く、彼らの友人や米国人愛好者達が贈り物を持って数多く来訪した。当時のアイヌの人々を取り巻く国内状況を知る稲垣は、「彼等の厚待寵好の状を充分に描く能はざるなり、実にこれ一種の驚嘆なり、一種の不思議の如し、而も事実なり（第十九信）」と驚きと戸惑いを持って伝えている。「アイヌ村」において、長く来場者の注目と好意を一身に受けていたのは二人の幼女「きん」と「キク」であった。しかし、博覧会も折り返しを迎える頃には、年若い少女シラケのファンが「アイヌ村」に数多く押し寄せた。彼女の人気の

キクと母シュトラテク（HANSON 1904:450）

理由を「これ全く米婦人と異り、羞かしげに静かに穏かに心も容もスイートなる所（第十九信）」と稲垣は挙げているが、彼女の恥じらいのある物静かな様子が快活な米国人婦人を見慣れている来場者には新鮮に映ったのだろう。稲垣曰く「アイヌ村の女皇（第十九信）」として、彼女の人気は他の追随を許さなかったようである。

シラケの次に多くの友人を得ていたのは、五郎である。稲垣は彼を「所謂、抜目無き男

祭壇の脇に立つサンゲアとクトロゲ（HANSON 1904:259）

なり、怜悧にして群中多くよく英語を解し、且語る、彼は純然たる商人風なり（第十九信）」と評している。社交的で英語もできた五郎は、特に若い米国人女性の友人が多かったようである。チセの軒先で（渡米前には経験のなかった）木彫り細工の実演販売を行い、「アイヌ村」を訪問した好奇心旺盛な米国人女性と語らう五郎の姿は、今まで一般にイメージされてきた「ヒトの展示」とはかけ離れている。博覧会人類学部の展示コンセプトは人種差別的であり現在では到底受け入れられないものであるが、五郎のように博覧会への参加を絶好の機会と捉え、現地でアイヌ文化を紹介しながら相互交流を図った人物がいたことにも注目すべきである。稲垣は彼の性質を「五郎は最も同化的気質に富む。最も交際的也、最も多く人を知り、人と交る。彼は米国風を知り、米国風を好む。帰朝の後には、或はアイヌのハイカラと呼ばれん」と記している。帰国後の五郎については孫の近森氏による本書特別寄稿を参照頂きたいが、彼は後に聖公会の伝道師として地域のアイヌ社会に大きな貢献を果たす人物となる。

五郎とは対照的に、シラケの夫・弥蔵は非社交的で来場者と語らうことも滅多になかった。稲垣は彼らを比較して、「五郎と弥蔵は、我アイヌ村における好個の翻対なり。一は軽く親しみ易く、他は重く近き難し」と述べている。弥蔵は博覧会で見世物的に扱われることを好まず、米国人来場者に話しかけられても彼らの機嫌を取ることなしに一言二言会話を交わすだけであった。こうした非社交的な弥蔵の態度を、稲垣は「心中一種の軽蔑を此ら浮華の婦人に抱けばなり」と推測している。そのほか二人の幼女については、三歳の「キク」が変わらず来場者の人気者であったこと、利発であった「きん」が英語力を飛躍的に向上させたことが綴られている。また、最年長の参加者サンゲアが「長老」と呼ばれたこと、その妻サントゥクノの人気が一番低かったこと、夏以降クトロゲが常に病に臥せっていたこと、その妻シュトラテクも注目を浴びなかったことが「聖路易通信」には記されている。「アイヌ村」に眼病を患う病人がいたことは第十七信にあるが、恐らくクトロゲのことを指していると思われる。サンゲアはグループの長老として敬われ、アイヌの儀式や人前で挨拶をする際に代表を務めた。アイヌの儀式に関してはサンゲアとクトロゲが中心となっていたようで、米国で自費出版された博覧会の関連書籍（HANSON 1904）にはサンゲアとクトロゲが祭壇の脇に立つ写真（前頁参照）が掲載されている。

稲垣は、セントルイスでアイヌの人々が米国人に好印象を与える理由を、日本人と比べて社交的かつ友好的であること、温和で礼儀正しいこと、そして「殊にその容貌善く且つエキスプ

クトロゲ（アメリカ自然史博物館所蔵 Image# 321404, American Museum of Natural History Library）

レッシヨンに富る」ためと第十六信において分析している。前頁に掲載したクトロゲの写真を見ると、日本人に比べて表情が豊かという意味を掴むことができるだろう。また写真キャプションには「聖画との近似性を示すアイヌの男性」とあり、ここから米国人が長髪顎鬚のアイヌ男性に聖画の人物を重ねていたことが指摘できる。この点については、第十七信でアイヌ男性の容貌を「聖書人物の如し」と米国人が例えたという以下の逸話からも明らかである。

「人種学地に来訪する科学者並びに見物人が、『初代人種』なる語の下に獰猛野蛮の容貌を描き来るものは、新アイヌ村に足を踏み入ると共に、好顔美髯、恭敬温順なる君子然たるアイヌ老人若くば若者を見て、その全く想像外なるに覚えず『好顔の男子にあらずや、彼の黒き美はしき曲れる頭髪を見ずや、その恭しげ髭髯をみずや、恰も聖書人物の如し』と大声に呼ぶ婦人をきくは、日に幾十度なるを知らず」

更に第十九信でも、弥蔵が「アイヌ流に頭髪髭髯を長くせし処、屢々聖書人物画の一に似たり」と評せられたとあるので、キリスト教信者であった事実も手伝って、アイヌ男性はかなり好意的に受け止められたと推測される。稲垣と「アイヌ・グループ」との関係については、記事を見る限り両者に確かな友情があったとは考えにくい。しかし、総じていえることは博覧会滞在中に「アイヌ・グループ」は通訳・監督者であった稲垣を煩わせることも少なく、他の先住民グループの監督に比べて自分を遙かに幸せだと稲垣は感じていたことである。稲垣自身の「アイヌ・グループ」に対する感想は米国人のものとは多少異なっていたが、アイヌ女性の美点を彼は特に高く評価していたようだ。

「アイヌ・グループ」と米国人との交流

「アイヌ・グループ」に多くの友人がいたことは記事にある通りだが、これを裏付けるものとして「辺泥五郎アルバム」にはセントルイスで親交を結んだ米国人の写真や手紙が何枚も残されている。名前が確認できるのはごく一部だが、その一人がアーサー・W・プロッツ（一八八六―一九六六）とその家族である。彼の曽祖父は一八四八年にプロイセンからアメリカに移住し、一家はセントルイスに暮らしていた。アーサーが「アイヌ・グループ」に出会った時は若干十三歳であったが、彼は後に耳鼻咽喉科の臨床医となり、一九一九年から一九五四年までワシントン大学医学部に勤務した。一九六三年に彼が出版した自叙伝『I remember you, St. Louis（アイ・リメンバー・ユー、セントルイス）』には、九名の「アイヌ・グループ」の写真も載っており、「毛深いアイヌ、博覧会における日本の先住部族。左端がシラケ、その隣は夫のベテ・ゴロウ。中央に祖母といるのは幼いキク。ある日、Ｔｕｔ

アーサー・プロッツ（近森聖美氏所蔵）

（アーサーの叔母）が彼らをお茶に招き、自宅に連れてきた」（PROETZ 1963: 144　編者拙訳）と解説がついている。ただし、一九〇四年当時の記憶なので思い違いが幾つかある。例えば、シラケの夫は五郎ではなく弥蔵である。それから、キクと一緒に写っているのは母のシュトラテクで、祖母ではない。また、アーサーは別の頁でもこの時の様子を以下のように記している。

「ある午後、Ｔｕｔが数人の毛深いアイヌを連れてきた。彼らは日本の先住民で、性別により、長い髭ないし口に文身を施していた。名前は、ゴロウ・ベテ、シラケ、キクである。彼らは煙突のない小屋で暮らしているので、スモーク・ハムのような匂いがした」（PROETZ 1963:159-160　編者拙訳）

アーサーの叔母たちは見慣れぬ外国人を家に招くのが好きだったようで、アイヌの人たち以外にも、フィリピンのビサヤ族、博覧会内の興行区「ＰＩＫＥ（パイク）」に寺院を出した日本人も自宅に招かれたと自叙伝に書き残している。自叙伝の背表紙にある晩年のアーサーの写真には、小さい頃の面影がそこはかとなく残っている。

このほか一九〇四年十月から十一月にかけて、「アイヌ・グループ」は日曜日ごとに友人である米国人家庭に招かれたと「聖路易通信」第十六信に記されている。彼らが多少英語を理解するようになり交流が深まると、何度も「アイヌ村」に足を運ぶ米国人の友人が複数でき、週末には彼らの家に招待されるようになった。「アイヌ・グループ」は一九〇四年秋にクレイトン市に住む富豪の別荘、ウェスタイン夫人宅、セントルイス市内の女子修道院まで広範囲に渡る場所を訪問している。ウェスタイン夫人からは九回も招待を受けたとあるので、アイヌの参加者は早い時期から夫人宅に招かれていたのだろう。稲垣が「アイヌの愛好者にしてその友（第十七信）」と呼ぶクレイトン市の富豪令嬢にいたっては、ある日曜日午後にアイヌの人々を一家の別荘に招き、家や敷地内を案内し「ポーチにてアイスクリーム等の饗応」をするなど誠意を込めてもてなしている。稲垣は第十三信で「アイヌ村」に頻繁に出入りする米国婦人と女児の動機を六つに分析しているが、興味深いのは若い婦人に多いとされる第三の動機である。この動機によれば、他の知人より先にアイヌの参加者と親しくなっていることを「己の誇り」とし、周囲に誇示したいが為とあるので、一部の米国婦人にとって彼らと友人であることは大きな自慢であったようだ。この令嬢の動機が稲垣の分析に当てはまるかは分からないが、アイヌの人々は博覧会会場の喧騒から逃れ、故郷を思い起こさせるような自然に囲まれた友人別荘宅での一時を心から楽しんだに違いない。

また別の日に「アイヌ・グループ」は市内に住む法律家宅に招かれ、市内観光の後で唖者のための教育を行っているカトリックの女子修道院を訪問している。彼らが訪れたのは、セントルイス市南部にある耳の不自由な子どものための「聖ヨセフろう学校」である可能性が高いのだが、この学校は一八三六年にフランスから米国へやってきたカロンデレットの聖ヨゼフ修道会のシスター達が設立した教育施設で現在も運営されている。在校生から手話による歓待を受けた稲垣とアイヌの人々は大変感激し、アイヌの人々は後に施設を再訪したと記事にある。アイヌの参加者の米国における交流の仔細全てをここに記すことはできないが、他にもマギーの講演に同伴しセントルイス市内の自修倶楽部を訪れたサンゲアが聴衆の前で談話を行ったり、二人の幼女・キクときんが母親に伴われて市内西部プレスビタリアン教会・日曜学校のレセプションに招待されたことが分かっている。十一月に入りアイヌの人々の帰国が近づくと、彼らに別れを告げようと博覧会を訪れる友人が増え、例えば夏以来の友人である母娘三人がバージニアから再訪したり、セントルイス市内の母娘が米国土産を持って彼らに会いに来るなど枚挙にいとまがない。渡米直後から日曜礼拝に参加していた昇天教会でも信者から信頼を得ており、（帰国前）最後の礼拝時にはウィンチェスター牧師から記念品を贈られている。

こうした「アイヌ・グループ」と米国人の交流について特筆すべき点は、彼らの友情が一過性のものではなく暫く継続していたということである。例えば、「辺泥五郎アルバム」に残されていた米国からの手紙の日付は一九〇五年九月二十三日（口絵写真13参照）。万博閉会から十か月も経ってから送られた手紙の差出人は、ウィリアム・リチャーズである。彼の住所を調べてみると博覧会会場から北に約5キロ離れた通りにあり、「アイヌ・グループ」が通った昇天教会から約1キロしか離れていない。そこで可能性の一つとして考えられるのは、彼も昇天教会に通っていた信者だったということである。一九〇〇年の国勢調査（UNITED STATES FEDERAL CENSUS 1900）にリチャードの記録が残されていたため、長椅子の左に座っているのが妻のメアリー、真ん中の少年が孫のハワード、後方右に立っているのが娘のマーサ、後方左がマーサの夫クラレンス・ベッカーであることが判明している。同記録によるとリチャーズはニューヨーク生まれで、文房具会社の財務担当であった。白人の使用人を二名雇っているので、比較的裕福な人物であったと推測できる。一九〇五年に贈られた辺泥五郎氏宛ての手紙について想像力をたくましくすれば、それは九月生まれであるリチャードの六十五歳の誕生日と関係があるのかもしれない。リチャードは一九三〇年九月に、孫のハワードは一九七四年十一月にセントルイスで亡くなっている。この他にも、スターのスクラップ・ブックには、サントゥクノからセントルイス市の女性に送られた近況報告の手紙に関する記事が残されている（VANSTONE 1993）。記事掲載は一九〇五年八月頃のものと見られているので、「アイヌ・グループ」は帰国後も手紙を通して互いの交流を図っていたと推測される。

「聖路易通信」に記された記事を見るだけでも、アイヌの人々が八カ月間の米国滞在中に数多くの米国人や人類学部敷地内で出会った先住民と交流し、異文化接触を行っていたことが読み取れる。稲垣は第十六信で米国人の友人宅に招かれた彼らの様子を、驚嘆を持って以下のように綴っている。

「かくて北海雪深き処、茅屋小屋の炉火に粟稗あぶり（勿論日本流の生活をなせるアイヌは多けれど）つゝありしものが、聖路易にアメリカ食卓に列りてナイフ・フークを用ゐ、苫の上に踞坐せしものが、米国最新の流行に従ひ数寄を凝せしパーラーのソフアーに身を倚せて、その豊かなる髭髯を撫する様相成候」

当時、日本でも一般的にまだ馴染みのなかったナイフとフォークを使ってアイヌの人々が西洋料理を食すという姿は、通信記事を読んだ読者にとっても大きな驚きであったことだろう。これらの記事から読み取れることは、アイヌの人々がセントルイスで自らの文化や慣習を伝えると同時に新しい文化を相互受容していたということである。博覧会の外に出るのは日曜日だけという物理的な制約はあったにせよ、彼らが昇天教会やアイヌ愛好者を通して現地社会と繋がり、米国文化に触れて見聞を広めたという点においては、「監督兼通訳」の稲垣よりも濃い体験をしていたようにも思える。したがって、アイヌの人々は人類学部展示において植民地主義的なまなざしの対象としてのみ存在していたわけではなく、博覧会内外で様々なアクターと接触し、その独自性と人間性をもって現地の西洋人社会と良好な関係を築いたといえるだろう。

セントルイス万国博覧会閉幕

セントルイス万国博覧会は、一九〇四年十二月一日（木曜日）の「フランシスの日（David R. Francis Day）」を以て閉会した。閉会式には開会式よりも多い十八万人を超える人々が来場し、博覧会の成功と総裁フランシスの功労を讃えたという。各部門の表彰結果を見ると日本の受賞数は一七〇二で（内訳は大賞一五六、金牌三五六、銀牌六〇一、銅牌五八九）、ドイツの受賞数には及ばなかった（『東京朝日新聞』一九〇五年一月十六日朝刊）。人類学部の人種学部門（Section of Ethnology）展示においてはフレデリック・スターが大賞をとり、アイヌの展示では稲垣陽一郎が銀牌、長老サンゲアが銅牌を授与された（HEWETT et al. 1905）。現在では考えられないことだが、夜間にイルミネーションで彩られた展示館、政府館や興行区、観覧車など、絢爛豪華な博覧会の建造物のほとんど全てが閉会後に壊され、跡形もなくなる運命にあった。

博覧会の最終日には「アイヌ・グループ」と別れを交わすため、多くの米国人の友人達が人類学部の野外展示エリアに集まった。彼らと再びまみえる可能性は極めて低く、「その多くは最後の会見告別にみやげを齎らし、又ある者は別れを惜み手を握て離さず、その眼に涙ある婦人も多かり、アイヌも亦泣きぬ（第二十信）」とあるように、相親しんだ友人との別離を互いに心から悲しんだ。アイヌの人々と米国人の間に芽生えた友情は博覧会における「ヒトの展示」という植民地主義的な企画意図を越え、両者に新たな関係性が築かれたことを示唆している。友情を結んだ両者の関係は、当時の社会進化論に基づく「劣等人種」と「高等人種」という西洋中心の不均衡なそれではなく、より対等なものへ変化したといえるだろう。

稲垣は第二十信において、セントルイス万国博覧会を総括して以下の七点挙げている。つまり、一、米国的であること　二、一営利企業（ルイジアナ購入博覧会社）による事業であること、三、総裁フランシスの行動力と手腕、四、文明と人道への貢献、五、人類学部の創設と進歩への貢献、六、科学技術発達への貢献、七、文明の進化発達状態を実物をもって示したこと、である。この総括から分かるように、稲垣は自らの雇用主である人類学部の創設や目的には肯定的で、「地球の各端にあるものらが言語風俗の相違を忘れて、単に人たるの故を以て相知り相愛するの美はしき状態を現出せし」とその成功に讃辞を送っている。また、文明や人類の発展を「現時世界の各方面に生存せる最劣等の人種より、最高等の人種を単に智力の点に於てのみならず、その体格の点に於ても、生活の点に於ても、社交的道徳の点に於ても、その宗教の点に於ても、進化発達の状態を実物を以て」比較して示したことを博覧会の人類への大きな貢献と見ている。

その一方で、稲垣は過去の通信記事においては当時の西欧中心的な「文明」というものに懐疑的な姿勢も表している。例えば、ある人類学者の見解として「所謂劣等人種は文明人種と接するによりて、その恩澤の外に多の悪穂を附植せられ、遂にその民族の廃滅の起因を惹起こするに至る（第十六信）」と、「文明」が「劣等人種」にもたらす弊害について繰り返し述べている。彼の言う弊害とは、例えば、西アフリカからやって来たピグミーが拝金主義に走るようになったこと等が挙げられるだろう。アイヌの人々に関しても、稲垣は彼らを「劣等人種」とみなしてはいたものの、その高い精神性や美徳を認めていた。そして、もし彼らが狡猾であった場合は「その多くの場合に於て彼等が日本人と接して得たる悪感化なるやも知れず（第十六信）」と、日本人の悪徳の結果によるものであると指摘している。稲垣は当時の日本社会で主流とは言えないキリスト教徒の日本人であり、その意味において彼自身もマイノリティの立場にあったといえる。ただし、彼は、人類学部に「関係ある役員（第五信）」でもあったため、「内部」の人間として先住民展示に批判的な目は持ち合わせていなかった。しかしながら、万博会場内で先住民のグループが経験した種々の出来事を比較的公平で客観的な目で判断していたと評することができるだろう。

「アイヌ・グループ」の帰国

「アイヌ・グループ」と稲垣がセントルイスを後にしたのは、博覧会が閉会してから六日後の十二月六日であったと考えられる（第二十一信・注2参照）。出立に先立ち、彼らは人類学部長のマギーに伴われて総裁フランシスに挨拶に訪れた。稲垣は総裁フランシスがアイヌの参加者一人一人と握手を交わす米国的な様子を「余は一種の感興を以て、この稀有にして、復あるまじき光景の見証者として傍に立てり（第二十一信）」と感慨深げに記している。マギーは「アイヌ・グループ」の博覧会への貢献について最大限の讃辞を送り、フランシスは彼らにセントルイスでの生活等について幾つかの問いかけをした。通訳の稲垣を介した返事ではあるが、グループの代表が最後に「われ等はこの博覧会の滞留を以て、われらの長く忘るべからざる幸福なりとす。而して、此にてうけし好遇優待はわれらの将に誇りて、故国の同族に語らんとする所、われ等は閣下等の厚意を深く謝するもの也（第二十一信）」と総裁に感謝の意を告げているので、フランシスはさぞ満足したことだろう。記念品として男性には黒いキャップ（縁なし帽子）、女性には金の鎖が付いた薔薇の刺繍入りシルク製ハンドバック、幼いキクときんにはスリッパを贈っている（ST. LOUIS REPUBLIC December 6, 1904）。更に一行は、マギーから一九〇四年三月から十一月の契約賃金の外に特別報奨金として一ヶ月分の給料を金貨で授けられた。こうして、充分な報酬を得た「アイヌ・グループ」は約八カ月間過ごしたセントルイスに永遠の別れを告げたのである。

日本までの帰路は往路とは異なり、まずセントルイスから汽車でセント・ポールへ向かい、そこから馬車でミネアポリスまで疾走した。それから、ミネアポリスでカナダ太平洋鉄道の子会社であるスー・パシフィック・ラインに乗り、カナダ・サスカチュワン州のムース・ジョーでカナダ太平洋鉄道に乗り換え、バンクーバーを目指すという旅路をとった。季節は真冬で、辺り一面雪景色である。バンクーバーまでの車中では、往路では見ることができなかった荘厳な景色を楽しみながら、ロッキー山脈の険しい高地を汽車で進んだ。バンクーバーに到着した一行は、十二月十二日に汽船ターター号で当地を出航する予定であったが、積載に時間がかかり十三日早朝まで出発が延期された。横浜までの航路は冬のためか揺れが激しかったようで、往路と同じく一行は船酔いに大いに苦しんだ。約二十日間の船上生活のほとんどを稲垣は寝込んでおり、キリスト教徒にとって最も重要なクリスマス・ミサに無理を押して出席したことが記されている。そして年も明けた翌一九〇五年元旦に一行はようやく横浜に到着した。「聖路易にありて後は横濱の町の如きは小さく狭し」という「アイヌ・グループ」のある若者の言葉は、絢爛豪華なセントルイス博覧会会場から日本に戻ってきた彼が抱いた率直な感想だろう。稲垣はそれから一行を札幌まで送り届け、ようやく大きな肩の荷を下ろしたのである。

帰国後の「アイヌ・グループ」については宮武（二〇一〇b）や本書掲載の辺泥五郎小伝を参照して頂きたいが、博覧会に参加した「アイヌ・グループ」は各家族七百円程の大金を稼いで戻ってきたとあるので（農商務省　一九〇五）、コタンの人たちにとっては大きな驚きであっただろう。例えば、サントゥクノとサンゲアが博覧会で稼いだ資金で新しい家を建て、馬と豚を購入したことが伝わっている（VANSTONE 1993）。また春採出身の辺泥五郎は、私立春採尋常小学校教師の永久保秀二郎と手紙のやり取りをしており、『永久保秀二郎日誌』には帰国後の五郎が春採コタンに暮らす父母に家を建てたと記されている（中村　一九九一）。したがって、セントルイス万国博覧会に参加した彼らを一方的に搾取された存在と見るのは性急で、少なくとも植民地主義的な異文化空間に逞しく順応し、経済的な実りを故郷の家族にもたらしたメンバーがいたことを特記しておきたい。博覧会から六年後の一九一〇年にはフレデリック・スターは再び北海道を訪問しており、彼のフィールド・ノート（小谷　一九九七）にはメンバーとの再会やコタンの変化についての記述があり大変興味深い。しかし、稲垣と「アイヌ・グループ」との縁は「斯くて、アイヌ及び余との博覧会の関係全く絶えたり（第二十一信）」とあるように、その後は一切途絶えたようである。

おわりに　―帰国後の稲垣陽一郎―

それでは、帰国後の稲垣陽一郎はどのような人生を送ったのであろうか。彼が晩年に記した自叙伝は教え子により没後に編纂され、一九五五年に『稲垣陽一郎博士　自敍傳、説教』（松平ほか）として出版されたが、それによると稲垣は一年間の大館赴任を経て一九〇八年から最初のアメリカ留学へと旅立った。ニューヨークのゼネラル神学校で二年間学び、帰国後に仙台聖公会で十年ほど司祭として伝道活動に従事している。それから一九二〇年に再びゼネラル神学校に留学し、日本に戻ってからは川越基督教会や松山聖ルカ教会の管理長老を歴任した。また、『さくらめんと』や『キリスト教と近代主義』といった主著に加え、伝統的聖公会神学に関する訳本等も多数出版し日本聖公会の神学教育に貢献した。しかしながら、軍国主義の影が色濃くなるにつれ神道以外の宗教への圧力が強まり、その晩年は不遇であった。最愛の妻を亡くし、一九四二年に六十五歳で聖公会神学院長となるも、戦時非常措置令により神学院は閉鎖されてしまう。更に追い打ちをかけるように、空襲で神学院の校舎や稲垣の住居など全ての財産が灰燼と化した。失意の稲垣は一九四六年に胸部を病んで小布施療養所に入り、その三年後に草津聖マーガレット館で亡くなった。

若き日に札幌で出会った宣教師ジョン・バチェラーへの敬愛が続いていたことは『基督教週報』に後に掲載された稲垣の記事(24)に見て取れるが、北海道に暮らしていたバチェラーやアイヌの参加者と頻繁に交流していたことを示す記述は自叙伝には見当たらない。一方、フレデリック・スターに関しては、仙台赴任中（一九〇九年六月二十九日から一九二〇年）に一度再会していることが自叙伝に記されている。

「博士は最初にアイヌを博覧会に引率の為来朝以来日本に興味を持ち、従来のメンコ探求旅行に屢次に渉りて来朝し、或は東京本郷の一家屋に日本流に住居し、或は昔の如く、東海道や中仙道を行脚し、次で奥州路の旅行には写真技師メキシコ人ゴンザレス氏を帯同して仙台に十泊滞留の際、我家に来訪せられたのである。予は青森に同行して別れた。其間『お札博士』として知られて居た。最後に日本を経て朝鮮に旅行中、病を得て東京に来り聖ルカ病院に入院中遂に逝去した。日本の友人らは博士の為に氏の愛好の場所たる御殿場の一角に記念碑を建立した」（松平ほか　一九五五：三十四）」

スターは助手のゴンサレスと奥州を巡る旅に出た際に、仙台の稲垣邸に立ち寄ったのだろう。ゴンサレスは一九一二年に亡くなっているので（STARR 1912）、稲垣との再会は一九〇九年の二度目の来日時、又は一九一一年の三度目の来日時であると推測される。稲垣にとっては、これがスターとゴンサレス二人の旅姿を見た最後となった。しかし、その後もスターと稲垣の交流は細々と続いていたようで、一九三三年四月に稲垣がスターに返信した書簡がシカゴ大学図書館に残されている（宮武　二〇一〇b）。書簡内で稲垣は三十年の時を経てセントルイス万国博覧会を懐かしく思い出し、スターの厚遇に感謝の意を述べている。この手紙が送られたのは、同年八月にスターが日本で客死する数か月前の事であった。

稲垣の自叙伝内には、彼が晩年執筆した博覧会の「記憶」が以下のように残されている。少々長いがここに全て引用する。

「時に千九百四年三月横浜を出帆せしが、海外初

晩年の稲垣陽一郎（『稲垣陽一郎博士自叙伝、説教』より・編者所蔵）

航海の事とてアイヌも予も船暈に悩されたり。バンクーバーへ上陸、汽車旅行数日の後一行は無事セントルイ《ママ》に到着した。此博覧会は、米国に於て会場の広大と機構の雄大なる、過古に其比を見ざるものなりし。各国も亦参加協力し、我国も其特徴ある建築と庭園を設け、又売店には国産を出品したり。原始人種の人種学敷地には、米国のインデアン各族、メキシコ、アラスカ等の土人、世界オ一の大男大女たる南米のバタゴニヤ《ママ》族、世界最小の中央アフリカのピグミー族、北海道のアイヌ族あり。アイヌ達は荷物を解き、其住居を建立したり。広き一間の茅葺小屋にて中央に炉あり、右の隅に所謂『宝物』を置き、各自アイヌ獨特の模様の刺繍を施したる『アッシ《ママ》』を着け、土間に蓆を敷いてマキク《ママ》（刃物）にて彫刻を施したるアイヌ細工を為せり。一同元気旺盛、外国旅行の快味と好奇心を満され日々を送れり。博覧会開会となるや此『原始人種敷地』は場内の一名所となって専門の学者は勿論、新聞記者初め、見物人の注意と兴味を聚むること多大なりし。藝術方面にも観賞の絶好の機会があった。会期中世界第一流の音楽家、ブラスバンドの来演あり、絵画、彫刻に於ても世界大家の傑作多数出陳せられ、予も音楽を聴き、又閑暇毎に絵画館に通った。日曜日は博覧会は休場の事とて一部のアイヌを引連れセントルイ《ママ》市昇天教会の礼拝に屢々出席した。秋の終博覧会の会期終るや、一同帰国の支度成り、事務員の一人に送られて、バンクーバー港に出で、其処より出帆せり。冬の太平洋は『太平』ならず、風浪強かりしかば又船暈に悩まされ、クリスマスを船中に迎へても其祝餐にも列し得なかった。横浜に着せしは千九百五年一月元旦にて恰も日露戦争中、旅順陥落の号外の出でし時であった。一行を雪の札幌に送り届け、バチェラー氏に一同を引渡して予の任務を終了した。心臓もいつの間にか快復して居た。『洋行帰りの神学生』は母校聖三一神学校に復校し、残余の学科を終了し、六月卒業した。卒業生は予一人であった」

（松平ほか　一九五五：二十一―二十三）」

セントルイス万国博覧会に関する稲垣の「記憶」は、神学教育に尽くした稲垣の生涯を伝える自叙伝の中では異色といえるが、稲垣の人生を彩る若き日の見聞録と理解することできる。自叙伝は晩年に執筆されたが、人類学部敷地内に建てたチセ内での様子を「アットゥシ」や「マキリ」といったアイヌ語を交えて説明するなど、「聖路易通信」内での出来事を簡潔にまとめた文章となっている。「アイヌ・グループ」についても「一同元気旺盛、外国旅行の快味と好奇心を満たされ日々を送れり」と記しており、稲垣の目からは彼らが博覧会で大きな注目を集める一方で、初めての海外生活を満喫しているように見えたようだ。実際に彼らが不慣れな異国での生活を満喫していたかは不明だが、少なくとも辺泥五郎のように米国に数年残りたいと願う者がいたという事実はある。程度の違いこそあれ、米国での経験は「アイヌ・グループ」にとって有意義であったと考えてよいだろう。

本解説では、稲垣陽一郎が見たセントルイスにおける「アイヌ・グループ」の様子や博覧会での出来事を時系列に沿って紹介してきた。セントルイス万国博覧会は「未開と文明」、「西洋と非西洋」、「支配と従属」といった植民地主義的な価値観が席巻していた時代に開催されたが、この多種多様な人々が出会うコスモポリタンな空間においてアイヌの人々が体験した異文化接触の体験は、「ヒトの展示」として批判されることが多い従来の博覧会像に新たな光を当てるものである。勿論、セントルイス万国博覧会の人類学展示に顕著であった帝国主義的かつ人種差別的な側面は決して肯定できるものではない。衛生状態が劣悪であったためにアイヌの参加者は眼病や脚気に悩まされ、他国の先住民参加者の中には命を落とした人もいた。しかしながら、セントルイスにおけるアイヌの人々を単なる「まなざし」の対象であったと決めつけるのは尚早である。「聖路易通信」に記されている草の根レベルの交流に注目すれば、彼らはセントルイスにおいてアイヌ文化を世界に広める謂わば「民間大使」のような役割も果たしていたと言っても過言ではないだろう。

最後に本書の限界を敢えて述べれば、それは「聖路易通信」がアイヌの参加者による記述でなく、その監督兼通訳者による（『基督教週報』読者向けの）記事であるということである。今まで詳細があまり知られていなかった「アイヌ・グループ」の動きについて通信記事から明らかにできた部分は大きい。しかし、稲垣の記事からアイヌの参加者の内なる声を拾い上げることは至難の業であり、本解説においても必然的に稲垣が見たアイヌの人々とその周辺人物の動きや交流活動に注目することになった。また、本解説は学術的理論に基づく考察というよりは、むしろ稲垣と「アイヌ・グループ」が一世紀以上前に体験した旅の軌跡を追体験することに主眼を置いた。ここでは通信記事の内容全てを網羅することはできなかったが、「アイヌ・グループ」が博覧会参加者や来場者と幅広く交流し、互いに影響を与え合いながら新たな繋がりを生み出していくという「相互交渉」の過程を断片的に描き出すことができたと考える。本書収録の「聖路易通信」が、万国博覧会やアイヌ民族研究の資料として今後活用されることを大いに期待したい。

【註釈】

（1）「接触領域（コンタクト・ゾーン）」は、メアリー・L・プラット（Mary L. Pratt）が著書『帝国のまなざし―旅行記とトランスカルチュレイション―』で示した概念である。プラットは「接触領域（コンタクト・ゾーン）」を、「異質な文化が出会い、衝突し、葛藤しあう社会空間である。それは多くの場合において、例えば植民地主義や奴隷制度、世界中に現在も残っている（コロニアリズムの）名残のように、支配と従属という極度に非対称的な関係において生まれる（social spaces where disparate cultures meet, clash, and grapple with each other, often in highly asymmetrical relations of domination and subordination-like colonialism, slavery, or their aftermaths as they are lived out across the globe today)」（PRATT 1992：4　編者拙訳）と定義している。コンタクト・ゾーンは植民地支配の周縁領域であり、ここでは欧米人と非欧米人、植民地支配者と非植民地支配者といった非対称な関係性を持つ人々が相互に影響しあい、新たな変容を果たしたことが強調されている。つまり、彼女は「コンタクト」という視点を用いることで、非対称的権力構造下における人々の相互交渉的な接触を際立たせ、それまで地理的にも歴史的にも交わることのなかった主体の空間的・時間的な共存を浮かび上がらせようとしたのである。

（2）アーネスト・ウィルソン・クレメント（Ernest Wilson Clement　一八六〇―一九四二）。米国・アイオワ州出身。クリスチャンの家庭に育ち、父親はバプテスト諸教会の執事であった。クレメントはシカゴ大学で学士号及び修士号を取得し、アイオワやウィスコンシンで教師となった。その後、一八八七年に来日し、茨城県尋常中学校（水戸）の英語教師として教鞭をとる。当時の日本にはバプテスト派のミッション・スクールがまだなく、一八九〇年の宣教師会議で学校設立という基本方針が定まった。クレメントは学校設立の中心人物として期待され、一八九一年に一旦シカゴに戻り準備を進めた後、一八九五年に再来日。バプテスト派のミッション・スクール「東京中学院」を創設した（大島　二〇〇二）。クレメントは、一九〇四年に『A handbook of modern Japan』という本をシカゴで出版している。余談になるが、フレデリック・スターが一九〇四年二月に初来日した際に、クレメントを探して「築地四三番地」へ向かったが、別人が暮らしていたという記述がある（STARR 1904b）。クレメントが築地に住んでいたのは一八九九年頃までのことなので、スターはシカゴでクレメントの古い住所を手に入れたのかもしれない。クレメントの住所は、一九〇一年当時は麹町富士見町二丁目三九、一九〇二年七月から翌年一〇月までは米国（一時帰国）、その後は牛込区左内坂に移っている（AMERICAN BAPTIST FOREIGN MISSION SOCIETY, Japan Mission 1899-1904）。

（3）「東京学院」は、クレメントによって一八九五年に築地居留地四二・四三番地に創設された「東京中学院（Tokyo Baptist Academy）」を源とする。初代学院長は札幌農学校一期生の渡瀬寅次郎（一八五九―一九二六）。より良い学習環境を求めて、一八九九年に牛込区左内町２９番地に移転し、同年秋に「東京学院」（英語名：Duncan School）に名称を変更した。一九〇四年四月には高等科を設置（専門学校としての正式な認可は一九〇五年）。しかし、東京学院中等科は一九一七年に廃止され、一九一九年に横浜・三春台に「私立中学関東学院」として新たに開設された。東京学院高等科は日本バプテスト神学校と合併し、神学部を併設する専門学校となった。東京学院は、現在の「関東学院」の前身組織の一つである（関東学院 一九八四）。

（4）東京でスター一行を出迎えたのは、山田ヨシゾウ（漢字表記は不明）であると考えられる。彼は一九〇二年三月に「東京学院」を卒業しており、卒業式では英語のスピーチを行っているので英語が堪能であったと推測される。卒業後は仙台のウィリアム・アキスリング（William Axling 一八七三―一九六三）師のもとで働き、一九〇四年四月から当時設立されたばかりの東京学院高等科（大学に匹敵）に進学し、学院中等科で日本史の教鞭もとっていた。一九〇七年度の高等科第一期卒業生となり、高倍率を勝ち抜いて英字新聞『ソウル・プレス』の翻訳職に内定。同年二月に渡韓した。彼は東京学院中等科・高等科を卒業した最初の人物である。しかし、体調不良のため帰国し、同年十一月に亡くなった。（AMERICAN BAPTIST FOREIGN MISSION SOCIETY, Japan Mission 1904-1908）

（5）青山学院高等科を指すと考えられる。両学院は関係が深く、東京学院から青山学院高等科に進学した生徒が過去にも数名いることが分かっている。例えば、一九〇〇年三月に卒業した二期生のタツノ氏やミヤカワ氏、一九〇二年三月に卒業したヨシサト氏などである。進路先が不明な一九〇三年三月の卒業生六名の中にも青山学院に進学した生徒がいる可能性がある。三月十二日のレセプションでスピーチを行った人物は、これらの卒業生の誰かであると推測される（AMERICAN BAPTIST FOREIGN MISSION SOCIETY, Japan Mission 1898-1904）

（6）現在の「立教女学院中高等学校」の前身組織。英語名は「St. Margaret's Girls School」。創立者は米国聖公会の宣教師チャニング・ムーア・ウィリアムズ（Channing Moore Williams 一八二九―一九一〇）。

（7）「アイヌの米國行　聖路易の博覧會にアイヌを招く爲めに、態々來朝せられたる人類學の大家シカゴ大學教授博士スター《スター》ク氏は、過般北海道に赴きバチラ氏の紹介によりアイヌ二夫婦と二人の男子、二人の幼児を伴ふこと、なり、稲垣陽一郎氏が幸ひ札幌に休養中なれば、同氏を通譯及諸般の監督に依頼し、三月十二日東京着、翌十三日は聖公會信徒なるアイヌは稲垣氏に伴はれ、築地三一大會堂の朝の禮拜に列し、夫より多川牧師の宅に於て諸教師及信徒諸氏と會談せり、翌日は立教女學校に於て特に演説する筈なりしが、一行の中に病人ありたる爲めスターク氏はアイヌの見聞に就て語られ、十六日は一行擧つて同校に赴き左の通り談話せり

一、獵に付＝熊鹿等の＝熊祭に付　平村クトロゲ

讃美（アイヌ語）

二、牧畜、農業、彫刻等　大澤彌造

讃美（仝上）

三、いれ《マ》すみ《マ》、髪等　ペテ五郎

三月十七日前八時四十五分、稲垣氏に伴はれ新橋を發せり、翌十八日バンクーバーに向つて解纜す、スターク博士は亞細亞協會の需によりて、十七日午后築地三一會館に於て、メキシコ土人に就て講話せられたり」

（一九〇四年三月二十五日発行『基督教週報』十四頁）

この記事で「アイヌ・グループ」を「アイヌ二夫婦と三人の男子、二人の幼児」としているのは誤記である。

（8）一九〇四年三月十六日発行の『東京朝日新聞（朝刊）』には「アイヌ男女八名の出京（聖路易博覧會行）」としてトゥペレキのことが以下のように記されている（一部抜粋）。

「…右の内サンケアにはトウペレキ（二十五）といへる長男あり今より十年前英國宣教師ジヨン、バチラと云へる人が同地へ布敎に到りし際トウペレキに向ひ東京へ出で勉學なさば他日アイヌ人種中より有望の人物を出すべければ出京せよと懇々説諭せしにトウペレキも其気になり父サンケアも承諾したるにぞバチラ氏はトウペレキを伴ひて出京し其當時は兩三回父の許へ音信ありしも其後更に消息なく其生死さへも判明せざれば父サンケアは甚く心痛爲し居たるが今回出京せしを幸ひ倅の所在を捜索せしも更に手掛りなきはバーチロダ氏に伴はれ英国へ航せしやも知れずと夫婦は一方ならず落膽し居るといふ因に記す一行は來る十八日横濱發の便船にて米國へ向ふ由なり」

（9）この伝道師補佐職は、一八九八年に開催されたCMS北海道地方部の宣教師会議において新たに設置が承認され（決議5）、英語名と「Readers」又は「Assistant Catechists」としていた。しかし、当時の日本聖公会規則に定められた「伝道師補（Assistant Catechists）」と名称が重なるため、一九〇一年に決議5から英語名は削除された（CMS ARCHIVE G1 J/1901/18）

（10）星一は一八九四（明治二七）年に渡米後、苦学して米国コロンビア大学に進学し、一九〇一（明治三十四）年に卒業している。彼はニューヨークで日米社を創設すると、日本を紹介する英文の月刊誌を創刊。セントルイス万国博覧会にも出店し、Handbook of Japan and Japanese Exhibits（『日本と日本出品手引草』）を一部一ドルで販売して大きな売り上げを得た（星新一 一九七八）。

（11）ロミン・ヒッチコック（Romyn Hitchcock 一八五一—一九二三）。セントルイス生まれ。コーネル大学及びコロンビア大学で化学を専攻し、卒業後は、ワシントンD．C．にあるスミソニアン協会国立博物館の学芸員を四年間務めた。日本には一八八七年に初来日し、一八八八年には北海道東部と南千島を訪れアイヌ民族の資料調査を行っている。一八八九年まで大阪医学校で教鞭を執った。彼の収集品は、スミソニアン協会の国立自然史博物館に収蔵されている（岸上／佐々木 二〇一一）。

（12）財部（二〇〇一）は、訪日前のスターを取材した新聞記事に見られるアイヌ観（イメージ）について、以下の九点を指摘している。①アイヌは白人である、②アイヌは日本人より大きい、③アイヌは長いあごひげをつけ、毛深い、④アイヌは礼儀正しく、徳が深く、非常に謙虚である、⑤アイヌはワインを嗜む、⑥アイヌは身体を洗わない、⑦アイヌは一夫多妻制である、⑧アイヌの女性は醜い、⑨アイヌは宗教をもたない。

（13）博覧会公式ガイドブックには、人類学部の目的として稲垣の文章に近似した内容（"Exhibits of Anthropology aim to present Men as a creature and a worker. The special object of the Department of Anthropology is to show each half of the world how the other half lives, and thereby to promote not only knowledge but also peace and goodwill among nations."）が九八頁に掲載されている。

（14）財部（二〇〇一）論文には、フレデリック・スターの新聞切り抜きとして、一九〇四年五月二十二日発行の『セントルイス・ポスト・ディスパッチ』の記事「Odd Ceremony at Ainu Dedication（風変わりなアイヌの落成式）」が収録されている（三五—三六頁）。これは米国で初めて行われたアイヌの儀式を伝える記事である。

（15）サントゥクノと一緒に写真に納まっているパタゴニア先住民女性の名は、ロレンツァ（Lorenza）である（MEDAK-SALTZMAN 2010）。

(16) 先住民族の「展示」は博覧会人類学部による企画ではあるが、アイヌの博覧会参加についてマギーは事前に日本側に問い合わせを行っており、日本政府から依頼を受けた東京帝国大学教授の坪井正五郎は来日したスターに面会している（小谷 一九九七）。

(17) 論文のタイトルは、『The hearing of primitive peoples; an experimental study of the auditory acuity and the upper limit of hearing of whites, Indians, Filipinos, Ainu and African pigmies』(1908)

(18) 同年一月十四日から三月十八日までの詳細な旅程や出来事が記されたスターのフィールド・ノート（STARR 1904b）はシカゴ大学図書館に残されており、デジタル化され一般公開されている。

(20) スターの新著の大まかな内容は以下の通りである（小見出しは編者による）。

一九〇四年・東京
蝦夷への旅立ち
バチェラー師との邂逅
沙流川流域アイヌ・コタンへ
紫雲古津／アイヌの埋葬地
仁菜～下平取／アイヌの住まい
上平取／故ペンリ酋長の家
アイヌの女性
アイヌの衣服と風習
アイヌの生活民具と義経神社について
二風谷／熊送りについて

旅の終着地・オコツナイへ
札幌への帰路
アイヌ民族に関する和書／
林子平・松浦武四郎
九名の「アイヌ・グループ」
白老
「アイヌ・グループ」の旅の始まり
東京での多忙な日々
北米大陸への船出
ビクトリアからバンクーバーへ
セントルイス到着
アイヌ民族についての覚書

(20)「聖路易通信」には九月二十一日までとしているが、一九〇四年九月一日発行の『セントルイス・リパブリック』によれば、二十二日まで行われる予定とある。最終日がどちらであったかは詳細不明。

(21)一八九〇（明治二十三）年に公布された小学校令では、尋常小学校（修業年限三年又は四年の義務教育）課程における主要科目を「修身・読書・作文・習字・算術・体操」、高等小学校（二年から四年）課程では「修身・読書・作文・習字・算術・日本地理・日本歴史・外国地理・理科・図画・唱歌・体操」と規定している（文部科学省『学制百年史』）。五郎氏が受けた学科試験科目を見る限り、「修身」が「聖書」に代わってはいるが、科目数は尋常小学校とほぼ同一である。むろん、これを以て谷地頭のアイヌ学校における教科内容が尋常小学校レベルだったと断定するわけではない。辺泥五郎氏を例に挙げれば、彼は春採尋常小学校を卒業しているので谷地頭では高等小学校の内容を学んでいたはずである。また、ネトルシップの報告書には授業時間数を週四十二時間（FREY 2007）としているが、これは日本語とアイヌ語の各言語で授業を行っていた為であり、当時の高等小学校の時間数を遙かに上回っている。

(22) ネトルシップ校長がCMSに宛てた一八九五年の報告書には、アイヌ語による試験（三教科）と日本語による試験（四教科）の結果が記載されているが、一九〇〇年の五教科試験が何語で行われたかは報告書からは読み取れない。しかし、教科内容や当時の時代背景から日本語で行われた可能性が高いようだ（FREY 2007）。五郎氏の成績は一六名中十一番であった。

(23) 小川（二〇一五）が「私立学校令と文部省訓令第12号に対し、同校では宗教教育を実施することを選択し、学齢児童を対象とした課程を〝正規〟の学校でないかたちにした」（六）と述べているように、谷地頭のアイヌ学校は小学校課程を廃止し、学齢に達していない児童を対象にした「育児院」課程を設けた。ただし、学齢以上の生徒に対する教育に関しては、一九〇〇年の試験科目を見る限り宗教教育を学内で行っていることから、「文部省訓令第十二号」が定める（認可校における）宗教教育の禁止条項を順守していなかったと考えられる。したがって、谷地頭のアイヌ学校はアイヌの伝道者育成という方針を貫き、訓令の束縛を受けない各種学校であったと推測できる。この方針は同じくアンデレスが校主を務め、CMSが一八八九年に函館に設立した靖和女学校でも同様であった。靖和女学校は「小学科」を廃止し、「予科、本科、専修科を設置した各種学校」（中村二〇一五：四八）に組織を再編成している。

(24) 『基督教週報』第十三巻第八号（明治三十九年四月二十日発行）において、稲垣は「アイヌに關するバチラー長老の新著と舊著」と題して、ジョン・バチェラー編纂の辞典『An Ainu-English-Japanese Dictionary』と彼の著書を紹介している。その数は一九〇五年時点で二十五に上っており、「以上の書目のみをみても、同長老がアイヌ種族の爲に貢献寄與せし事の大なるを知るにあまりあらん」（八頁）と賞讃している。

人類学部における先住民グループの表彰一覧

	A Partial List of Louisiana Purchase Exposition Awards (Department of Anthropology)			
部族名	銅賞　Blonze medal	銀賞　Silver medal	金賞　Gold medal	大賞　Grand prize
Ainu Group	Chief Sangyea	Y. Inagaki		Frederick Starr
Patagonian Group	Juan Wohlers	Chief Guechico		Vicente Cane
Pygmy Group	John Kondola			S.P.Verner
Cocopa Group		Chief Pablo Colorado, Chief Tom Moore	E.C.Cushman Jr.	
Vancouver Group	Doctor Atliu, Charles Nowell		C.F. Newcombe	
Sundry Groups			George A. Dorsey	
Sioux Group		Chief Yellow Hair		
Pawnee Group	James Murie	Roaming Chief		
Wichita Group	Burgess Hunt	Chief Towakanie Jim		
Arapaho Group		Cleaver Warden		
Cheyenne Group		Richard Davis		
Geronimo Band		Chief Geronimo		
Navaho Group	Pestlekai	Vicente Beguay		
Pomo Group		William Benson, Mary Benson		
Osage Group	Chief Claymore,Frank Corndropper, Wilson Kirk	Charles Michel, Chief Olahowallah		
Chippewa Group	Chief Meshakegeschig			
Kickapoo Group	D.H.Roubideaux			
Pima Group	Kestro Jackson			
Maricopa Group	James Bluebird			
Apache Group	Chief Trucha Tafoya			
Acoma Group	Juan Antonio Saracini			
Pueblo Group	Antonio Chavez			
Field School of Anthropology				University of Chicago
General Assemblage				Mrs. S.M.McCowan

Hewett et al. (1905)を参照して編者作成

『聖路易通信』の主な出来事（人類学部と「アイヌ村」での動きを中心に）

一九〇四年	主な出来事
三月十八日	横浜出航（エンプレス・オブ・ジャパン号）
三月三十日	バンクーバー着
四月一日	バンクーバー発、午後五時半シアトル着（翌日午後四時二十分シアトル発）
四月六日	午後二時セントルイス着。博覧会内の模範インディアン学校へ
四月七日	人類学部門の事務所訪問。責任者マギー博士に挨拶。稲垣はタットラー主教及びウィンチェスター牧師訪問
四月十日	昇天教会の礼拝にアイヌと共に初めて出席
四月十七日の週	パタゴニア人到着。二十日に降雪
四月二十四日	『セントルイス・リパブリック』にアイヌの記事掲載。その前の記事にはキクの記事
四月三十一日	「ルイジアナ購入百周年記念博覧会」開幕
五月十三日	夕方、アイヌ家屋の材料到着。僅か三日でチセを完成
五月十六日	パタゴニア酋長の妻が、サントゥクノに肉の一片をプレゼント
五月二十一日	午後二時「アイヌ村」にて家屋落成式。パタゴニア酋長妻に、サントゥクノがお礼にキビ餅を贈答
五月二十二日	午後四時「アイヌ村」にて家屋落成の感謝式（キリスト教式）
五月二十三日	午後三時　副総裁松平男爵、太田事務局長、事務官が「アイヌ村」訪問
五月二十五日	模範インディアン学校長マッコーワンによる午餐への招待
六月一日	日本政府館及び庭園の落成式
六月八日	「自由の鐘」到着と歓迎式。「小児の日」で入場無料
六月十四日	「バーンズの小屋」と「模擬小児遊戯園」の落成式
六月二十七日	全米教育協会年次大会（～七月一日）。アイヌ女性による杵歌披露
六月二十八日	ナタリー・カーティスの講演「インディアンの音楽と教育」
七月一日	フランシス・デンスモアの講演「アメリカインディアンの音楽」
七月四日	独立記念日（入場者数は約十八万人）。矯風会婦人による氷水泉台
七月五日	アメリカ少年日（日付不明・この頃コンゴからピグミー到着）
七月末	フランシス総裁の為に、人種学地の十九先住民が練兵場にて歌や踊りを披露
七月末～八月初旬	ピグミーに対する蛮行事件とマギーの公文教書（日付不明）
八月八日	『セントルイス・リパブリック』による社説「日本の進歩」

八月十一・十二日	「人類学の日（アンソロポロジー・デー）」〈日付不明・スター博士による『「アイヌ・グループ」』が出版される〉
八月二十六日	マキム監督「アイヌ村」訪問
九月一日〜二十一日	フレデリック・スター博士による「博覧会人種学講演」
九月四日	ウィンチェスター牧師「アイヌ村」訪問
九月十二日	スター博士の講義「日本のアイヌ」。第二講義後クラスで「アイヌ村」訪問
九月十六日	スター博士の講義「日本人」
九月二十一日〜二十四日	万国学芸大会（国際芸術科学会議）開催
	スター博士、メキシコ調査旅行へ。「アイヌ・グループ」との別れ
十月十一日〜十四日	万国日曜休業大会
十月十八日	ヘレン・ケラーの日
十月二十一日	稲垣、万国審査委員より「銀牌」、サンゲアは銅牌という公牒
十一月三日	天長節・祝賀会
十一月八日	模擬小児遊戯園にて、篤志家ヘレン・グールドが各国の子どもを迎待
	〈十月〜十一月　各日曜日午後、アイヌ代表は愛好者達の私宅に招かれる〉
十一月十一日	マギー博士、サンゲア夫妻・きんと共に自修倶楽部へ出向き講演
十一月十二日	きんとキク、母親と市内西部プレスビタリアン教会・日曜学校のレセプションへ
十一月一九日	伏見宮セントルイス到着
十一月二十日	アイヌ代表、ウェスタイン夫人に私邸へ招かれる
十一月二十四日	感謝祭の日（米国）
十一月二十六日	ルーズベルト大統領セントルイス到着
十一月二十七日	昇天教会にて最後の礼拝
十二月一日	「総裁フランシスの日」・博覧会閉会式
十二月六日	セントルイス出立
十二月十三日	バンクーバー出航（ターター号）
一九〇五年	
一月一日	横浜着
一月七日	札幌着。バチェラーや友人らに迎えられる

稲垣陽一郎　年譜

年号	満年齢	出来事
明治九年十二月二十二日（一八七六）	零	和歌山市塩木町四番地に出生。父・稲垣章、母・梅代
		吹上小学校、高等小学校を卒業後、中学校に進学。海軍兵学校を志願するも、近視の為、不合格となる
明治二十七年四月八日（一八九四）	十七	和歌山球主教会にて、ドーマン師により受洗。伝道師・堀内穣師により教導を受ける
同年七月一日		マキム主教により信徒按手を受ける
同年九月中旬		上京し、築地立教学校に入学。基督教週報創刊の計画に参与。立教学院ミッションの書記、及び「築地の園」編集主任として学内宗教運動で活躍
明治三十年春	二十	立教学校卒業。専修科に進学
明治三十二年春	二十二	東京三一神学校に入学
明治三十五年	二十五	神経衰弱の為、休学。旧木曽路街道・東海道等を徒歩旅行
明治三十六年春	二十六	病気療養のため、札幌農学校付属の模範果樹園にて農作業を手伝うことになる。札幌へ向かう前に、仙台の落合吉之介方に一時期滞在
明治三十七年二月二十一日（一九〇四）	二十七	札幌聖公会の日曜礼拝後に、バチェラー師により来日中のスター博士を紹介される
同年三月		セントルイス万国博覧会に出場するアイヌ民族の参加者の監督役として渡米
明治三十八年一月	二十八	日本に帰国後、復校
明治三十八年六月		東京三一神学校を卒業。同年九月より大館に開拓伝道のため赴任
明治三十九年九月	二十九	ゼネラル神学校入学のため、渡米
明治四十一年五月三十日（一九〇八）	三十一	ニューヨーク聖三一教会アグネス・チャペルに於いて、フランシス主教より執事按手を受ける。
同年夏		パン・アングリカン・コングレス（開催地・英国）に、日本代表として出席。帰国後、仙台基督教会に赴任
明治四十二年六月二十九日	三十二	司祭按手

		仙台赴任中に、スター博士とゴンサレスが稲垣氏を訪問
大正四年四月十四日（一九一五）	三十八	桑野文氏と結婚。司式・マキム主教
大正九年八月二十九日	四十三	マキム主教より、聖公会神学院教授としての推薦を受ける。その準備として、ゼネラル神学校へ再び留学するため渡米
大正十一年一月	四十五	ゼネラル神学校より神学修士号を授与される。同年五月、英国・フランスを経て帰国。同年九月上旬より聖公会神学院にて講義開始
大正十三年	四十七	川越基督教会管理長老となる。米国ナショタ神学院より「神学博士」の学位受領
昭和元年	四十九	松山聖ルカ教会管理長老となる
昭和二年（一九二七）	五十	スイス・ローザンヌにて開催された信仰と職制世界会議に出席。イタリア、ドイツ、ロシア、シベリアを経て、同年九月帰国
昭和十一年二月	五十九	妻・文が逝去
昭和十七年四月	六十五	聖公会神学院長・須貝止主教の後任として、第四代校長に就任
昭和十九年三月三十一日（一九四四）	六十七	文部省戦時非常措置令により、聖公会神学院廃校。同年四月より、「普公神学塾」として発足し、その塾長となる
昭和二十年三月	六十八	私塾閉鎖の命により、「普公神学塾」閉鎖。残留学生の個人指導にあたる
同年四月十三日		空襲により、神学院全校舎および校宅の大部分消失。家具、蔵書のすべてを焼失。同年夏に、青森聖アンデレ教会に臨時奉仕。同年十二月に聖路加病院に入院。五十日後に退院
昭和二十一年四月三日	六十九	小山修道院訪問。客員として入所が決定。同年、自叙伝を執筆
同年五月九日		小布施療養所訪問。診療の結果、同所にて静養することが決まる。同年九月二十七日、自叙伝の執筆脱稿
昭和二十二年八月十八日	七十	草津にある聖マーガレット館に移る。松山聖ルカ教会、下呂山聖霊教会、小金井聖公会などを訪問
昭和二十四年四月一日（一九四九）	七十二	草津聖マーガレット館にて逝去（享年七十二歳）

『稲垣陽一郎博士　自叙伝、説話』（一九五五）、『日本聖公会教役者名簿』（一九八一）をもとに筆者作成

特別寄稿

祖父の思い出：辺泥五郎とセントルイス万国博覧会

Memoir of my grandfather: Goro Pete and the St. Louis world's Fair

近森聖美

私の祖父である辺泥五郎は、一九〇四年にセントルイスで開催された万国博覧会に参加するため初めて太平洋を渡りました。日本聖公会の伝道師として半生を捧げた祖父の知られざる体験に興味を持ち、私は十年以上前から独自に調査を行ってきました。ここでは特別寄稿として、祖父が自宅に残したアルバムや、二〇〇七年に私が訪米した際にアメリカ自然史博物館のバーバラ・マテ氏から頂いた資料、それからフレデリック・スター博士による著作などをもとに、祖父の人生とセントルイス万国博覧会での思い出を紹介したいと思います。

※特に明記されていない限り、この特別寄稿に掲載されている写真は筆者所蔵のものです。

辺泥五郎小伝（一）若き日の祖父

辺泥五郎《ぺてごろう》は、一八七八（明治十一）年十月に、辺泥家の長男として釧路村春採で生まれました。父親は辺泥四九郎（ペテオロシクル）、母親はキン。五郎には「キノ」と「四郎」という妹弟がいました。「辺泥」という名字は「ペテ」と読みます。語源はアイヌ語で、その由来は二つあります。一つ目は私の父から聞いた話ですが、五郎の何世代か前の先祖が、コタン（アイヌ語で「集落」）で大洪水があった時に溺れている人を助けたことがあったそうです。それに因んで、当時のコタンの酋長が「ペッアンクル」と名付けてくれたということです。

この「ペッアンクル」という名は、アイヌ語で「川にある人」（「ペッ」は「川」、「アン」は「～にある」、「クル」は「人」）を意味します。ところが、明治時代に入り和名へと改名しなければならなくなり、アイヌ語名の「ペッ」の「ペ」に「辺」を、「ッ」に「泥」という漢字をあてて「辺泥」としたそうです。この改名時には、兄弟でも別々の和名をつけることが許されていたようで、四九郎の兄・ラミタツは浦見琢蔵《うらみたくぞう》と名乗っています。そのため、四九郎と琢蔵は実の兄弟でありながら、名字が異なっているのです。

もう一方の説は、釧路の山本多助氏によるものです。五郎の父親である辺泥四九郎は、アイヌ名で「ペテオロシクル」と呼ばれていましたが、それはアイヌ語で「ペッ」「オロ」「ウシクル」、つまり「川に浸かっている人」という意味だそうです。ペテオロシクルは子どもの頃から水泳ぎが大好きで、よく水浸しになっていたことからこの名が付いたという、山本氏による新聞記事を以前読んだことがあります。どちらの説も頷けますが、私は父から聞いた話の方を信じたいと思っています。

雪裡原野への強制移住

一八八五（明治十八）年、五郎が七歳頃の時のことですが、両親と伯父の浦見琢蔵に引率されて、二十七戸のアイヌの人たちとともに、釧路から数十キロ離れた雪裡《せつり》原野へ強制移住させられました。中村一枝氏の『永久保秀二郎の研究』（一九九二）によると、同年五月に、釧路群長の宮本千万樹が「開墾授産の為め釧路土人を移転せしむるの義伺」を根室県令に提出しています。この強制移住は、名目上はアイヌを農業で自活させるというものでしたが、釧路市街地からアイヌを追い払う口実に過ぎませんでした。実際、宮本郡長は「釧路市街は追々戸数が増え、商売繁盛の地になる景況であり、移住者の増加が著しいので、アイヌをそのまま放置しておくのは土地のためによくない」（中村 一九九一：五九）と、移住の必要性を根室県令に説明しています。農業をする土地ならば、わざわざ雪裡原野まで行かずとも釧路近郊にあったので、士族など内地からの移住民の増加で市街地を形成しつつあった釧路の中心部（米町、南大通、幣舞町など）に、アイヌが住んでいては困るという判断だったのでしょう。

宮本郡長は、移住地を雪裡川上の「フシココタン」と「ベラカイサヌニ」を移住地とし、移住一戸当たりの割譲面積を二町歩（約二ヘクタール）と県令に上申しました。しかし、県令は「移住出願」という形式をとりつつも強制移住させたアイヌの人たちに、その半分の一町歩しか認めませんでした。

しかも、現地に行って実際に受け取ったのは、またその半分の五反で、本来与えられるはずの面積の四分の一にまで減っていました。そのため、移住したアイヌの人々は農業だけでは生活が成り立たなくなり、釧路や春採、その他の漁場に出稼ぎに出て、雪裡に戻らない人が多くなったといいます。一八八五（明治十八）年に移住した二十七戸の内、十三年後の一八九八（明治三十一）年まで雪裡に残っていたのは約半数の十三戸でした（中村 一九九一）。

引率者であった浦見琢蔵は、雪裡開拓で苦労を重ね、事業半ばで早逝しています。山本多助氏は、移住団の組頭に任命された浦見琢蔵が亡くなった後で、その後輩の八重氏、塚部氏などが大きな牧場を経営して、この移住は成功したと後年に記録しています。しかし、この雪裡への強制移住は鶴居村開村のきっかけとはなったようですが、当初の入植戸数が半分近くまで減少したという事実を見る限り、全体として成功したとは言えないでしょう。辺泥一家が釧路の春採に戻ったのは、一八九九（明治三十二）年七月のことでした。

バチェラー師のもとで

五郎は、辺泥一家より数年早く雪裡を出て春採に戻っていました。そして、私立春採尋常小学校を経て、一八九七（明治三十）年三月から札幌のバチェラー師宅に滞在します。春採尋常小学校教師の永久保秀二郎氏とは交流が長く続き、五郎は永久保氏の『アイヌ語雑録』にアイヌ語地名に関する情報を提供しています（中村 二〇一五）。札幌のバチェラー師宅には、平取でキリスト教の伝道をして

私立春採尋常学校の写真。三列目中央左寄りの帽子を被っている男性が教師の永久保秀二郎。第二列中央で帽子を被っている女性は、CMS派遣の婦人宣教師ルーシー・ペイン（明治28年撮影）

いた芥川清五郎伝道師も一緒に住んでいました。「アイヌの父」と呼ばれたジョン・バチェラー師については、日本語でも比較的多くの書籍が出版されていますが、ここからは仁多見巌・飯田洋右訳編による『わが人生の軌跡』（一九九三）を参照して、バチェラー師について短く記します。

ジョン・バチェラー師は、一八五四年に十一人兄弟の六番目として、英国サセックス郡のアックフィールド村に生まれました。バチェラー師は、一八七六（明治九）年から香港でキリスト教の中国伝道を夢見て勉学に励んでいましたが、マラリアに罹ってしまいます。そこで、英国と気候風土が似ている函館で転地療養するために、一八七七年に来道することになりました。二十三歳の時のことです。バチェラー師は来道の翌年—五郎が生まれた明治十一年—に、ウォルター・デニング司祭とともに平取のアイヌ・コタンを初訪問していますが、日本人のみならず、アイヌの人々にもキリスト教を伝道したいと考えていたのでしょう。

一八九二（明治二十五）年に函館から札幌に転居したバチェラー師は、自宅の隣の土地を借りてアイヌ・ホスピタル・レスツ・ハウス（アイヌ施療病室）を開設します。それは和人による蔑視のため、多くのアイヌが和人経営の病院に入院するのを厭い、病を重くしてしまうことを知ったからでした。バチェラー師はアイヌの人々が親しみを持つように、アイヌ様式を取り入れた茅葺きの宿泊施設を建てました（建築費用は、ある一人の日本人が全額寄附してくれたそうです）。このアイヌ施療病室は宿泊代も食事代も無料で、しかも名医といわれた公立札幌病院の院長・関場不二彦医学博士が無料で診察にあたりました。全道各地から診察を受けにやってきたアイヌの患者数は、一九〇八（明治四十一）年に病室が閉鎖されるまでに延べ二千人にものぼったそうです。鵡川の珍コタン（現在の汐見地区）に暮らすアイヌの人たちが札幌まで診察を受けに行ったと、以前に母から聞いたことがあります。

　バチェラー師はアイヌの人たちを治療するなかで、彼らの病気に対する考え方を学びます。それは「すべての害悪は『Nitne《ニッネ》 Kamui《カムイ》』（迫害を加える霊）と呼ばれる悪魔から出てくるものであり、しかも、すでに亡くなった人びとの恨みや復讐」（仁多見・飯田編訳　一九九三：二六五）だというものです。『萱野茂のアイヌ語辞典』（一九九六）で「ニㇰネカムイ（nikne-kamuy）」を引くと、「鬼。＊想像上の生き物ではあるがその大きさは桁外れに大きく、鯨1頭を右手の指先へひっかけ、人間の大人3人を小脇に抱えて岩山をすたすた登っていくという具合である」とあります。アイヌの人々は、病気は神が与えるとは考えていないとバチェラーは記していますが、こうした「神」や「悪魔」という考え方には、キリスト教の宣教師であるバチェラー師なりの捉え方が含まれています。そして、こうした害悪を取り除くためアイヌの人々が行っている習わしとして、嫌な臭いのする食べ物を死者にお供えしたり、イナウ（木弊）を家や出入り口、窓などに取り付けることについて記しています。

　バチェラー師が札幌にアイヌ施療病室を開設してから約五年後の一八九七（明治三十）年六月十七日に、五郎はバチェラー師から洗礼を受けました。十八歳の時のことです。その大きな理由は、父・四九郎が大酒飲みで母親のキンを困らせていたためで、キリスト教信者は酒を飲まないという話を聞き、信者になることを決意したそうです。こうしてクリスチャンとなった五郎は、札幌にあるバチェラー師の邸宅で奉公人として働くことになりました。祖父のアルバムには当時の写真が何枚か残っています。右上の写真は、バチェラー師の邸宅で一八九七（明治三十）年頃に撮影したものです。前列中央にはバチェラー師とルイザ夫人、後列左から二番目が祖父・五郎です。また、バチェラー邸で働いていたと思しきアイヌの人たちや伝道師が数名写っています。一八九八（明治三十一）年三月に、バチェラー師がCMS日本宣教師会議に宛てた書簡によると、同年にバチェラーのもとにいた外国人スタッフは、ルイザ夫人、ミス・ローレンス、ミス・ブライアント、ミス・ヒュースです（仁多見編訳　一九六五）。このことから、バチェラー夫妻を挟んで坐っている外国人女性二名は、当時、札幌に暮らして

バチェラー邸にて　1897（明治30）年頃

いた夫人伝道師である可能性が高いのではないかと思われます。

また、同じ頃に撮影された五郎の個人写真（左上）もあります。お正月か何かの記念として撮影されたのでしょうか、髪をすっきりと整え、和装姿で凛々しく坐っています。

1897（明治30）年の五郎

平村トラとの結婚

五郎は、一八九七年から札幌のバチェラー邸に暮らしていましたが、函館・谷地頭のアイヌ学校でも学びました。進学時期や在籍期間などについて詳細は不明ですが、口絵写真14の撮影日が一八九八年十二月ですので、それから数年間の出来事かと思われます。谷地頭アイヌ学校での学びを終えた五郎は、引き続きバチェラー邸で働くことになりました。そして、一九〇三（明治三十六）年三月に、五郎（当時二十四歳）はバチェラー邸で一緒に働いていた平取出身の平村トラと結婚します。トラは一八七八（明治十一）年一月生まれで、五郎より九ヵ月年上でした。トラの父親・平村ヌカルモン、母・イモントレンは、ともにキリスト教信者です。五郎とトラは、その後、女の子四人、男の子二人という六人の子宝に恵まれます。

スター博士の来日

平村トラと結婚した翌年の一九〇四（明治三十七）年、五郎に大きな転機が訪れます。米国セントルイスで開催される予定の万国博覧会に、アイヌ民族の参加者の一人として参加することになったのです。セントルイス博覧会では、世界各地の少数・先住民族やその文化の展示が計画され、一九〇四年一月十日付のアメリカの新聞『トリビューン』は、スター博士が謎の民族を探しに日本へ行くことを報じております（財部 二〇〇二）。様々な準備を終えて、スター博士が実際に来日したのは一九〇四年二月九日のことでしたが、到着の翌日に日露戦争が勃発していますし、大変な時に来てしまったものです。それでも、東京で農商務省の手島精一氏、帝国大学の坪井正五郎教授らと面会し、協力を仰ぐことに成功します。

この初来日時の仔細については、スター博士が一九〇四年に出版した『The Ainu Group at the St. Louis Exposition（セントルイス万国博覧会におけるアイヌ・グループ）』という本や、シカゴ大学図書館が所蔵している一九〇四年のフィールド・ノート（小谷訳 一九九四、一九九七）に記述されています。それによると、博士は東京に数日滞在した後、二月十五日に助手のゴンサレス氏を連れて北海道へ向かいました。東京から青森までは列車で、そこから先は連絡船で函館を経由して室蘭へ渡っております。スター博士は、明治政府から北海道庁長官・園田男爵に宛てた紹介状を預かっていましたが、札幌のバチェラー師の協力に大きな期待を寄せていました。そして幸運なことに、札幌に向かう途中の岩見沢駅で、偶然にもバチェラー師が同じ列車に乗ってきたのです。

初対面をしたバチェラー師に来日の目的と協力を依頼すると、興味を持ってはいるようですが、園田長官から正式な承認が出てからと返事を濁されてしまいます。外国人宣教師という立場にあるバチェラー師は、自身の行動にも慎重にならざるを得なかったのでしょう。最終的に、バチェラー師はスター博士とゴンサレス氏の旅をあらゆる面で支えることになるのですが、それは園田長官からのお墨付きを得てからです。

バチェラー師からの協力を確保したスター博士は、沙流川流域のアイヌ・コタンを訪ね歩く旅に出ました。旅の始まりについて、前述した博士の『アイヌ・グループ』からの引用を少し紹介したいと思います。

「米国の法定休日にあたる二月二十二日、月曜日に、我々はアイヌの参加者を募るべく、沙流川流域にあるアイヌの集落〔コタン〕を巡る慌ただしい旅に出た。バチェラー氏の屋敷から、ヤゾウ（オザ《マ》ラ　フコタ《マ》ロウ）と彼の妻シラケを連れて行くことは、既に決めていた。彼らは既に白人とその習慣に精通しているので、他のアイヌを安心させるのに良い影響を与えるだろうと考えた。ヤゾウは十四歳の時からバチェラー師と一緒に暮らしていて、既に十年程経っている。彼は勤勉で進歩的で、小さな牧場と数頭の馬などを所有している。我々が旅に出ている間にヤゾウは集落に戻り、不在期間中の土地と所有物を管理する手配をした。彼の妻、シラケは美しく魅力的な十八歳の娘で、内気かつ謙虚である」（STARR 1904: 16）

ペンリウク酋長の昔の家。写真の正面右側に立っている男性はバチェラー師（STARR 1904:31）

最終的に五郎を含めた九名のアイヌ代表が渡米することになりますが、スター博士がここで書いているように、最初にセントルイス行きが決まったのはバチェラー師のところで働いていた新冠出身の大沢弥蔵（二十三歳）と妻のシラケ（十八歳）でした。バチェラー師、スター博士、ゴンサレス氏の三人は、まず汽車で苫小牧まで向かいました。そして、そこから馬車で勇払へ向かい厚真に一泊しました。翌日は鵡川、佐留太、紫雲古津、荷菜、下平取を通り、バチェラー師がお世話になったペンリウク酋長の家がある上平取のコタンに滞在します。バチェラー師は一八七八（明治十一）年に平取を初めて訪問し、その後ペンリウク酋長の家に数か月間寝泊りしてアイヌ語を学んでいたのです。ペンリウク酋長は一九〇三年冬に亡くなりましたが、かつて暮らしていた家は残っていたので、スター博士は写真に残しています。一行は近隣の家も訪問し、博士は威厳あるアイヌの父子（ペンリウク酋長の親族）からアイヌの伝統的な挨拶を受けて感激しています。そして翌二十四日に徒歩で二風谷へと出立しました。

一時間ほどで二風谷に到着すると、一行はそこから艝（時に丸太舟）を使ってペナコリ、ポロサル、

スター博士の旅程

1904年	主な旅程
2月9日	横浜到着
2月10日	横浜→東京
2月15日	東京→青森〔汽車〕
2月16日	青森着
2月17日	青森→函館→室蘭〔連絡船〕
2月18日	室蘭→〔汽車・岩見沢経由〕札幌
2月22日	札幌〔汽車〕→苫小牧～勇払～厚真
2月23日	厚真～鵡川～佐瑠太～紫雲古津～荷菜～下平取～上平取
2月24日	上平取～二風谷～ペナコリ～ポロサル～オサツナイ～オコツナイ
2月25日	オコツナイ～ポロサル～二風谷～上平取
2月26日	上平取～佐瑠太～厚真
2月27日	厚真→〔汽車・苫小牧経由〕札幌
3月3日	白老でチセや民族資料購入
3月7日	札幌〔汽車〕→室蘭〔連絡船乗船〕
3月8日	室蘭→函館→青森〔連絡船〕
3月10日	青森→東京〔汽車・仙台にも宿泊〕
3月12日	東京着
3月18日	横浜出航

オサツナイ、オコツナイへ向かいました。ところが、二風谷のはずれに差しかかった時、一行が探している人物が狩りに出てしまったことを知らされます。そこでバチェラー師は、丁度出会った猟師の一群を率いていた男性に、スター博士と一緒に家族で渡米するよう依頼します。彼はペンリウク酋長の甥・クトロゲで、上平取の家でスターたちに挨拶をした男性でした。クトロゲはバチェラー師のたっての願いを断れず、セントルイス行きを了承します。クトロゲは三十九歳で、妻のシュトラテク（三十七歳）と幼い和人の養女キク（二歳）が同伴することになりました。

一行は二十四日にオコツナイまでたどり着きましたが、目当ての人物が遠出から戻っておらず、為す術もありませんでした。アイヌ民族資料を村人から購入すると二十五日に二風谷に戻り、ここでもパスイなどの民族資料を収集してから、夕方

1898（明治36）年の五郎（写真左）

に上平取へ戻りました。スター博士が老夫婦を探していると知ったクトロゲは、彼の父親を一緒に渡米させようと考えますが、父親は健康に不安があるため断ります。そこでクトロゲは、下平取に暮らす平村サンゲア（五十七歳）を説得し、その妻サントゥクノ（五十四歳）と娘のきん（六歳）が渡米することが決まりました。スター博士は、このように沙流川流域のコタンを旅して、アイヌの参加者八名を見つけました。

五郎、海を渡る

スター博士は二月二十七日に札幌に戻り、バチェラー師の家に宿泊します。師からセントルイス行きの話を聞いた五郎は、自分から進んで参加したいと願い出たそうです。しかし、当時の五郎は髪もきっちりと分けて洋服を着ていたので、西洋かぶれのアイヌとして、スター博士には相手にされませんでした。その一方で、既に渡米が決まっていた八名は遠い海の向こうの外国に行って、果たして生きて帰って来ることができるかと不安に思いながらも、お世話になったバチェラー師に頼まれたということでセントルイス行きを承諾したようです。五郎は断られても諦めきれず、再度バチェラー師に取り次ぎを頼みました。そして、ようやくスター博士の許可が下りたのです。博士が五郎の渡米を許可した理由が『アイヌ・グループ』に以下のように記されています（翻訳の括弧と注釈は訳者によるものです）。

「札幌に戻るとすぐに、ベテ・ゴロウが私たちと一緒に（セントルイスへ）何としても行きたがっているということを知った。しかし、彼を連れて行くことはためらわれた。ゴロウは若く、髭は剃ってしまっていて、日本風とは言わないまでも西洋風の服を着ているのだ。確かに、彼はいまだに見事な刺繍が施されたアイヌの脚絆を身に着けている。（しかし）彼は非常に月並みだ。イナウを削るかわりに、靴下を編むのだから！　こうしたことは、すべて高い称賛に値するが、万国博覧会でのアイヌ一行には関わりがない事柄であった。しかし、ゴロウは明るく楽しげで、セントルイス行きを切望していた。それは重要なことだった。やや気難しい弥蔵、臆病なシラケ、まるで死んだも同然に悼まれているアイヌの一行を元気づけるために、ゴロウはかなり役立つだろうと私たちは考えた。よって、彼を連れて行くことにした」

（STARR 1904: 76）

博士が記しているように五郎は明るい人柄でしたので、最後には「粘り勝ち」でセントルイス行きが許可されたのでしょう。また、五郎はローマ字を学んでいましたので、アイヌの参加者とアメリカ人を繋ぐパイプ役になるだろうと、博士は考えたのかもしれません。渡米が決まったと知らされた時の五郎は喜びですっかり我を忘れ、文字通り床の上を床を転げまわって喜んだそうです。そこから、彼がどれほどアメリカ（外国）に憧れていたかが分かります。

この時、五郎の妻トラは身ごもっていたため、五郎に同行することはできませんでした。アイヌの参加者との交渉を無事終えたスター博士は、助手のゴンサレス氏、通訳の稲垣氏、九名の「アイヌ・グループ」からなる一行とともに、三月初旬に札幌から東京へ向かいます。そして東京と横浜に一週間ほど滞在し、一九〇四年三月十八日にセントルイスへ向けて出発しました。一行が十日以上に渡る長い船旅と列車の旅を経てセントルイス駅に到着したのは、一九〇四年四月六日のことでした。

辺泥五郎小伝(二)　祖父とセントルイスの思い出

祖父の足跡をたどって

ここでは、私が二〇〇七年夏に北海道大学の宮武公夫教授（当時）の在外調査に同行した際に得た写真や資料をもとにして、祖父の足跡をたどりたいと思います。レンタカーを使い、ニューヨーク州、ミズーリ州、イリノイ州と、米国の州を幾つもまたいで息つく暇もないほど多忙でしたが、祖父・五郎の旅を垣間見ることができたと感じています。

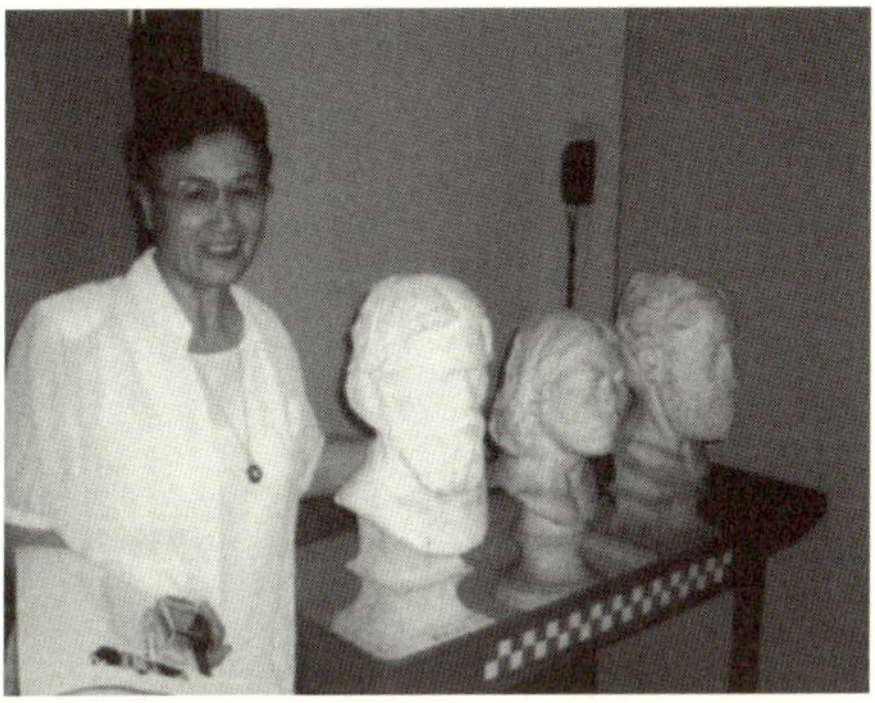
祖父（左）、シラケ、弥蔵の胸像と対面

アメリカ自然史博物館（ニューヨーク）

十日間の旅の間に、私たちはセントルイス万博での様々なアイヌ関連資料が保管されているニューヨークのアメリカ自然史博物館、セントルイスのミズーリ歴史協会、シカゴのフィールド博物館を訪問しました。そして、訪問中の現地調査によって、セントルイス万博に参加した少数・先住民族の胸像が、五十体ほど製作されていることも判明しました。そのうちの約十五体がアメリカ自然史博物館に保存されているとのことだったので、博物館に依頼して特別に見せて頂きました。

左上の写真は、五郎、シラケ、弥蔵の胸像です。五郎の像だけが白いのは、倉庫の奥に入れっぱなしで真っ黒だったのを、私たちの為に（五郎のものだけ）綺麗にしてくれたからです。倉庫に保存されてからどれほどの年月が経っていたのかは不明ですが、自然史博物館で祖父の胸像と対面することができたのは本当に幸運でした。これらの胸像が作られたのは、博覧会（人類学部）の資料として立体的なものを残しておく必要があったからではないか、と宮武教授から説明を受けました。こうした資料の学術的な意義について、私に言えることは多くありません。ただ、一世紀以上の時を経て米国で祖父の胸像と対面したことで、祖父の思いや当時の様子をより身近に感じることができました。

次に、アメリカ自然史博物館（ＡＭＮＨ）のバーバラ・マテ氏から頂いた当時の貴重な写真（複製）の一部を、博物館からの許可を得て整理番号順に掲載します。これらの写真は、ジェシー・ビールズという女性ジャーナリストによって博覧会期間中に撮影されたものです（宮武 二〇一〇）。ＡＭＮＨが所蔵するこれらの写真の多くは、宮武教授の出版物（二〇一〇）や出利葉氏の論文（二〇〇七）に既に掲載されております。ここでは新たな試みとして、写真の裏にある短い説明文を翻訳しました。

写真１は、化粧を施された熊神の頭骨を収めた二股の木（ユクサパオニ）を手に持つサンゲア長老

写真１　アイヌと祈祷の棒
古の先祖代々の熊崇拝の写真。熊の頭蓋骨が柳の棒の分かれ目に置かれ、削りかけが垂れている。
Ainu and Prayer Stick. The old ancestral worship of the bear is shown. A bear's skull is placed in the crotch of a willow stick with the shavings from the stick hanging down. St Louis Exposition, 1904
（アメリカ自然史博物館提供 Image #116546, American Museum of Natural History Library）

写真２　アイヌ・グループ
1-独身　2、9、8-妻、夫、子　3、4-夫と妻
5、6、7-妻、子、夫
Ainu Group. 1-Bachelor 2,9,8-Wife, Husband, Child 3,4-Husband and Wife 5,6,7-Wife, Child, Husband. St Louis Exposition, 1904
（アメリカ自然史博物館提供 Image# 313435, American Museum of Natural History Library）

の写真です。英語の説明には「祈祷の棒」とありますが、これは熊の霊送り（イオマンテ）で用いられるものです。

写真2はアイヌの参加者全員による集合写真です。英語説明文では、一番左の弥蔵を「独身」としていますが、左から三番目に写っている「独身」の五郎と混同したのでしょう。この写真が撮影された場所は、チセが完成する前に短期間滞在した博覧会内の「模範インディアン学校」の一角ではないかと考えられます（出利葉 二〇〇七）。写真左から大沢弥蔵、平村サントゥクノ、辺泥五郎、大沢シラケ、平村シュトラテク、平村クトロゲ、平村サンゲア、前列左に平村キクと平村きんが写っています。

写真３．アイヌの挨拶
女性は男性が近づいてくるのを見たら、必ず跪き頭を下げる。それと同時に手を唇の前で左右に動かす。男性は女性を見て手を合わせ礼をし、女性はその時初めて立ちあがることができる。
Ainu Salutation. When a woman sees a man coming, she has to get down on her knees and now her head at the same time moving her hand across her lips. The man sees her, folds his hands, and bows, and she can then get up. St Louis Exposition, 1904
（アメリカ自然史博物館提供 Image#313436, American Museum of Natural History Library）

写真４．籠を編むアイヌの男女
Ainu man and woman making basket. St Louis Exposition, 1904
（アメリカ自然史博物館提供 Image#313437, American Museum of Natural History Library）

写真5．アイヌの女性と子ども
Ainu woman and child. St Louis Exposition, 1904
（アメリカ自然史博物館提供 Image#313438, American Museum of Natural History Library）

写真6．壁や戸に掛けるゴザを編むアイヌの女性
Ainu woman making mats for wall and door hangings. St Louis Exposition, 1904
（アメリカ自然史博物館提供 Image#324189, American Museum of Natural History Library）

写真3は、サンゲア長老と妻のサントゥクノと見られる女性が、アイヌの挨拶をしている様子を撮影したものです。写真4では、シラケ、五郎、シラケの夫・弥蔵（右端）がアイヌの民芸品を製作しています。これらの民芸品は、お土産として来場客に販売していたようです。

写真5は、キクを背負っている女性の写真です。横顔なので判別が難しいですが、母親のシュトラテクではないかと思います。右端に写っている鉢巻をした男性は五郎です。幼いキクは博覧会の来場者に愛されて、人気者だったそうです。

写真6は、博覧会内に建てたチセの前でゴザを編んでいる女性の写真です。この女性もシュトラテ

クでしょう。外国人の一行が、ゴザ編みの作業風景を奥から興味深そうに覗いています。

写真7では、クトロゲ、五郎、弥蔵が、屋外で工芸品を製作している様子が写っています。撮影者に背を向けたシラケの姿も見えます。模様付きのゴザが引かれた台の上には、大きさが異なる木製のスプーン約十本と、小刀が二本置いてあるのが見て取れます。地面にひいたゴザの右端には日本の下駄が一組脱いだまま置いてあります。写真の右端には、博覧会の来場者か関係者と思われる男性が立ったまま、アイヌの男性たちの作業をじっと見守っています。

最後の写真は、屋外で工芸品を彫っているサンゲアです。手にしているのは、制作中の木製のスプー

写真7．彫り物と籠編みをするアイヌの男性
Ainu men carving and making bskets. St Louis Exposition, 1904
（アメリカ自然史博物館提供 Image#324193, American Museum of Natural History Library）

写真8．彫り物をするアイヌの男性
毛（髭）が最も豊かで、この部族の長老である。
Ainu man carving. He is the patriarch of the tribe, being hairiest. St Louis Exposition, 1904
（アメリカ自然史博物館提供 Image#324194, American Museum of Natural History Library）

ン。グループ最年長のサンゲアは長老として敬われ、グループ代表としての役割を公的な場面でも果たしていました。カメラに向かって威厳のある姿を見せています。

セントルイス・ユニオン駅

アメリカ自然史博物館があるニューヨークを後にした私たちは、セントルイス万国博覧会が開催された中西部ミズーリ州に向かいました。祖父たちが汽車旅の最終目的地としたセントルイスのユニオン駅に行ってみると、現在はショッピング街とホテルに変貌していました。ある壁の一角に、ユニオン駅であったことを示す案内版が何枚か残っているばかりです。当時の地元新聞には、アイヌの一行が到着したという記事が到着翌日には写真入りで掲載されているので、米国におけるアイヌの一行への関心はかなり高かったと思われます。百年以上前に祖父が自ら志願し、願いが叶って降り立ったそのユニオン駅に、孫の私が立っているという事実に感動を覚えました。

ミズーリ歴史協会（セントルイス）

ミズーリ歴史協会は、一八六六年に創設された団体で、フォレスト・パーク内にあるミズーリ歴史博物館及び図書研究センターを運営しています。下の写真は、ミズーリ歴史協会に唯一残っているアイヌの参加者が製作した木彫りのスプーンです。写真をよく見ると、柄の部分に曲線を組み合わせた文様が彫られているのが分かります。『北海道新聞』が二〇〇七年九月から十三回掲載した特集記事「セ

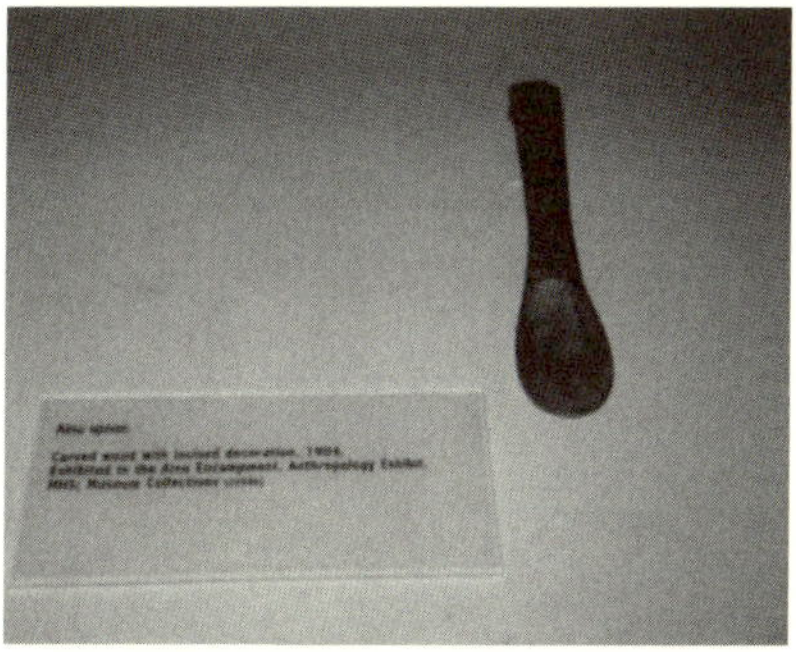

アイヌの参加者が製作した木彫りスプーン

ントルイスの９人」には、アイヌの参加者が観光客にスプーンやたばこ箱を土産として販売し、大変盛況であったという当時の記録があります（二〇〇七年九月十七日）。前述したアメリカ自然史博物館の資料に「アイヌ・グループ」の男性が彫り物をしている写真がありましたが、アイヌの木彫り製品は米国でとても人気が高かったようです。

セントルイス万国博覧会の会場は一二〇〇エーカー、東京ドーム約三七四個分の広さがありました。この広大な敷地に様々な展示品や建築物が立ち並び、アイヌの参加者も人類学部の敷地に白老で購入したチセを建てて暮らしていました。会期中には、国際的に著名な学者が参加した一連の国際会議も開催されました。博覧会の学術的意義を強調する狙いもあったと思われます。日本からは、芸術と科学会議で岡倉天心が参加しておりました。祖父を含めた九人の参加者は、最初は「謎の民族」として好奇の目で迎えられましたが、他の先住民族より清潔で、礼儀正しく、最も紳士的な人々であると出会った人に大変好意的に受け止められたそうです。また、セントルイス博覧会では夏にオリンピックも開催されましたが、アイヌの参加者はオリンピックとは別に設けられた先住民族の運動競技会に参加しました。アイヌの出場者は、クトロゲが槍投げで三位、サンゲアがアーチェリーで二位に入賞しています（宮武 二〇一〇）。

祖父が着ていたアットゥシ着物の前で

博覧会終了後、広大な敷地は縮小され、跡地の一部は公園や宅地として分譲されました。宮武教授と祖父たちが住んでいた場所を調べて訪ねると、整形外科の医師一家が住んでいました。もちろん敷地内に当時の面影は残っていませんでしたが、大変好意的な方々で、私たちが訪問した際に自宅の庭園を見せてくれました。セントルイスにいるにも拘らず、鮮やかな日本の鯉が数匹泳いでいる池があり、強く印象に残っています。

フィールド博物館（シカゴ）

フィールド博物館で最も印象的だったのは、祖父・五郎が博覧会会場で着用していたアットゥシの着物です。全体には縦縞の模様が入っています。恐らく、毎日着ていたのでしょう。襟の部分が襟垢で黒光りしていました。フィールド博物館では当時のまま、洗濯もしないで保存しているのだと思います。これを見た時、祖父の汗の匂いが本当にしてくるようで、とても懐かしく感じました。フィールド博物館には、ほかに九名のアイヌの参加者のネガと写真（チャールズ・カーペンター撮影）など当時の資料が所蔵されています。こうした写真や衣服など民族資料については、宮武教授（二〇一〇）や出利葉浩司氏の論文（二〇〇六、二〇〇七）等に詳しいのでここでは割愛します。

日本に帰国してからは祖父の着物のことが頭から離れなくなり、遂にはアイヌ文化振興・研究推進機構の助成事業（伝統工芸複製）に申請して、アットゥシの着物を一年間かけて製作しました。アットゥシの生地はオヒョウの樹皮から作りますが、糸にするまでに大変な労力と時間がかかる貴重なものです。私は二風谷へ通って生地を分けて頂き、着物の作り方を教えて頂きました。博物館で見た祖父の着物に触発され、完成させることができました。

「在米中乃友人」とあるアルバムのページ

祖父・五郎のアルバムより

ここからは、写真が大好きだった祖父の秘蔵アルバムから、セントルイスにまつわる思い出を紹介します。祖父は人懐こい性格で、どこに行ってもすぐに友人を作ってしまうという特技を持っていました。アルバムには、セントルイスで撮影した写真、米国で知り合った人々から贈られたと思われる写真のほか、米国から送られた手紙などが残されています。また、祖父たちアイヌの参加者は、博覧会に来場した人々の自

祖父に編み物を教えてくれた女性たち

マチルダ・L・クリークハンス（姉）

宅や別宅にも度々招待されたようです。アルバムには「在米中乃友人」として、アメリカ人の家族写真や邸宅の写真が何枚か残されています。これらの方々の名前や場所は不明ですが、彼らとの思い出の品としてこれらの写真をプレゼントされたのかもしれません。祖父が米国滞在中の八ヶ月で多くの人と交流した記憶を伝える大切な写真です。

クリークハンス一家

祖父は手先が器用だったようで、バチェラー邸にいた時から編み物などを習っていました。スター博士も、初来日時に五郎が靴下を編むのを見て驚いています。祖父は米国滞在時に、本ページの写真（上）に写っているクリークハンス一家の女性三人から編み物を習ったそうです。クリークハンス家の詳細が分からないのが残念ですが、姉のマチルダさんと一緒に写っている写真も残されています。英語が堪能とはいえなかった祖父は、編み物を通して彼女たちと交流したのでしょう。そして、日本に帰ってからはアイヌの女性たちに編み物を教えたそうです。私が初めて編み物を教わったのも祖父からでした。私の姉は、祖父がよくセーターやベスト等を編んでくれたと言っていました。

プロッツ家

それから、セントルイスに住む「プロッツ（Proetz）家」の方々とも親交があったようです。本書口絵写真11にあるように、「在米中乃友人」とタイトルがついたアルバムページには祖父の字でプロッツ家の各々の名前が記されていて、長男・アーサーの写真には「アーサー・プロエティ　兄」と日本語で追記されています。五郎はローマ字で「Proety《プロエティ》」と書いていますが、宮武教授の調査によると、正しくは「Proetz」だということです。アーサーは医師となり、一九一九年から一九五四年までワシントン大学医学部に勤務しました。彼の自叙伝には、アイヌの人々を家に招いた時のことが記されています（宮武 二〇一〇）。アーサーの弟・ビクターも、後にアメリカで有名な建築家・デザイナーになります。プロッツ家の方々は優秀で、想像力に溢れていたのでしょう。

弥蔵とシラケ

五郎は結婚していましたが、妻トラとは離れて一人で参加しました。他のアイヌ参加者は皆家族連

シラケ、弥蔵と一緒に

れでしたので、バチェラー邸での同僚で年齢的に近い弥蔵とシラケとは仲が良く、いつも一緒にいたようです。本ページ上の写真では、三人は日本の博覧会関係者らしき人物と記念撮影をしています。この人物は胸をはって、随分と格好をつけています。口絵写真12にも、五郎は弥蔵夫妻と一緒に少しくつろいだ様子で噴水前の芝生に座っている写真があります。三人の後ろには、西洋帽子をかぶった日本人らしき人物もいるのですが、博覧会の会場内で休日に撮影した写真なのかもしれません。

五郎小伝（三）帰国後の祖父

聖公会の伝道師として

祖父は、博覧会の後も米国に数年留まりたいと思っていたようですが、帰国前にバチェラー師の許可が届かず、通訳・監督役の稲垣氏も頑として許してくれなかったので渋々日本に戻ります（ライト

前川 二〇〇三）。札幌に到着したのは一九〇五（明治三十八）年一月七日のことでした。札幌で出迎えてくれたバチェラー師は、五郎は暫く米国で勉強すると思っていたので、なぜ早く帰国したのかを尋ねたそうです。それを聞いて五郎は再び落胆したといいます。五郎は、それからバチェラー師のところへ戻り、函館の神学校に進学させてもらいました。本ページ左上の写真は、帰国後三ヶ月が経った頃に家族と一緒に撮影したものです。

その後、晴れて伝道師となった五郎は、一九〇六年に札幌から胆振支庁鵡川村にあるチンコタンへ向かいました。当地に創設された日本聖公会鵡川講義所（珍聖公会）でキリスト教の伝道活動を行うためです。鵡川珍聖公会はこの地域に初めて建てられた教会で、左下の写真からわかるように茅葺きでした。チンコタンは現在の汐見地区になりますが、この「チン」とはアイヌ語で「獣の皮をなめす人がたくさんいる」という意味だそうです。五郎は、ここでキリスト教の伝道以外にコタンの様々な

1905（明治38）年4月の家族写真

鵡川珍聖公会（1906〔明治39〕年）

役目も引き受けていたようです。例えば、東宮殿下送迎に関する件、害虫の駆除・予防に関する件についての書類、その他に一九一〇（明治四十三）年から一九一二（明治四十五）年にかけての書類が家に残されています。そのようにして、キリスト教の伝道をしながらコタンのために尽力しました。

母・信を養女に

一九一〇（明治四十三）年、鵡川の隣にある厚真村へ伝道に行ったとき、五郎はある家から生後二十日目の女の赤ん坊をもらってきました。アイヌの人たちは、自然を大切にするとともに、人の命も大切にしました。たとえ自分の家に子どもがたくさんいて貧しくとも、恵まれない子どもを見ると不憫に思うのです。昔、和人の人たちが開拓に失敗して、自分の子どもを置き去りにするということがあったのですが、そうした和人の子どもを引き取ってアイヌの人たちは育てたのです。そして、この生後二十日目にもらわれてきた赤ん坊というのが、私の母です。

もらわれた時に母がくるまっていた産着は、つぎはぎだらけだったと聞いています。赤ん坊を手放さねばならない事情が色々とあったようですが、五郎に引き取られた母は、辺泥五郎の三女として戸

1909（明治42）年8月函館にて。最後列左から四番目が五郎

籍に入っています。祖父は母に大変優しく、例えば小さい頃、食事の時に祖父は魚の身を母のお皿にそっと乗せてくれたそうです。私の母は、祖父から深い愛情をもって育てられました。

地域のために：アメリカから届いた救援物資

一九一三（大正二）年、鵡川地方を大凶作が襲いました。この時、バチェラー師や祖父の知人の協力で、アメリカからたくさんの救援物資が届けられたということです。鵡川や厚真、平取、穂別の方にある仁和といったコタンに、米や麦、切り干し、粉ミルク、塩といった物資を配布したという台帳が残されています。台帳の原本は、北海道の日本聖公会・札幌教区に寄贈してしまいましたが、かなりの厚さのものでした。救援物資を受けた延べ戸数は一一七二戸もあったそうです。

バチェラー師と五郎（1914〔大正3〕年撮影）

江賀寅三氏との逸話

江賀寅三という、教師をしていたアイヌの方と祖父との話も残っています。江賀さんはとても頭が良かったのですが、和人による差別に苦しみました。ある日、五郎が門別の平賀というところに伝道に行った時に、その江賀さんが本当に泥酔して、子どもたちに抱きかかえられながら、五郎のいる家に入ってきました。それを見た五郎は「アイヌは何で滅びるか、それは酒だ。君はアイヌの先覚者だと私は見る。それくらいのことが分からないで教育ができるか」とお説教したそうです。さらに、江賀さんにキリスト教に入信することを勧め、江賀さんは夫婦でバチェラー師から洗礼を受けました。入信後は、門別の平賀と鵡川の間は往復で二十四キロあるのですが、そこを日曜日には欠かさず教会に来て、礼拝に出席したということです。この後、江賀さんは聖公会を離れてホーリネス教会に移ったのですが、樺太まで行ってキリスト教の伝道をしたようです。江賀寅三さんについては、関係する書籍がたくさん出版されています。

マンロー博士

今回祖父について調べて分かったことですが、イギリス人医師で考古学者のニール・ゴードン・マンロー博士とも面識がありました。アイヌ文化に惹かれたマンロー博士が一九三〇（昭和五）年に夫人とともに平取を訪れた時のことです。マンロー博士の頼りはバチェラー師でしたが、既に宣教師を引退していたバチェラー師の都合がつかなかったのでしょう。バチェラー師の依頼を受けて、祖父が富川（当時の佐瑠太）まで二人を出迎えに行ったそうです（仁多見 一九九一）。その数年後に二風谷に移り住んだマンロー博士は、一九四二年に亡くなるまで医師としてコタンの人々のために献身的に尽くしました。博士が暮らした白い洋館「旧マンロー邸」は、現在は北海道大学文学部二風谷研究室として、北海道の登録有形文化財に指定されています。

父・和郎のこと

一九二七（昭和二）年に、辺泥家に父・和郎《わろう》が婿養子に入ります。父も和人です。父は、その翌年には、有名なアイヌの歌人・違星北斗たちと一緒に「アイヌ一貫同志会」を結成し、民族活動を開始します。しかし、和郎の出征や違星北斗が病で倒れたため、結果を見ることなく会は消滅してしまいました。その後、和郎はチンコタンにアイヌの青年団を作り、『ウタリ乃光リ』という会報を出しました。また、一九三三（昭和八）年に創刊された『ウタリ之友』（白光兼編集・片平富次郎）にも原稿を投稿しています（仁多見 一九九一）。一九三四（昭和九）年には凶作地区医療救護のための巡回診療団があり、チンコタンの教会の集会所で地域の住民を集めて診察や診療を行ったこともあります。数年続いたようですが、この頃、市街地はチンコタンから十キロも離れていたのにかかわらず、馬車に乗って町の人が診察を受けに来たという話が残っています。

それから同じ時期に、北海道宣教六十年の記念事業として農繁期に教会で託児所を開設しました。四十名から五十名の子どもたちを預かり、実務は父・和郎が行い、保母は母が担当したそうです。この時は、五郎も保父のようなことをしたと聞いています。この託児所は鵡川村の保育事業の始まりで、こうした託児所開設奉仕事業が認められ、一九三五（昭和十）年に朝日新聞事業団より表彰を受けています。まだ、胆振管内に託児所などなかった時代のことでした。それから時代が下って一九四六（昭和二十一）年、父は北海道アイヌ協会の設立に関わり、理事や監事を数年ほど任されたようです。

祖父との思い出

最後に、私が身近に接してきた祖父・五郎について述べたいと思います。祖父はとても寡黙な人で、自分が「ああした、こうした」という過去の逸話については話してくれないのです。ですから、セントルイス万博の話も、直接祖父から聞いたことはありません。代わりに、祖父のアルバムについて話してくれたのは私の母でした。母はとても楽しい人で、祖父と外国人の女性が写っている写真を指さしながら、「この人ね、おじいちゃんの彼女だったんだよ」などと冗談を言いながら、色々と話してくれました。

祖父の部屋（1931〔昭和6〕年）

祖父の部屋にはアイヌの生活用品がたくさんありました。シントコ、トゥキ、パスイ、タマサイ、刀、着物など、写真を見ると思いだします。右上の写真は、一九三一（昭和六）年に祖父の部屋で撮影されたものです（一緒に写っている女性の目の部分に修正を加えてあります）。祖父の部屋には、他にもバチェラー師から頂いた籐の揺り椅子があったことを覚えています。祖父はこれが大変お気に入りで、これに坐って聖書を読んだり、編み物をしたりしていました。

また、私は祖父が大好きなものですから、よく祖父の部屋で遊んでいたのですが、小さな引出しや小物入れの中に、外国から送られてきたクリスマスカードや写真といった珍しいものがたくさん入っているのを、祖父のいない時にこっそり見たこともありました。それから、私が八歳位で祖父が七十歳位の時でしょうか、いつも「聖美、背中をかいてくれ」と言うのです。祖父はあまり大柄ではないけれど、私にしたら背中が大きいのです。それで、「そっちでない。上だ。下だ。右だ。左だ」と言われながら、背中をかかされたこともありました。今思えば、やはり懐かしいです。

1932（昭和7）年のクリスマス集会。中央の男性が祖父

左上の写真は、一九三二（昭和七）年のクリスマス集会のものです。たくさんの子どもたちに囲まれて、中央に座っているのが祖父です。また、次ページ右上の写真は一九三九（昭和十四）年頃に教会前で撮影したものです。屋根が柾葺きで二階建てですが、資金が足りず内部は造作していません。勝手口、玄関があって、集会所の後ろのほうに、教会の先生が宿泊する小さな部屋があり、裏口もありました。勝手口も裏口もある、五つぐらいも出入り口がある大きな家でした。

教会の中に入ると真ん中に廊下があって、両側に父の書斎、祖父の部屋、それからいくつか部屋がありました。私はその廊下の雑巾がけが嫌で仕方がなく、いつも逃げ回っていました。

教会前での記念写真。前列中央が祖父

結局、最後には怒られながら学校でやるように四つん這いになって掃除をしました。この教会には懐かしい思い出がたくさんあります。復活祭の時には、ゆで卵に絵具で絵を描きイースター・エッグを作りました。また、クリスマスの時には松の木の大きいものを山から切ってきて、集まった子どもたちとみんなでクリスマス・ツリーを作り、讃美歌を歌いました。祖父はキリスト教の伝道師でしたが、アイヌのお祈りもかかさず行っていました。キリスト教とアイヌの精神文化は、自然な形で祖父の生活の一部となっていたのでしょう。

教会の集会所は、その他にコタンの人たちの集まりにも利用されていました。第二次世界大戦後には、樺太から引き上げてきた人たちが教会の一部に一時的に暮らし、急場をしのいだこともあります。しかし、当初九十名ほど信者がいた教会も、時代の趨勢やアイヌの人たちの世代交代の影響もあって、終戦後に信者数が激減しました。教会は、本当に貧困そのものの毎日でした。

その後、祖父も高齢となったので、父が日本聖公会から特使伝道師という辞令をもらい、祖父を助けて伝道活動を続けていました。そして一九五四（昭和二十九）年四月に、祖父・五郎は七十六歳の生涯を終えました。私が中学三年生になってすぐのことでした。それから三、四年後に、札幌や苫小牧から牧師さんが定期的にやって来られて礼拝を行っていましたが、到底それでは生活が立ち行かず、父は開拓に入ることを決めました。教会は汐見二区にありましたが、開拓はすぐ隣の三区で山の中。そこに引っ越しをしたのが一九五八（昭和三十三）年です。それと同時に、教会は祖父の跡を継ぐ者がいなかったので、閉鎖されてしまいました。今では、そのことを大変残念に思っています。

祖父が半生を尽くした教会の跡地は、日本聖公会の札幌教区本部の好意によって、汐見二区の自治会に無償で貸し出されています。現在は児童遊園地となっていますが、かなり荒れ果てた状態です。祖父と教会の思い出が残るこの場所に、また活気が戻ることを願っています。

晩年の祖父・五郎（撮影年不明）

終わりに

今回、祖父の生涯を振り返り、改めて祖父の向上心に燃えた生き方に感動を覚えました。セントルイス万国博覧会への参加をスター博士に直談判した祖父。初めての米国滞在を意欲的に過ごした祖父。帰国後の祖父は、キリスト教の伝道に専念すると同時に、アイヌの人たちに学問の重要性とアルコールとの別離を説き、コタンの住民から尊敬されていたそうです。私は祖父の孫であることに誇りを持っておりますし、祖父に大変感謝しています。本書を機に、より多くの方に祖父の生涯について知って頂ければ嬉しく思います。

辺泥五郎・略年表

西暦	年齢（満）	事項
一八七八年		十月釧路村春採に誕生
一八八五年	七歳頃	雪裡原野への強制移住
一八九七年	十八歳	六月、バチェラー師から洗礼を受ける。バチェラー邸で奉公人となる
一九〇〇年頃	二十一歳頃	函館・谷地頭のアイヌ学校で学ぶ
一九〇三年	二十四歳	三月、平取出身の平村トラと結婚
一九〇四年	二十五歳〜二十六歳	セントルイス万国博覧会に参加（渡米三月〜十二月）
一九〇五年	二十六歳	元旦に帰国・函館の神学校へ進学
一九〇六年	二十七歳	日本聖公会鵡川講義所所属の伝道師となる
一九一三年	三十四歳頃	鵡川地方が凶作となり、奔走。米国から救援物資が届く
〜以後、伝道師としてコタンのために生涯をかける〜		
一九五四年	七十六歳	永眠

参考資料

小谷凱宣　一九九四『フレデリック・スターのアイヌ研究資料の民族学的研究』科学研究費補助金・研究成果報告書
萱野　茂　一九九七『欧米アイヌ・コレクションの比較研究』科学研究費補助金・研究成果報告書
財部香枝　一九九六『萱野茂のアイヌ語辞典』三省堂
　　　　　二〇〇一「20世紀初頭のアイヌ社会のアイヌ・イメージ―フレデリック・スターの新聞記事　切り抜きから―」小谷凱宣編『在外アイヌ関係資料にもとづくアイヌ文化の再構築』科学研究費補助金・研究成果報告書：一―四〇
出利葉浩司　二〇〇六「写真に残されたアイヌ資料―セントルイス万国博覧会に参加した人々とその道具」『北海道開拓記念館研究紀要』三四号：四一―五六
　　　　　二〇〇七「セントルイス万国博覧会で『展示』されたアイヌ衣服について」『北海道開拓記念館研究紀要』三五号：二五―四二
中村一枝　一九九一『永久保秀二郎の研究』米内印刷
仁多見巌　一九九一『異境の使徒　英人ジョン・バチラー伝』北海道新聞社
農商務省　一九〇五『聖路易万国博覧会本邦参同事業報告　第一編』
バチェラー、ジョン　一九六五（仁多見巌編訳）『ジョン・バチェラーの手紙』山本書店
バチラー、ジョン　一九九三（仁多見巌・飯田洋右訳編）『わが人生の軌跡―ステップス・バイ・ザ・ウェイ』北海道出版企画センター
北海道新聞　「セントルイスの9人　アイヌ民族の明治①103年前」二〇〇七年九月十七日（二九面）
宮武公夫　二〇一〇『海を渡ったアイヌ―先住民展示と二つの博覧会』岩波書店

ライト前川眞二郎　二〇〇三『日誌：一教役者の足跡を辿りて：ライト前川眞二郎著作集　昭和十六年～二十三年』フランシス佐藤眞
STARR, Frederick. 1904 *The Ainu Group at the Saint Louis Exposition*, The Open Court Publishing Company, Chicago

＊本章の執筆にあたっては、田辺陽子氏に英語文献の部分翻訳を担当して頂きました。記して深く感謝します。

近森聖美（ちかもり・きよみ）
北海道（むかわ町）出身。元鵡川町ウタリ生活相談員。セントルイス万国博覧会に参加した祖父・辺泥五郎氏の体験を知りたいと、宮武教授の調査旅行に同行して二〇〇七年度に渡米。その時の体験をもとに、道内を中心に度々セミナー講演を行っている。一九九六年六月十二日放送のＮＨＫ「ＥＴＶ特集・シリーズ　世界が見たアイヌ文化　第三夜　アイヌ太平洋を渡る～アメリカ～」、北海道新聞二〇〇七年九月十七日～九月三十日連載「セントルイスの九人」などにも協力し、資料を提供している。

おわりに

本書に収録されている「聖路易通信《セントルイス》」は、セントルイス万国博覧会に参加した九名の「アイヌ・グループ」の通訳兼監督であった稲垣陽一郎が、約一年間にわたり『基督教週報』に連載した外信記事である。博覧会におけるアイヌの人々の暮らしは今まで断片的にしか知られていなかったが、彼らが世界各地から招かれた各先住民の人々と様々な形で交流を深め、また現地の米国人とも良好な関係を築いていたという通信記事は、セントルイス万国博覧会の人類学展示に新たな光を当てるものである。

博覧会開催中にアイヌの人々は地元紙に何度も取り上げられ、米国内の博物館や図書館等には彼らの写真が多数現存している。しかしながら、現在に至るまでアイヌの参加者による博覧会滞在時の写真や文書資料はほとんど見つかっておらず、唯一残っているのは、本書に特別寄稿を執筆下さった近森聖美氏の祖父・辺泥五郎氏が残した写真アルバムだけである。今回、近森氏には貴重な資料をもとに渡米した辺泥五郎氏にまつわる思い出について振り返って頂いた。これは、「聖路易通信」の内容を裏付ける資料として大変重要なものであり、資料を快く提供して下さった近森氏に心より感謝申し上げたい。

稲垣陽一郎に関する資料収集にあたっては、日本聖公会管区事務所及び日本聖公会文書保管委員の諫山禎一郎氏、立教大学立教学院史資料センターの大江満氏より資料の所在についてご教示を頂いた。

また、北海道大学名誉教授の宮武公夫氏からはフレデリック・スターやセントルイス博覧会に関する数々の資料を提供頂いた。英語要約に関しては、オーストラリア国立大学のマシュー・グレイ准教授から、有益な御助言を頂いた。これら関係者の方々の御協力なしに、稲垣陽一郎の「聖路易通信」が一冊の本としてまとめられて世に出ることはなかったであろう。

御協力下さったすべての方々に深く感謝の意を表したい。

二〇一六年二月　編者

資料提供について

本書に掲載された写真の多くは、近森聖美氏、立教大学立教学院史資料センター、アメリカ自然史博物館（America Museum of Natural History）、ミズーリ歴史博物館（Missouri History Museum）、ミズーリ州歴史協会（The State Historical Society of Missouri）、英国のバーミンガム大学キャドバリー研究図書館・特別資料室（University of Birmingham, Cadbury Research library special collection）から掲載許可及び資料提供を受けた。その他の画像に関しては、個々のクレジットを参照願いたい。

参考文献

アイヌ文化振興・研究推進機構　二〇〇〇『アイヌ生活文化再現マニュアル　建てる―祖先の時代のチセづくり―』アイヌ文化振興・研究推進機構

飯野正子　二〇〇二「B．C．州の仏教会と日系カナダ人コミュニティ」『アメリカ太平洋研究』二：四五―六一

磯野健太郎　一九八八『阪井徳太郎と同窓会』日本橋三越出版工房

稲垣陽一郎　二〇〇一「高橋伝五郎君を追悼す」鈴木範久・森秀樹編『納函紀念録』（復刻版）立教学院

岩波書店辞典編集部編　二〇一三『岩波世界人名大辞典』岩波書店

巌本善治　一八九五『高橋伝五郎』女学雑誌社

上田伝明　二〇〇一「アメリカ原住民とアイヌ民族―二つの強制移住をとおして（1）」『椙山女学園　大学研究論集、社会科学篇』（椙山女学園大学）三二：五一―六〇

二〇〇二「アメリカ原住民とアイヌ民族―二つの強制移住をとおして（2）」『椙山女学園　大学研究論集、社

会科学篇』三三：二二一—二二八
臼井勝美［ほか］二〇〇一『日本近現代人名辞典』吉川弘文館
鵜月裕典 一九九〇「日米両国の先住民政策と強制移住」『札幌学院大学現代法研究所年報一九八九』一二六—一三三
大島良雄 二〇〇二『灯をかかげて』ヨルダン社出版事業部
岡倉天心 一九八〇『岡倉天心全集 第二巻』平凡社
小川正人 一九九七『近代アイヌ教育制度史研究』北海道大学図書刊行会
二〇一五「函館と近代アイヌ教育史—谷地頭にあったアイヌ学校の歴史—」『市立函館博物館 研究紀要』二五：一—二二
萱野 茂 一九九六『萱野茂のアイヌ語辞典』三省堂
関東学院 一九八四『関東学院一〇〇年：一八八四—一九八四』関東学院
菊池孝育 一九九二「カナダ日系移民史 第1部：日本人排斥とバンクーバー暴動」『盛岡大学短期大学部紀要』二：六五—八三
岸上伸啓／佐々木史郎 二〇一一「一九世紀末から二〇世紀前半にかけてのアイヌ研究とアイヌ資料の収集：ドイツコレクション展示の背景として」アイヌ文化振興・研究推進機構『千島・樺太・北海道アイヌのくらし：ドイツコレクションを中心に』：一二七—一三四
『基督教週報』一九〇四「アイヌの米國行」九巻四号
一九〇六「アイヌに關するバチラー長老の新著と舊著」十三巻八号
楠元町子 二〇〇一「岡倉天心にみる万国博覧会と異文化交流」『愛知淑徳大学言語コミュニケーション学会言語文化』九：七一—八〇

二〇〇七「国際関係史から見た万国博覧会―一九〇四年セントルイス万国博覧会を中心に」『法政論叢』四三巻（二）：二二一―二三八
二〇一〇「万国博覧会と皇室外交：伏見宮貞愛親王と一九〇四年セントルイス万博」『愛知淑徳大学論集―文学部・文学研究科篇』三五：三一―四三
黒岩　裕　一九九三「日米少数民族比較論―アイヌとアメリカ・インディアン」『神田外語大学紀要』五：一六七―一九七
国立公文書館「米国婦人アニタ、ニューコム、マギー以下十名叙勲ノ件（勲00133100）」http://www.jacar.go.jp/DAS/meta/MetaOutServlet（二〇一四年七月十五日参照）
小谷凱宣　一九九三「フレデリック・スターのアイヌ関係コレクション」小谷凱宣編『在米アイヌ関係資料の民族学的研究』科学研究費補助金・研究成果報告書：七五―八八
一九九四『フレデリック・スターのアイヌ研究資料の民族学的研究』科学研究費補助金・研究成果報告書
一九九七『欧米アイヌ・コレクションの比較研究』科学研究費補助金・研究成果報告書
斎藤多喜夫　二〇一三『横浜外国人墓地に眠る人々―開港から関東大震災まで―』有隣堂
佐藤　円　二〇〇七「日本における北米先住民研究の歴史と現状」『立教アメリカン・スタディーズ』二九：七三―一〇八
新村出　編　二〇〇八『広辞苑（第六版）』岩波書店
須藤康夫『百年の鉄道旅行』http://www5f.biglobe.ne.jp/˜travel-100years/index.html（二〇一四年六月二十三日参照）
砂川幸雄　二〇一二『大倉喜八郎の豪快なる生涯』草思社
世界女性人名事典編集委員会　二〇〇四『世界女性人名事典―歴史の中の女性たち―』日外アソシエーツ高峰譲吉博士

研究会「高峰博士ゆかりの地・人」http://www.npo-takamine.org/area/area08.html（二〇一四年七月十五日参照）
財部香枝　二〇〇一「20世紀初頭のアイヌ社会のアイヌ・イメージ―フレデリック・スターの新聞記事　切り抜きから―」小谷凱宣編『在外アイヌ関係資料にもとづくアイヌ文化の再構築』科学研究費補助金・研究成果報告書：一―四〇
武内博　編著　一九九五『来日西洋人名事典』日外アソシエーツ
田中厚子　二〇〇七「一九〇〇年前後のアメリカに建設された日本住宅の調査と観究　―日米建築交流における日本住宅の受容と理解の事翻として―」『住宅総合研究財団研究論文集』三三：九九―一一〇
田中雅一／船山徹　二〇一一『コンタクト・ゾーンの人文学　第一巻』晃洋書房
二〇一三『コンタクト・ゾーンの人文学　第四巻』晃洋書房
『築地の園』一九〇四　五九号
手島工業教育資金団編　一九二九『手島精一先生伝』手島工業教育資金団
出利葉浩司　二〇〇六「写真に残されたアイヌ資料―セントルイス万国博覧会に参加した人々とその道具」『北海道開拓記念館研究紀要』三四号：四一―五六
二〇〇七「セントルイス万国博覧会で『展示』されたアイヌ衣服について」『北海道開拓記念館研究紀要』三五号：二五―四二
二〇〇九「フレデリック・スターが「選んだ?」アイヌ資料―セントルイス万国博覧会、その後―」『北海道開拓記念館研究紀要』三七：九五―一一四
『東京朝日新聞』一九〇四年三月十六日朝刊「アイヌ男女八名の出京（聖路易博覧會行）」五頁

一九〇四年三月十六日三月二十一日朝刊「アイヌ父子の對面」（五頁）
一九〇四年六月八日朝刊「聖路易博覧会 開場式当日の入場者」（二頁）
一九〇四年七月十三日朝刊「聖路易博覧会 日本政府館落成式」（七頁）
一九〇四年七月二十六日朝刊「聖路易博覧会 亜米利加印度人学校」（七頁）
一九〇四年八月二十三日朝刊「聖路易博覧会 最劣等人種博覧会に出づ」（七頁）
一九〇四年九月一日朝刊「聖路易博覧会 未開人の舞踏」（七頁）
一九〇四年十月二十日朝刊「聖路易博覧会　文科學者大會」（七頁）
一九〇四年十一月二十二日朝刊「聖路易博覧会 天長節と吾事務局」（三頁）

富田虎男　一九六四「黎明期のアメリカ―ジェファソン的デモクラシーとジャクソン的デモクラシー」『歴史教育』一二（一一）：四三―五〇
一九八九「北海道旧土人保護法とドーズ法―比較史的研究の試み」『札幌学院大学人文学会紀要』四五：五―二一
一九九〇「北海道旧土人保護法とドーズ法―ジョン・バチェラー、白仁武、パラピタ、サンロッテ」『札幌学院大学人文学会紀要』四八：一―二二

中村一枝　一九九一『永久保秀二郎の研究』米内印刷
二〇一五『永久保秀二郎の『アイヌ語雑録』をひもとく』寿郎社

仁多見巌　一九九一『異境の使徒 英人ジョン・バチラー伝』北海道新聞社

日外アソシエーツ編集部編　一九九五『二〇世紀西洋人名事典』日外アソシエーツ

日外アソシエーツ株式会社編　二〇一二『西洋人物レファレンス事典　音楽篇』日外アソシエーツ

日本基督教協議会文書事業部キリスト教大事典編集委員会　一九八八『キリスト教大事典』　教文館
日本キリスト教歴史大辞典編集委員会 一九八八『日本キリスト教歴史大事典』教文館
日本基督教団讃美歌委員会　一九五四『讃美歌』日本キリスト教団出版局
日本聖公会歴史編集委員会編　一九七四『あかしびとたち―日本聖公会人物史―』日本聖公会出版事業部
一九八一『日本聖公会教役者名簿』日本聖公会管区事務所
農商務省　一九〇五『聖路易万国博覧会本邦参同事業報告　第一編』
野村みち　二〇〇九『ある明治女性の世界一周日記―日本初の海外団体旅行―』神奈川新聞社
幡谷正雄　一九三五『ワァヅワス詩集』新潮出版社
バチェラー、ジョン　一九六五（仁多見巌編訳）『ジョン・バチェラーの手紙』山本書店
バチラー、ジョン　一九九三（仁多見巌・飯田洋右訳編）『わが人生の軌跡―ステップス・バイ・ザ・ウェイ』北海道出版企画センター
平取町オフィシャルサイト「平取町の概要・歴史」http://www.town.biratori.hokkaido.jp/guide/guide_history（二〇一四年四月十五日参照）
星新一　一九七八『明治・父・アメリカ』新潮社
星一　一九〇三『米国聖路易万国博覧会渡航案内』星一
ポウプ、アレキサンダー　一九五〇（上田勤訳）『人間論』岩波文庫
松平惟太郎［ほか］編 一九五五『稲垣陽一郎博士自敍傳、説教』故稲垣博士記念事業発起人会
松村正義　一九八七『日露戦争と金子堅太郎―広報外交の研究』新有堂
宮下敬志　二〇〇七「アメリカ先住民居留地の「内国植民地」化政策―フィリピン植民地政策との連続性に注目して―」『立

命館言語文化研究』一九（二）：七七—八四
二〇〇八「米国先住民「文明化」教育：ハンプトン農業師範学校における教育実践とその影響」『立命館文學』六〇四：六九四—七〇六
二〇〇九「国境を越えた人種マイノリティ教育の移転：アメリカ合衆国の事例から」西川長夫　高橋秀寿編『グローバリゼーションと植民地主義』人文書院：一二一—一三三
宮武公夫　二〇〇〇『テクノロジーの人類学』岩波書店
二〇〇二「人類学とオリンピック—アイヌと一九〇四年セントルイス・オリンピック大会—」
二〇〇六「博覧会の記憶—一九〇四年セントルイス博覧会とアイヌ」『北海道大学文学研究科紀要』一一八号：四五—九三
二〇〇八「シカゴ・フィールド博物館所蔵のアイヌ工芸品—一九〇四年セントルイス博覧会と二つのテクンペ—」『北方人文研究』創刊号：四一—五四
二〇一〇a「お札博士の東アジア行脚—人類学者フレデリック・スターの東アジア調査資料から」北村清彦編著『北方を旅する：人文学でめぐる九日間』北海道大学出版会：一七一—一九九
二〇一〇b『海を渡ったアイヌ—先住民展示と二つの博覧会』岩波書店
文部科学省　一九八一『学制百年史』帝国地方行政学会
矢吹　晋　二〇〇七「ポーツマス交渉を支えた二人の日本人—朝河貫一と阪井徳太郎—」『太平洋学会誌』九六：六五—六九
吉川龍子　二〇一三「一九四五年八月六日—広島被爆直後の赤十字救護看護婦の救護活動」『人道研究ジャーナル』二：五三—六三

立教学院百年史編纂委員会編 一九七四『立教学院百年史』立教学院

ADAMS, David W. 1995 *Education for Extinction: American Indians and the Boarding School Experience, 1875-1928,* University Press of Kansas

AMERICAN BAPTIST FOREIGN MISSION SOCEITY, Japan Mission.

1904 Minutes of the Annual Conference of the Missionaries of the American Baptist Missionary Union in Japan held in Arima, May 8th-12th, 1904, the Fukuin Priting

1905 Report of the Conference of the Missionaries of the American Baptist Missionary Union in Japan held in Arima, May 7th-11th 1905, branch of the Fukuin Printing

1906 Report of the Conference of the Missionaries of the American Baptist Missionary Union in Japan held in Arima, May 9th-14th 1906, branch of the Fukuin Printing

1907 Report of the Conference of the Missionaries of the American Baptist Missionary Union in Japan held in Arima, June 1st-6th 1907, branch of the Fukuin Printing

1908 Report of the Conference of the Missionaries of the American Baptist Missionary Union in Japan held in Arima, May 7th-11th 1908, branch of the Fukuin Printing

BERLIN, Edward A. 1994 *King of Ragtime: Scott Joplin and His Era,* Oxford University Press

BROWNELL, Susan. 2008 *The 1904 Anthropology Days and Olympic Games Sport, Race, and American Imperialism,* University of Nebraska Press

BRUNER, Frank G. 1908 *The Hearing of Primitive Peoples; An Experimental Study of the Auditory Acuity and the*

Upper Limit of Hearing of Whites, Indians, Filipinos, Ainu and African Pigmies, Sceience Press, New York

BURLIN, Natalie C. 1907 *The Indians' Book: an Offering by the American Indians of Indian Lore, Musical and Narrative, to Form a Record of the Songs and Legends of Their Race,* Harper and Brothers, New York

CHURCH MISSIONARY SOCIETY. 1894 *The Church Missionary Intelligencer,* Church Missionary Society, London

CHURCH MISSIONARY SOCIETY ARCHIVE, Section I: East Asia Missions, Part 2: Archives of the Japan Mission, Reels 27-32.

CHURCH MISSIONARY SOCIETY ARCHIVE, Section III: Central Records, Part 1: Annotated Register of CMS Missionaries, History of the CMS by Eugene Stock and the Catalogues to the Overseas Archive, CEZMS and FES Archives, Reel 1 and 2

CROW NATION EXECUTIVE BRANCH. http://www.crow-nsn.gov (accessed 2015-06-13)

EPISCOPAL CHURCH. "Past Presiding Bishops", http://www.episcopalchurch.org/page/past-presiding-bishops (accessed 2015-05-25)

EPISCOPAL DIOCESE OF MISSOURI. "History of the diocese and bishops", http://www.diocesemo.org/about/diocese/history/

ETUDE MAGAZINE. September 1904, Theodore Presser, Philadelphia

FERMIN, Jose D. 2005 1904 *World's Fair: The Filipino experience,* University of Hawaii Press

FREY, Christopher J. 2007 *Ainu Schools and Education Policy in Nineteenth-Century Hokkaido, Japan* (unpublished PhD dissertation), Indiana University-Bloomington

FRIENDS OF THE WANAMAKER ORGAN. "Facts and Figures About the Wanamaker Organ", http://www.

wanamakerorgan.com/about.php (accessed 2015-08-03)

FROMHOLD, Joachim 2011 *2001 Indian Place Names of the West: Part 1,* lulu.com

HANSON John W. 1904 *The Official History of the Fair, St. Louis,1904: the Sights and Scenes of the Louisiana Purchase Exposition,* self-published work

HEWETT et al. 1905 "Anthropologic Miscellanea." *American Anthropologist New Series,* 7(1): 157-173

HOTCHKISS, Fanny Winchester. 1912 *Winchester Notes,* Tuttle, Morehouse & Taylor, New Haven

HYLTON, John. 1991 "The Music of the Louisiana Purchase Exposition", *College Music Symposium Scholarship and research* 31: 59-66

ION, A. Hamish. 1972 *Canadian Missionaries in Meiji Japan: The Japan Mission of the Methodist Church of Canada, 1873-1889* (unpublished M.A. Thesis), McGill University

JAPAN WEEKLY MAIL. February 13, 1904 "Summary of News" (p.165)

March 26, 1904 "Passengers: Daparted" (p.368)

KNOWLES, Paine J. 1904 *Hymn of the West,* Thiebes-Stierlin Music Co., St. Louis

LAHEE, Henry C. 1902 *The Organ and Its Masters,* L.C Page & Company, Boston

LAMB, W. Kaye. 1940 "Empress to the Orient, Part I", *British Columbia Historical Quarterly* 4: 29-50

LEAVENWORTH, C.S. 1904. *Directory of Protestant Missionaries in China, Japan, and Corea,* Daily Press Office, London.

LUXTON, Eleanor G. 2008 (2nd ed.) *Banff: Canada's First National Park,* Summerthought, Banff

MEDAK-SALTZMAN, D. 2010 "Transnational Indigenous Exchange: Rethinking Global Interactions of Indigenous

Peoples at the 1904 St. Louis Exposition," *American Quarterly,* 62 (3): 591-615.

MISSOURI HISTORICAL SOCIETY. "The 1904 World's Fair: Looking Back at Looking Forward", http://www.mohistory.org/Fair/WF/HTML/index_flash.html (accessed 2015-05-01)

MOSES, L. G. 1999 *Wild West Shows and the Images of American Indians,1883-1933,* University of New Mexico Press

OFFICIAL CATALOGUE COMPANY. 1904 *Official Catalogue of Exhibitors. Universal Exposition St. Louis 1904: Division of Exhibits, Department N Anthropology, 1904. The Official Catalogue Company for the Committee on Press and Publicity under Supervision of the Director of Exhibits,* St. Louis

OFFICIAL GUIDE CO. 1904 *Official Guide to the Louisiana Purchase Exposition at the City of St. Louis, State of Missouri, April 30th to December 1st, 1904, by Authority of the Louisiana Purchase Exposition,* St. Louis

PAREZO, N.J./ FOWLER, D.D. *2007 Anthropology Goes to the Fair: The 1904 Louisiana Purchase Exposition,* University of Nebraska Press

PARKS CANADA. "Rogers Pass National Historic Site", http://www.pc.gc.ca/eng/lhn-nhs/bc/rogers/index.aspx (accessed 2014-07-25)

PATTERSON, Michelle W. 2010 *Natalie Curtis Burlin: A Life in Native and African American Music,* University of Nebraska Press

PRATT, Mary L. 2007 (2nd ed.) *Imperial Eyes: Travel Writing and Transculturation,* Routledge

PROETZ, Arthur W. 1963 *I Remember You, St. Louis,* Zimmerman-Petty Company, St. Louis

ROGERS, Howard J. (ed.) 1904 *International Congress of Arts and Sciences,* University Alliance, London, New York

SISTERS OF ST. JOSEPH OF CARONDELET. "Our Heritage", http://www.csjsl.org/about-us/our-heritage.php

(accessed 2015-07-30)

ST. LOUIS PUBLIC LIBRARY. «History of the Louisiana Purchase Exposition A-I», http://www.slpl.lib.mo.us/libsrc/bennita.htm (accessed 2014-05-25)

ST. LOUIS REPUBLIC. June 15 1904 "Children of Many Nations Attend Opening of Model Playgrounds at Fair"

December 6, 1904, "Ainus will depart to-day"

ST. LOUIS REPUBLIC, SUPPLEMENTAL MAGAZINE.

April 24 1904 "Nine memebers of the Ainu Race have come to the World's Fair from Northern Japan"

SCHWARTZ, R/ SCHWARTZ, I. 2008 "Bands and Cornet Soloists at the St. Louis World's Fair of 1904", *Historic Brass Society Journal,* 20: 175-204

SCOTT, C. 2000 *Pushing the Limits: The Story of Canadian Mountaineering,* Rocky Mountain Books, Calgary, Alberta

SHURTLEFF, W./AOYAGI, A. 2012 *Jokichi Takamine (1854-1922) and Caroline Hitch Takamine (1866-1954): Biography and Bibliography,* SoyInfo Center, Lafayette, CA

ST. JOSEPH INSTITUTE FOR THE DEAF. "Mission & History", https://sjid.org/about-st-joseph-institute/mission-history/(accessed 2015-08-01)

STARR, Frederick.

1904a *The Ainu Group at the Saint Louis Exposition,* The Open Court publishing Company, Chicago

1904b *Frederick Starr's Notebook Vol.1-3, Japan-Korea,* University of Chicago Library

1912. *In Memoriam Manuel Gonzales, 1883-1912,* Privately printed, Chicago

TRENNERT, Robert. A. 1993 "A Resurrection of Native Arts and Crafts: The St. Louis World's Fair, 1904", *Missouri*

Historical Review, 87(3): 274-292

TROUTMAN, J.W. *1997 The Overlord of the Savage World: Anthropology, the Media, and the American Indian Experience at the 1904 Louisiana Purchase Exposition* (unpublished M.A. thesis), University of Arizona

TROUTMAN, J.W./PAREZO, N.J. 1998 "The Overlord of the Savage World:" Anthropology, the Media, and the American Indian Experience at the 1904 Louisiana Purchase Exposition, *Museum Anthropology*, 22(2): 17-34

U.S. DEPARTMENT OF THE INTERIOR, INDIAN AFFAIRS. "The Commissioners of Indian Affairs 1824 – 1981", http://www.bia.gov/cs/groups/public/documents/text/idc-001881.pdf (accessed 2015-07-05)

UNITED STATES FEDERAL CENSUS 1900, https://familysearch.org (accessed 2015-07-10)

WAYMAN, Norbury L. 1978 *History of St. Louis Neighborhoods*, St. Louis Community Development Agency, St. Louis

VANSTONE, James W. 1993 "The Ainu Group at Louisiana Purchase Exposition, 1904", *Arctic Anthropology*, 30(2): 77-91

英語要約／Book Summary

St. Louis Correspondence
- The Ainu Experience at the 1904 St. Louis World's Fair -

Introduction

St. Louis Correspondence contains a collection of all the newspaper articles written by Yoichiro Inagaki (1879-1949), an interpreter of a group of nine indigenous Ainu people (hereafter, "the Ainu group") who participated in a "living exhibit" at the 1904 Louisiana Purchase Exposition – commonly known as the St. Louis World's Fair. Inagaki sent more than 20 correspondence letters from St. Louis to Tokyo during his eight-month stay and his articles were published in a weekly newspaper "*Christian Weekly* 基督教週報" from June 1904 to June 1905. The Ainu, an indigenous people of Japan, were regarded as one of the most curious people on the earth and elicited interests from scholars of the time. Therefore, at the request of W.J. McGee, chief of the Department of Anthropology, Prof. Frederick Starr visited Hokkaido, Japan in February 1904 and found "the Ainu group" who could make the journey across the Pacific.

Contents of the Book

The book is divided into three parts: 1) *St. Louis Correspondence*

by Yoichiro Inagaki (p.23-243); 2) *Yoichiro Inagaki and "the Ainu Group" at the Louisiana Purchase Exposition* by Yoko Tanabe (p.245-328); and 3) *Memoir of my grandfather: Goro Pete and the St. Louis World's Fair* by Kiyomi Chikamori (p.329-368). Yoko Tanabe, an editor of the book, found Inagaki's articles in the *Christian Weekly* and became interested in his unique experiences as a Japanese Christian who travelled to St. Louis with Frederick Starr and "the Ainu group". In Tanabe's part, she reviews the contents of *St. Louis Correspondence* and gives comments on the experiences of Inagaki and "the Ainu Group" in St. Louis based on historical photos and records. Kiyomi Chikamori is a grand-daughter of Goro Pete, who was one of the nine Ainu participants. In her memoir of her grandfather, Chikamori tells us about Goro's life and his contributions to Ainu communities after the World's Fair. So far, surprisingly few studies (Vanstone, 2003; Miyatake 2010) have given attention to the details of daily activities of the Ainu group and their relationships with local Americans, their neighbors on the anthropology reservation, and Japanese people. In this respect, the significance of this book lies in shedding light on previously-neglected episodes and experiences of the Ainu group at the World' s Fair in St. Louis.

Yoichiro Inagaki

Yoichiro Inagaki has never had a high profile in Japan. However, he is remembered for his contributions to the

Anglican-Episcopal Church of Japan (日本聖公会) and for his perseverance in difficult times during the Second World War. Having studied at the General Theological Seminary, New York, twice through the Meiji and Taisho eras (1906-1908, 1920-1922), he earned a Doctor of Divinity degree and became the fourth president of the Central Theological College (聖公会神学院) in 1942. Participation to the World's Fair 1904 came to Inagaki out of the blue. When Inagaki met Frederick Starr at a church in Sapporo in February 1904, he had interrupted his studies at Trinity Divinity School in Tokyo due to health reasons. But surrounded by beautiful nature and cool climate of Sapporo, he regained his strength, and Starr must have thought that Inagaki would be a perfect candidate for an interpreter and a supervisor of "the Ainu group" at the St. Louis World's Fair. It is not clear whether Inagaki was willing to go to St. Louis, but it was so decided when John McKim, Anglican Bishop of North Tokyo, gave an official permission to Inagaki for participating in the St. Louis World's Fair. In any event, he unexpectedly joined a party consisting of Frederick Starr, Manuel Gonzales, and the "Ainu Group" , and left Sapporo on March 7, 1904.

The Ainu in Japan in the early 20th century

Since the late 19th century, Japan had undergone enormous political and social changes and had strived to become a Great Power with strong military and modern technology. However, as far as the Ainu were concerned, a set of new policies that

restricted their traditional way of life was implemented. For example, in 1872, two regulations which directly affected Ainu land ownership were promulgated: *Regulation for the Lease and Sale of Hokkaido Land* and *Land Regulation Ordinance.* By using the doctrine of *terra nullius* [that is, land with no extant sovereign power in place], the then-young Meiji government successfully dispossessed the Ainu peoples of their lands. At that time, the Ainu lived in extreme poverty due to the loss of their lands and the government's regulations on traditional fishing and hunting. In addition, as the contact between Wajin (a historical term referring to the ethnic Japanese, or non-Ainu people) settlers and the Ainu increased, epidemics such as tuberculosis and syphilis spread to the Ainu community and devastated its population. It could be said that this was the flip side of Japan's modernisation. In this context, *the Hokkaido Former Aborigines Protection Act of 1899,* which shared some similarities with the *Dawes Act* of 1887 (Tomita, 1989&1990), was promulgated by the Imperial Diet in the name of saving these impoverished Ainu. It was during this period that "the Ainu group" left Japan, for the first time in their history bearing "Japanese passports".

The Ainu Group at the St. Louis World's Fair 1904

Little is known about how the Ainu people spent their time each day in St. Louis. As many contemporary scholars noted in criticizing the exhibit of "living groups" at the World's Fair,

the colonial ideology and social Darwinism, while believed at that time, is indefensible on moral or any other grounds. However, the popular reception received by the Ainu was a varied one. On one hand, "the Ainu group" were seen as "the noble savage" and drew the attention of fair-goers. On the other hand, it is also true that they acted beyond what was normally the case with such "living exhibit" peoples, and they shared their own culture and customs in St. Louis. According to St. *Louis Correspondence,* they not only became friends with other "living" groups at the Anthropology reservation, but they were also very popular among visitors and even invited to some homes in St. Louis. Inagaki's articles illuminate that their relationship was not one-way, but rather reciprocal. Therefore, it can be said that they did not solely exist as a colonial subject at the Department of Anthropology exhibition, but also interacted with various actors and engaged in genuinely cross-cultural experiences in St. Louis. The members of "the Ainu group" immersed themselves in a new culture and transformed their worldview, while acting as "cultural ambassadors" to the United States.

編者／田辺陽子（たなべ・ようこ）

横浜市出身。ユニバーシティ・カレッジ・ロンドン（UCL）教育研究所の博士候補生。主な研究テーマは先住民族と教育について。早稲田大学教育学部英語英文学科、同アジア太平洋研究科（国際関係学修士）、コロンビア大学教育大学院（教育学修士）卒。2010年にはＮＹ国連本部の「先住民問題に関する常設フォーラム」事務局にて約半年間インターンシップを行う。2012年からはノルウェーのトロムソ大学とサーミ大学に研究留学。アイヌ民族とサーミ民族の教育・言語政策について比較研究を行っている。

聖路易《セントルイス》通信

1904年セントルイス万国博覧会「アイヌ村」からの便り

著者　稲垣陽一郎

編者　田辺陽子

発行者　伊藤玄二郎

発行所　かまくら春秋社

鎌倉市小町二―一四―七

電話〇四六七（二五）二八六四

印刷　ケイアール

二〇一六年四月一日　発行

©Yoko Tanabe 2016 Printed in Japan

ISBN978-4-7740-0675-8 C0039

＊この本の初版は公益財団法人アイヌ文化振興・研究推進機構の助成金を受けたものである